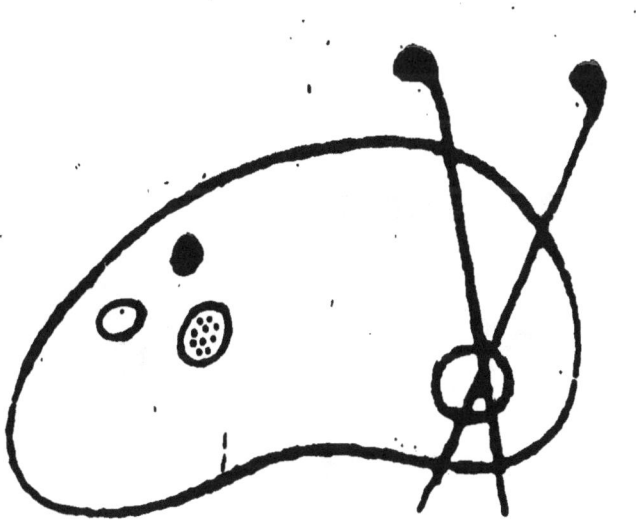

Fin d'une série de documents en couleur

SOUVENIRS

D'UN PAGE

DE LA COUR DE LOUIS XVI

PARIS. — Typ. de PILLET fils aîné, rue des Grands-Augustins, 5.

SOUVENIRS
D'UN PAGE
DE LA COUR DE LOUIS XVI

PAR

FÉLIX, COMTE DE FRANCE D'HÉZECQUES
Baron de Mailly

PUBLIÉS PAR M. LE COMTE D'HÉZECQUES
Ancien député au Corps législatif
Membre du conseil général de la Somme

PARIS
LIBRAIRIE ACADÉMIQUE
DIDIER ET Cⁱᵉ, LIBRAIRES-ÉDITEURS
35, QUAI DES AUGUSTINS, 35
—
1873
Tous droits réservés

AVIS AU LECTEUR

L'intérêt toujours si vif qui s'attache, dans le public, aux derniers jours de l'ancienne monarchie est suffisamment attesté par le nombre et le succès des ouvrages, relatifs à cette période, qui ont paru dans ces derniers temps. Après les intéressants travaux de MM. de Goncourt et de Lescure sur Marie-Antoinette, le beau livre de M. de Beauchesne sur Louis XVII et la grande publication de M. Feuillet de Conches, après tant de mémoires et documents divers, la curiosité, loin d'être épuisée, n'a fait, il semble, que s'accroître, et que de choses en effet, restent à apprendre !

Les *Souvenirs* que nous publions aujourd'hui sont-ils destinés à prendre rang parmi ces œuvres remarquables, en comblant, eux aussi, une lacune dans le domaine de l'histoire ? Nous n'avons pas la prétention de le penser; mais ils peuvent avoir cependant leur utilité.

Les mémoires particuliers rendent, d'ordinaire, un double service.

Lorsque leurs auteurs sont placés à un point de vue assez élevé pour apercevoir la connexion de certains actes individuels avec des faits d'un intérêt commun, ils éclairent l'histoire générale d'une lumière précieuse.

Si, au contraire, leurs moyens d'appréciation ne leur permettent pas de sortir du milieu auquel ils se trouvent rivés, pour ainsi dire, ces mémoires sont alors comme autant de suppléments aux chroniques nationales, où nous allons puiser les détails intimes qu'écarte la grande histoire.

Nous les lisons, dans le premier cas, pour nous instruire, dans le second pour nous récréer.

Et si ces particularités se rattachent, par hasard, à une époque de transition entre le régime ancien et consacré d'un peuple et ses institutions nouvelles, si elles font connaître dans leur vie privée d'augustes personnages, victimes d'une révolution qui a donné à leur gloire temporelle la consécration du martyre, elles feront plus que nous récréer, elles gagneront notre cœur, ayant pour auxiliaires bien puissants: l'amour de la patrie et la majesté du malheur.

Or, tel est le caractère que présentent les *Souve-*

nirs d'un page. C'est pourquoi nous croyons à la sympathie qu'ils inspireront et à leur succès.

L'auteur de ces *Souvenirs*, Charles-Alexandre-François-Félix, comte de France d'Hézecques, baron de Mailly, naquit le 30 juillet 1774, au château de Radinghem, en Artois. Dans sa douzième année, le 1er janvier 1786, le jeune d'Hézecques, dont la famille était alliée au duc de Villequier, alors gentilhomme de la chambre, fut admis parmi les pages de la chambre du roi. C'est là qu'il fut élevé, et on lira avec intérêt, dans ses *Souvenirs*, l'éducation qu'il reçut dans ce poste d'honneur de la jeune noblesse française. La révolution ayant supprimé les pages de la chambre, il passa, le 1er janvier 1790, dans ceux de la grande écurie où il demeura jusqu'au mois d'avril 1791. A sa sortie, le roi lui donna un brevet de capitaine à la suite de ses gardes.

A cette époque, les gardes du corps et la plus grande partie de la noblesse de France avaient émigré. Par point d'honneur, pour faire preuve de royalisme, le jeune d'Hézecques, quittant le château de Mailly-Maillet, résidence de sa famille, ne tarda pas à aller les rejoindre. Il se rendit à Bruxelles, où il retrouva le duc de Villequier, et de là à Coblentz où s'étaient rassemblés les gardes du corps, ainsi qu'un grand nombre de volontaires des premières familles de France qui s'étaient joints à eux. La vie des émigrés, à Coblentz, lui plut médiocrement. C'était déjà à seize ans un esprit sage et posé. Il aimait les livres, l'étude; l'oisiveté lui était à charge. Il n'avait d'ailleurs pas, comme ses compagnons d'exil, pour se soutenir, d'ardentes passions politiques avec leur cortége d'illusions ; son âge ne les comportait pas. Il profita donc des loisirs que lui donnait la situation des affaires pour visiter quelques-unes des principales villes d'Allemagne.

Vint la campagne de 92, si désastreuse pour les alliés, à laquelle il prit part. Sauf cette campagne, puis celle de 1794, où il servit sous M. de Choiseul-Stainville, son parent, il passa les années de son exil en pérégrinations studieuses, à travers l'Allemagne, puis la Belgique et encore l'Allemagne. Il les parcourut à plusieurs reprises, s'occupant sur la route et dans ses divers séjours, d'histoire, de géographie, d'archéologie.

Cependant la révolution française, après avoir épouvanté le monde de ses horreurs et de ses succès, était arrivée à sa période décroissante. Le ciel s'éclaircissait. Le 19 juillet 1795, il reçut la nouvelle que sa famille, incarcérée à Doullens, venait d'être rendue à la liberté après un emprisonnement de seize mois. L'exil était devenu lourd à Félix d'Hézecques, il avait hâte de revoir la patrie. Il y rentra enfin en septembre 1796, mais n'y trouva pas longtemps la sécurité qu'il avait espérée. Les événements de fructidor amenèrent une recrudescence de rigueurs à l'égard des émigrés. Sa situation devint si dangereuse qu'après s'être tenu, pendant dix-huit mois, caché à Amiens, dans l'hôtel de sa famille, rue Porte-Paris, il dut de nouveau s'exiler. En effet, il ne devait pas se faire illusion sur le sort qui l'attendait s'il venait à avoir le malheur d'être pris. Plusieurs de ses compagnons d'armes, tels que MM. de Ménars et d'Olliamson avaient été fusillés. On multipliait les visites domiciliaires; mais grâce au bon esprit qui a toujours régné à Amiens, le proscrit en était toujours averti. Il réussit à gagner Rotterdam, où il resta jusqu'au 18 brumaire, qui rouvrit aux émigrés les portes de la France.

Pendant ces longues années passées sur le sol étranger, Félix d'Hézecques eut tout le temps de suivre la marche des événements, d'étudier le changement qui s'était opéré dans les esprits pendant cette grande révolution qui venait de bouleverser l'Europe, et de se façonner à ces idées de sage libéralisme en harmonie avec les sentiments et les besoins qui travaillaient la France nouvelle. Les voyages, la lecture, ses observations n'avaient pas été sans amener des réflexions. Il se soumit donc sans trop de peine à l'ordre nouveau. Dès 1804 il prit du service sous le drapeau qui était devenu celui de la France. En 1813 et 1814, il commandait la légion de la Somme, qui, comme la garde nationale des départements du nord, figura dans l'armée active. Elle prit une part glorieuse à l'héroïque campagne de France; et, dans ce dernier et sublime effort tenté contre la honte et les désastres de l'invasion, Félix d'Hézecques combattit jusqu'à la fin à la tête de sa légion, incorporée dans la division Allix.

Là se termine sa carrière militaire. Le reste de sa vie, sous la restauration et la monarchie de Juillet, se passa dans l'exercice d'honorables fonctions administratives, où la loyauté, la franchise, la modération et l'aménité de son caractère lui gagnèrent l'estime et les sympathies de tous. Il mourut au mois d'août 1835.

Le lecteur voit dès à présent, sans qu'il soit nécessaire d'insister beaucoup, ce que peut être ce livre et la confiance qu'il mérite.

M. Félix d'Hézecques rédigea ses *Souvenirs* en 1804, à un âge où son esprit était déjà mûri, sans que sa mémoire eût rien perdu encore. C'est donc à cette date qu'il faut généralement se reporter. Toutefois, à la rédaction primitive, l'auteur a fait plus tard des additions dont quelques-unes datent visiblement de la restauration. Il ne faudra donc point s'étonner de ces petites discordances, qui sont comme le cachet de la sincérité de l'ouvrage.

Ces *Souvenirs* sont ceux d'un honnête homme qui n'a point de parti pris, si ce n'est de dire la vérité. Ils sont écrits sans prétention, avec candeur. L'auteur était parfaitement placé pour bien voir. Si son extrême jeunesse a nécessairement réduit la portée de ses observations, si elle en a un peu rétréci le champ, cet inconvénient est racheté par quelques avantages. Il n'en a que mieux vu ce que son âge lui permettait de voir, et il a recueilli bien des choses qui plus tard eussent échappé à son attention ou qu'il eût négligées. Ainsi il a été particulièrement frappé, comme cela était naturel, du côté extérieur des choses, des usages de la cour, des fêtes et cérémonies, du mobilier, etc., et sur ce sujet il abonde en détails que les curieux chercheraient longtemps ailleurs, et quelquefois inutilement.

Malgré ce que nous avons dit plus haut de son désir d'être toujours vrai et juste, de sa bonne foi parfaite, le lecteur ne doit pourtant pas s'attendre à trouver chez lui, dans l'appréciation des faits et surtout des personnes, cette équité, cette mesure qui, bien difficiles aujourd'hui même, étaient alors impossibles. Ses sentiments à l'égard des hommes de la Révolution sont ceux d'un page de Louis XVI, ceux de son parti et de son époque. Plus d'un détail trop facilement accueilli aurait besoin d'être rectifié, plus d'un jugement atténué. On l'a fait dans un petit nombre de notes et on aurait pu le faire plus souvent. Le lecteur y suppléera sans peine. Ces appréciations, d'ailleurs, à l'âge qu'avait l'auteur et dans sa position n'ont point grande importance; c'est à peine si elles sont de lui. Tout autre est l'autorité de son témoignage, si ferme, si convaincu, en faveur de Louis XVI et de l'infortunée Marie-Antoinette. Il y a là un sentiment personnel très-vif, et qui certes fût resté moins vif s'il n'eût été général dans l'entourage intime du Roi et de la Reine.

Les *Souvenirs d'un page de Louis XVI* ne sont qu'une partie de ceux qu'a laissés à sa famille M. Félix d'Hézecques. Il a écrit de même ses *Souvenirs de l'émigration*. Les originaux de l'un et l'autre ouvrage sont entre nos mains. Si le présent volume reçoit du public, comme nous l'espérons, un accueil favorable, nous nous trouverons encouragés à lui offrir plus tard les *Souvenirs d'un émigré*.

COMTE D'HÉZECQUES.

SOUVENIRS D'UN PAGE
DE LA COUR DE LOUIS XVI

INTRODUCTION

Quod vidi, pinxi.

C'est venir un peu tard, dira-t-on sans doute, retracer des Souvenirs auxquels un laps de plusieurs années a ôté leur première fraîcheur. Il est vrai, mais ce retard a aussi ses avantages, et peut-être les faits sembleront-ils plus intéressants, éclairés comme ils le sont aujourd'hui par la connaissance des événements qu'ils ont préparés et des résultats qu'ils ont produits. J'ai assisté dans un temps bien court à plus de malheurs, de catastrophes et de circonstances extraordinaires qu'on n'en voit ordinairement pendant la durée d'une longue carrière; mais si les scènes singulières qui se passaient sous mes yeux ne pouvaient manquer de laisser dans mon esprit une impression profonde et durable, mon extrême jeunesse ne me permettait pas alors, vu l'obscurité et la complication des faits, d'asseoir sur chacune d'elles un jugement bien exact. Je suis aujourd'hui placé à un meilleur point de vue pour les apprécier. Il n'est plus nécessaire comme alors de fouiller le fond des cœurs pour y découvrir le but de chaque parti, le mobile qui animait chaque individu; le voile est déchiré, la tragédie s'est accomplie; chaque faction a levé son masque, chacune a rempli son rôle, qui, pour beaucoup de ses chefs, se termina sur l'échafaud.

Au surplus, ce n'est point une histoire que j'écris, mais un simple recueil de quelques usages et de quelques anecdotes de la cour de Louis XVI. J'y ai fait entrer la relation de plusieurs journées mémorables dont il me fut donné d'être témoin oculaire. Je n'ai pas même cherché à distribuer ces souvenirs dans un ordre bien logique. Les faits y seront donc rapportés avec beaucoup de liaison; car je ne parlerai que de ceux que j'ai vus; mais du moins y trouvera-t-on toujours la plus exacte vérité, et si je me permets parfois quelque anecdote peu certaine, ce ne sera jamais sans en avoir auparavant bien averti le lecteur.

Aujourd'hui que l'ancienne cour a disparu, que les vieilles institutions se sont écroulées sous la faux du temps et les efforts violents des révolutions, on ne lira pas sans intérêt le détail des cérémonies et de l'étiquette en usage dans des temps déjà loin de nous. Ces antiques coutumes se perpétuaient de siècle en siècle autour des augustes personnages qui venaient successivement recevoir sur leur front la couronne royale. Presque tous les Français voulaient, au moins une fois en leur vie, être témoins de la pompe de la cour et de la magnificence de Versailles; et chacun retournait dans ses foyers, content d'avoir aperçu, dans cette magique résidence, quelques rayons de la splendeur qu'on y voyait briller. Chacun, plus ou moins, en pouvait redire quelque chose. Mais aujourd'hui tout est détruit. Avec une dynastie nouvelle s'élèvent de nouveaux hommes et naissent de nouveaux usages, et, pour beaucoup de gens, ceux du règne de Louis XVI, semblent déjà du moyen âge. Un roi, une famille illustre, la première d'un vaste et puissant empire, intéressent toujours, mais surtout alors qu'on connaît leurs malheurs et qu'on les a vus, par une chute d'autant plus rapide et plus terrible qu'ils étaient plus élevés, tomber du faîte de la grandeur aux abîmes les plus profonds de la misère humaine.

Fut-il, en effet, une période plus fertile en événements que celle des cinq ou six années que j'ai passées à la cour? Les princes étrangers y accouraient de tous les pays, moins pour en admirer la magnificence, déjà sur son déclin, que pour y voir de leurs yeux la bonté du roi et la douce majesté de sa compagne. Des bords du Gange même arrivait une de ces ambassades qui se montrent à peine une fois en chaque siècle, et qui, par leur rareté, ont le privilége de piquer vivement la curiosité et de faire encore, longtemps après, le sujet des conversations du peuple.

Cherche-t-on des événements politiques? nous verrons un roi généreux, voulant sincèrement le bien de son peuple, en opposition avec les principaux corps du royaume, et déployant dans ses lits de justice ce qu'il avait pu conserver d'autorité et de grandeur. Ces imposantes cérémonies étaient toujours une manifestation éclatante de la puissance du monarque. Ici, elles sont sans effet, parce que les magistrats, ces défenseurs naturels de la monarchie, et les princes eux-mêmes, ces soutiens nés du trône, se réunissaient pour ruiner la monarchie et le trône. Bientôt, de toutes les parties du royaume sont appelés les sages entre les sages, les notables de chaque province, pour donner au gouvernement leur lumineux avis ; ils n'y apportent que l'esprit de fronde ; et au lieu de soutenir la patrie, ils ne font que contribuer à en préparer la ruine, saper l'autorité royale et creuser le précipice où bientôt eux-mêmes seront engloutis. Nous voyons ensuite arriver ces États généraux qui de tout temps avaient donné lieu à des dissensions plus ou moins graves, et qui, alors, furent comme le signal des plus affreux désordres. On vit se produire, presque dès leur apparition et après eux, ces scènes d'horreur dignes des sauvages du nouveau monde, qui montreront à quels excès peut se laisser emporter un peuple remuant qui a foulé aux pieds sa religion et ses lois.

Sans entrer dans l'historique de ces divers événements, j'en rapporterai ce qui s'est passé sous mes yeux. Je parlerai aussi de quelques hommes célèbres sous l'ancien règne, desquels j'ai vu le déclin ; je parlerai aussi de quelques autres qui se sont vu abattre au début de leur carrière. Les principales résidences royales me rappelleront une anecdote, un fait quelconque ; de sorte qu'en les parcourant, défenseur fidèle de la vérité, j'aurai l'occasion de démasquer la hideuse calomnie qui, pendant tant d'années, a distillé son venin sur une illustre et malheureuse famille, et qui se vit aidée dans ses noirs complots par les serviteurs et par les parents mêmes de ces augustes victimes. Je montrerai Louis XVI dans son intérieur, exempt des vices dont on l'a gratifié ; et ce que je n'ai pu voir moi-même, je l'emprunterai à des témoins irréprochables ; enfin, le mot *vérité* est l'épigraphe de mon livre, et comme j'ai vu, j'ai peint.

I

LES PERSONNES

CHAPITRE PREMIER

LE ROI

> Beaucoup en ont parlé, mais peu l'ont bien connu
> *Henriade*, chant II.

Lorsqu'une fois la calomnie s'est attachée à poursuivre les actions d'un homme, vainement s'efforce-t-il, par une conduite sans reproche, d'en repousser les traits. Tel fut le sort de Louis XVI. La droiture de ses principes, le mobile de ses actions, ses vertus, sa bonté même, tout fut mal interprété. On fit peser sur lui la responsabilité de tous les événements ; on voulut même lui imputer les crimes et les turpitudes des méchants. Et qu'on ne croie pas que ces attaques lui vinssent seulement d'une faction régicide, ennemie de tout ordre social ; il en reçut la plus grande partie de ces hommes qui, attachés de fait à la monarchie, couverts de ses bienfaits, la déchiraient dans la personne du souverain.

Louis XVI fut un bon roi. Il vécut malheureusement dans un temps où ses vertus mêmes devaient l'entraîner à sa perte, et où les défauts reprochés à tant de souverains, défauts dont il n'était que trop exempt, eussent sauvé la monarchie et l'eussent préservé lui-même de son triste sort. D'ailleurs, en admettant qu'il eût des défauts, pourquoi méconnaître qu'ils étaient la suite de qualités précieuses? et parce qu'elles sont sur le trône, pourquoi les vertus n'auraient-elles plus droit au respect dont on les entoure dans les simples particuliers? Si l'on veut être juste, il faut donc convenir que Louis XVI n'a succombé que par trop de bonté; et que s'il eût eu la tenace volonté et les violences d'un despote, son trône n'eût point été renversé. Au reste, il nous a montré, dans la chute la plus étonnante dont l'histoire fasse mention, l'exemple d'un courage, d'une résignation au-dessus des forces humaines.

A un caractère timide, fruit d'une éducation négligée, ce prince joignait une telle bonté de cœur que, dans ce siècle d'égoïsme, on ne le vit en aucune circonstance, pas même au moment du danger, mettre son intérêt personnel en balance avec celui de ses sujets. Mal conseillé, il ne vit pas que toute attaque faite à la majesté royale retombait sur la monarchie, et que le bonheur et la gloire du royaume tenaient à la gloire de son représentant. De là les nombreuses circonstances où un peu de sang justement répandu aurait pu nous préserver de tant de troubles, mais où Louis XVI aima mieux exposer sa tête que de compromettre la sûreté d'un seul homme : singulière conduite que la politique condamne, mais que la philanthropie devrait admirer!

Simple particulier, Louis XVI eût été le modèle des hommes; et personne ne doit lui en vouloir d'une faiblesse que chacun s'empressait d'entretenir en lui par les conseils les plus pusillanimes. Tous tant que nous sommes, Français de toutes les classes, nous avons plus que lui contribué à nos malheurs; nous en avons été les premiers artisans. Un jour viendra, — il faut pour cela qu'une génération se passe, — où les vertus de ce prince seront appréciées; où la justice la plus complète lui sera rendue; et l'admiration de nos neveux, leurs autels expiatoires, offriront une tardive mais éclatante réparation de l'injustice et de l'horreur des persécutions qu'on lui fit éprouver.

Louis XVI avait trente-deux ans lorsque je lui fus présenté. Après une jeunesse faible, son tempérament s'était fortifié au point d'en faire un des hommes les plus robustes du royaume. L'exercice multiplié qu'exigeait sa santé, contribuait à sa force; tout en lui montrait cette vigueur, suite d'une vie chaste et réglée. Son embonpoint, que chacun s'étudiait à présenter comme une suite de sa mollesse et de ses débauches, loin de lui nuire, donnait plutôt à sa personne une dignité qu'il n'avait jamais eue étant dauphin. Assis sur son trône, Louis XVI ne manqua point de représentation. Il avait, il est vrai, contre lui, quand il marchait, un balancement désagréable que toute sa famille partageait, et c'en était assez pour le faire mal juger par quelques hommes superficiels qui, dans ce siècle si vanté de lumières et de sagesse, s'obstinaient toujours à juger leurs souverains d'après leur extérieur, et à compter pour rien les qualités de leur âme.

Louis XVI avait la jambe très-forte, mais belle. Sa figure était agréable; mais ses dents, mal rangées, rendaient son rire peu gracieux. Ses yeux, qu'aucun peintre n'a jamais pu rendre avec vérité, avaient, malgré cette couleur claire que la mode avait consacrée sous le nom d'*œil de roi*, une douceur et une bonté qu'on n'apercevait pas d'abord, parce que sa vue myope l'empêchait de regarder avec assurance.

L'éducation de Louis XVI avait été entièrement négligée après la mort de son père; mais il l'avait perfectionnée lui-même. Exempt de grandes passions, il se délassait d'un exercice violent par quelques heures d'étude. Il lisait prodigieusement. On sait que peu de jours avant sa mort, récapitulant le nombre de volumes qu'il avait lus pendant quatre mois de captivité, il en compta plus de deux cent cinquante. C'est à force de travail qu'il était parvenu à connaître à fond les lois du royaume et l'histoire des différents peuples, à posséder la géographie au plus haut degré de perfection, et à devenir même, par l'étude de plusieurs langues étrangères, un assez bon littérateur. On connaît sa traduction de l'anglais de *Richard III*, par Horace Walpole; et cet ouvrage n'est pas sans mérite. C'était à lui seul qu'il devait tous ses talents. Et voilà pourtant le prince qu'on nous a toujours représenté comme un ignorant, un brutal et un homme adonné à l'ivrognerie !

J'ai passé près de six ans à la cour; dans aucune circonstance je n'ai vu le roi se conduire grossièrement à l'égard du plus mince de ses serviteurs. La force de sa constitution rendait, il est vrai, ses mouvements un peu brusques. Ce qui était de sa part une simple plaisanterie laissait souvent un souvenir quelque peu douloureux; mais s'il avait cru faire le moindre mal, il se serait interdit la plus légère gaieté.

Tous les soirs, pendant six ans, moi ou mes camarades avons vu Louis XVI se coucher en public. Quelques indispositions ou des journées de troubles et de malheurs ont seules interrompu ce cérémonial; encore ne l'ai-je pas vu suspendre dix fois. Souvent le roi sortait de souper avec des chasseurs qui n'avaient pas eu sa tempérance; jamais je ne l'ai vu plus gai que de coutume; toujours je l'entendis causer avec 'a même liberté et le même sang-froid. Il y a pourtant des hommes, même de ceux qui l'approchaient de très-près, qui l'ont fait passer pour être la moitié du temps hors d'état de se tenir debout; mais ces hommes étaient ou aveuglés ou perfides. Qu'importait la vérité ? les bruits se répandaient, l'impression restait et la conspiration allait son train.

Quand le roi revenait de chasser à Rambouillet, où il restait à souper, c'était très-avant dans la nuit. En arrivant, à moitié endormi, les jambes engourdies, ébloui par l'éclat des lumières et des flambeaux, il avait peine à monter son escalier. Les valets qui le voyaient, déjà imbus de l'idée de ses débauches, le croyaient dans l'ivresse la plus profonde; tandis que, rentré dans ses appartements, et revenu de son assoupissement, il reprenait la conversation et parlait de sa chasse avec des détails que nous trouvions bien longs à trois heures du matin.

Tous ceux qui ont assisté au grand couvert ont pu se convaincre de la sobriété du roi. Il mangeait beaucoup, parce que son tempérament et sa constitution lui en faisaient un besoin; mais il ne buvait de vin pur qu'à son dessert. Souvent c'était un grand verre de malaga avec une croûte de pain grillé; mais cette quantité même était proportionnée aux aliments qu'il prenait. Il était, au reste, d'une force peu commune; j'en puis donner des preuves qui paraîtront peut-être puériles, mais qui nous étonnaient beaucoup. Il y avait, dans l'Œil-de-Bœuf, une pelle si lourde qu'il fallait un homme vigoureux pour l'enlever, ce qu'on appelle à bras tendu. J'ai vu souvent le roi faire ce tour de force en mettant encore sur la pelle un petit page. Un des Suisses du parc avait conservé de ses montagnes une de ces lourdes carabines qui exigeaient autant de force pour les mettre en joue que pour résister à la commotion qu'elles donnent. Le roi, qui en avait entendu parler, s'échappa un jour à la chasse, alla trouver le Suisse, se fit donner la carabine, et l'ayant épaulée avec la plus grande facilité, la fit partir, sans être nullement ébranlé par l'explosion.

Je n'ai point vu Louis XVI malade sérieusement. Quelques fluxions et un érysipèle à la tête qui le retint une fois plusieurs jours au lit, furent les seules indispositions qu'il éprouva pendant mon séjour à la cour; hors de là il n'était jamais question de drogues ni de médecines. L'exercice était son remède le plus ordinaire, et la tempérance son préservatif contre tous les maux.

Ce prince, très-simple dans ses mœurs, l'était aussi dans ses habits. Lorsqu'il monta sur le trône, M. le duc d'Estissac, grand-maître de la garde-robe, vint lui demander ses ordres pour ses habits.

— Combien en fait-on ordinairement chaque quartier?

— Sire, six.

— Eh bien! qu'on me fasse six habits de ratine.

Il fallut que le duc d'Estissac lui représentât qu'il était des circonstances où la majesté du trône exigeait d'autres habits que des habits de ratine. Le matin, le roi portait un habit gris jusqu'à l'heure de son lever ou de sa toilette. Alors il prenait un habit habillé de drap uni, souvent brun, avec une épée d'acier ou d'argent. Mais les dimanches et les jours de cérémonies, les plus belles étoffes, les broderies les plus précieuses, en soie, en or ou en paillettes, servaient à la parure du monarque. Bien souvent, suivant le goût d'alors, l'habit de velours était entièrement couvert de petits paillons qui le rendaient éblouissant. Les diamants de la couronne venaient y joindre leur éclat. Le fameux parangon, connu sous le nom de *Régent*, formait le bouton du chapeau ; et celui appelé le *Sancy* était à l'extrémité d'une épaulette, et servait à retenir le cordon bleu qu'on portait sur l'habit dans les grandes cérémonies.

Le goût dominant de Louis XVI était la chasse. Il y prenait le plus grand intérêt, indiquait lui-même les cantons, tenait note des cerfs forcés, de leur âge et des circonstances de leur prise. Ce noble amusement, si salutaire à sa santé, était sa seule passion. Il allait aussi très-fréquemment à la chasse au fusil, et, malgré sa mauvaise vue, il tirait avec une grande précision, et un si grand nombre de coups, que je l'ai vu souvent revenir avec la figure toute noircie par la poudre. Quant à la chasse au faucon ou au vol, elle n'avait lieu qu'une fois chaque année, avec une grande solennité. Le roi montait mal à cheval et sans beaucoup de hardiesse. Il arrivait souvent que les demi-bottes fortes, appelées bottes à chaudrons, dont il avait l'habitude de se servir, effarouchaient les chevaux, pour peu qu'ils eussent les aides fines ; mais un cheval qui lui faisait une sottise était sur-le-champ réformé des rangs du roi.

Bien loin de passer sa vie dans la débauche, ou livré aux occupations d'un travail tout mécanique, le roi employait à la chasse ou consacrait à l'étude le temps qui n'était point réclamé par les affaires et les conseils. Ceux qui, par leur service ou par curiosité, pénétraient dans son cabinet, pouvaient s'en convaincre par la quantité de papiers, de livres usés, épars sur son bureau, et s'assurer qu'il était loin d'être aussi oisif qu'on voulait le faire paraître. S'il se mêlait parfois de forger une clef ou un cadenas, c'était par mode de récréation, pour se délasser un instant et diminuer la tension de son esprit. Au reste, les ouvrages sortis de ses mains ne prouvaient ni une grande adresse ni une longue habitude.

Le genre d'étude qui plaisait le plus à Louis XVI était la géographie, les relations de voyages, et ce qui avait rapport à la marine. Dans son voyage de Cherbourg, il étonna beaucoup d'officiers de mer par ses connaissances et en embarrassa plusieurs par ses questions. J'ai entendu dire au roi, au retour de cette excursion qui l'avait autant intéressé que flatté par les preuves d'attachement qu'il y avait reçues, qu'il espérait en faire un semblable tous les ans, surtout sur les côtes, voulant donner grande attention à sa marine : projet que nos malheurs ont empêché, et qui, outre l'avantage de faire connaître au monarque les vices de l'administration, ne pouvait qu'attacher les peuples à leur souverain.

On a acquis la certitude que plusieurs des discours du roi, surtout ceux qui passent pour les plus remarquables, avaient été rédigés par lui. De ce nombre était sa fameuse déclaration en quittant Paris, chef-d'œuvre de précision et de logique. Ce fut encore lui qui donna à M. de la Pérouse ses dernières instructions sur son voyage, et des avis aussi justes que lumineux qui étonnèrent ce fameux navigateur. Quand, au coucher, la conversation s'engageait sur la géographie et la navigation, et surtout avec le sous-gouverneur du dauphin, M. du Puget, il n'y avait plus alors de raison pour qu'elle se terminât; et la pendule sonnait plus souvent une heure du matin que minuit, lorsqu'on se décidait à s'arrêter.

Louis XVI n'eut point de favoris. Il avait beaucoup de considération pour quelques vieux seigneurs qui avaient rendu des services à l'État, et des préférences pour ceux de son âge qui lui avaient été attachés lorsqu'il était dauphin. De ce nombre étaient le duc de Laval, M. de Belzunce, le chevalier de Coigny, le marquis de Conflans; mais la seule marque de faveur qu'il leur donnât, était de chasser ou de souper plus souvent avec lui. Quand il soupait avec ceux de sa chasse et qu'il jouait avec eux, son jeu était toujours modéré; ils venaient au coucher, et le roi, en traversant ses cabinets, prenait l'argent nécessaire pour payer sa perte, et jamais je ne l'ai vu remettre plus de vingt écus au duc de Laval, contre qui il jouait presque toujours au billard ou au trictrac. Il y avait aussi quelques jeunes gens que le roi protégeait beaucoup, soit à cause de leurs mérites, soit en considération des services de leurs pères. C'étaient le duc de Richelieu, alors comte de Chinon, aujourd'hui au service de la Russie; de Saint-Blancart, de la famille des Biron; le jeune Chauvelin, qui, à vingt ans, avait une des plus belles places de la cour; il la devait à la mort frappante de son père aux pieds de Louis XV, et il n'a su depuis payer ce bienfait que par la plus basse ingratitude.

Louis XVI n'avait pas plus de maîtresses que de favoris. La méchanceté elle-même l'a épargné sur ce point. Bon père, époux fidèle, il trouvait le bonheur dans les caresses de sa famille, et la force de supporter ses peines dans une piété solide et éclairée qu'il savait allier aux devoirs de la royauté.

Dans maintes circonstances, aux jours mauvais de la Révolution, Louis XVI eût reconquis son autorité avec un peu d'énergie; mais l'horreur que lui inspirait toute idée de massacre, la crainte de compromettre sa famille et ses serviteurs le retenaient, tandis que ses dangers personnels n'étaient rien à ses yeux. Peut-être que, plus éclairé que nous, il avait vu de bonne heure que la Révolution était l'hydre de la fable; qu'une tête abattue en produirait mille autres et qu'il fallait se résigner au malheur. La lâcheté qu'on lui reprocha disparut, lorsqu'il fut sous la main de fer de l'adversité. Il a su mourir en roi, sans bassesse, en chrétien, sans trouble et sans effroi; il a donné l'exemple du courage le plus sublime, du pardon le plus généreux. Sa mort, en couvrant la France de honte, n'en sera pas moins une des plus belles pages de l'histoire. Ses derniers souhaits, ses dernières paroles, retentiront dans les siècles futurs, commanderont à la postérité l'admiration la plus profonde. Sans doute la France leur doit sa gloire et ses succès : du haut du ciel, Louis XVI lui pardonne et veille à ses destinées.

CHAPITRE II

LA REINE

> Depuis que je suis né, j'ai vu la calomnie
> Distiller les venins de sa bouche impunie.
> VOLTAIRE *Tancréde.*

Lorsque j'arrivai à Versailles, la reine était dans sa trente et unième année, et dans tout l'éclat de sa beauté; car cette princesse, qui ne fut point ce qu'on peut appeler jolie, et qui n'avait pour elle que son port majestueux, sa tenue de reine, possédait alors tous ces avantages à un plus haut degré que lorsqu'elle était arrivée en France, à l'âge de quinze ans. Quand elle sortait de son appartement, au bout de la galerie, pour venir, le dimanche, chercher le roi et aller à la messe, on voyait, au-dessus de son entourage, s'agiter les plumes de sa coiffure, et, selon l'expression de Fénelon, « elle dominait de la tête toutes les dames de sa cour,

« comme un grand chêne, dans une forêt, s'élève au-
« dessus des arbres qui l'environnent. » Il parait qu'à
cette époque elle prenait cette démarche un peu fière,
pour confondre les calomniateurs audacieux qui avaient
voulu la compromettre dans une procédure odieuse,
et la faire passer pour complice d'une infâme escro-
querie.

La reine avait la chevelure très-belle, et d'un blond
très-agréable qui donna son nom, il y a trente ans, à
une nuance fort à la mode. Son nez, un peu aquilin,
lui donnait une physionomie noble et majestueuse. On
dit, en effet, que cette coupe de nez accuse un grand
caractère et un esprit ferme, courageux et entrepre-
nant. D'une taille un peu forte, la reine n'était jamais
mieux habillée que dans sa toilette du matin. Mais tous
les agréments qui la rendaient une des personnes les
plus attrayantes de son temps, s'effacèrent bientôt; et,
dès l'année 1791, à trente-six ans, cette princesse infortunée, abreuvée de chagrins, avait les cheveux tout
gris, et avait considérablement maigri. C'est ce qui
m'a fait croire à la ressemblance d'un de ses portraits,
esquissé peu de jours avant sa mort, et qui la présentait, à trente-neuf ans, dans un véritable état de vieillesse et de décrépitude. Il est vrai que, du premier
trône de l'univers à la misérable prison où elle passa
les trois derniers mois de sa triste vie, la chute était
épouvantable; que, des voitures somptueuses qui
l'attendaient à Strasbourg à l'affreux tombereau qui
la conduisit à l'échafaud, la transition était ef-

frayante. Mais la princesse fut toujours là. Parée des diamants de la couronne ou revêtue des haillons de la misère, ce fut toujours la fille de Marie-Thérèse ; elle en montra toujours le courage et l'énergie.

Échappant à la tutelle d'une mère sévère, cette princesse était arrivée, à quinze ans, sans autre guide que les dernières recommandations maternelles, au milieu d'une cour dissolue, où le vice régnait ouvertement, protégé par un monarque faible. Elle sut s'y faire respecter ; mais elle crut pouvoir quelquefois s'affranchir des entraves de l'étiquette pour se procurer d'innocentes distractions ; et, comme il fallait à la méchanceté quelque prétexte, on lui en fit un crime : ce fut là la source de toutes les calomnies qu'on répandit contre elle.

Elle fut toujours la plus tendre des mères et sut conserver l'affection de son époux, faveur que l'épouse infidèle perd bien vite. Jamais elle ne s'écarta des devoirs de la religion, et, sans les suivre avec l'exactitude de sa mère, elle imitait le roi, prince aussi religieux qu'on peut l'être au milieu des embarras de la royauté.

Sans enfants dans les premiers temps de son union, attachée à un mari qui aimait à consacrer à la chasse et à l'étude les loisirs que lui laissaient les devoirs de la souveraineté, la reine se forma une société où se trouvaient quelques jeunes gens ; de là les horreurs débitées sur le compte de cette malheureuse princesse. Et cependant le vice se cache, tandis que ces visites étaient publiques. Au reste, si la reine admettait chez elle le comte Fersen, MM. de Vaudreuil et de Coigny, le vieux Besenval y était aussi appelé. Depuis dix ans toutes ces calomnies ont cessé, parce qu'elles sont devenues inutiles. Et pourtant aujourd'hui tout danger qu'eût pu offrir la publicité d'une intrigue criminelle avec la reine a disparu, tous les acteurs de ces prétendues scènes scandaleuses vivent encore, et aucune des anecdotes répandues au commencement de la révolution ne s'est confirmée; le silence le plus complet a enseveli toutes ces horreurs. J'ai questionné, j'ai écouté avec autant d'avidité que de prudence, j'ai consulté les personnes attachées à la cour, à la reine, et tout m'a confirmé dans mon respect pour sa vertu.

Louis XVI avait pour sa femme l'affection d'un bon époux; il la chérissait tendrement. Loin de s'en éloigner, il la voyait aussi souvent que ses occupations le lui permettaient. Outre la réunion du souper, ses visites se multipliaient plusieurs fois le jour. Lorsque la reine était à Trianon, le roi y passait une partie de la journée. Jamais la méchanceté ne leur attribua ces petites querelles dont peu de ménages sont exempts. Plusieurs années passées sans enfants ne firent qu'augmenter leur attachement réciproque, et bientôt la plus aimable famille vint resserrer les liens qui les unissaient. Peut-on supposer que la reine, une fois mère, eût voulu, au préjudice de son fils, appauvrir la France au profit de son frère, en lui faisant passer, comme on l'a dit, des sommes considérables? Les affections maternelles ne sont-elles pas mille fois au-dessus des autres sentiments de la nature? Au reste, il est inutile de justifier cette princesse, aujourd'hui que ses malheurs, son courage et sa mort ont sanctionné la haute opinion qu'en avait la plus saine partie de la nation. Les mémoires de M. de Besenval seraient encore, s'il en était besoin, une nouvelle preuve de la fausseté des torts attribués à la reine. Ce vieux Suisse, qui vivait avec elle dans une grande intimité, a écrit ses souvenirs avec toute la franchise de son pays, et dans la conviction que ses opuscules resteraient dans l'oubli. Il n'aurait pas manqué, dès lors, de rapporter quelques-unes des intrigues de cette princesse. Partout, au contraire, il lui montre le respect le plus profond; partout il rend justice à son mérite, à sa droiture et à son esprit. Elle en avait, en effet, beaucoup; et elle donna plusieurs fois de sages conseils au roi, qui la consultait souvent.

C'est à la reine qu'on doit, en France, l'introduction de l'instrument de Franklin connu sous le nom d'*harmonica* ou *glascorde*, et dont les sons sont produits par le choc d'une infinité de petits marteaux sur des verres plus ou moins remplis d'eau; la reine en jouait avec succès, ainsi que de plusieurs autres instruments.

Marie-Antoinette avait sa maison particulière, ses officiers, ses pages, sa livrée qui était rouge et argent; mais c'était la garde du roi qui l'accompagnait. Elle était logée au premier étage de l'aile du château faisant face à l'orangerie. On y entrait par le haut de l'escalier de marbre; et, après avoir traversé les antichambres, la chambre à coucher, le cabinet, on sortait, au bout de la galerie, par le salon de la Paix, peint par Lebrun, où, trois fois la semaine, la cour se réunissait le soir, pour y jouer, jusqu'à neuf heures, au loto ou à d'autres jeux. Par une petite porte placée à côté du lit de la reine, on pénétrait dans une foule de petits appartements, très-obscurs et simplement décorés; et par de petits corridors situés à l'entresol, dont plusieurs étaient matelassés, n'y ayant pas de jours, on arrivait dans les appartements du roi et dans des bains de marbre placés au fond de la cour du château, sous la chambre de parade du roi.

Je n'ai jamais vu la reine danser. Seulement, à la fin des bals, les gens qui avaient abandonné la danse se permettaient une colonne anglaise, et la reine s'en mêlait; mais j'ai entendu dire qu'elle dansait très-bien.

J'ai pu juger par moi-même qu'elle montait à cheval avec autant de grâce que de hardiesse.

Je ne répéterai pas les anecdotes scandaleuses que j'ai entendu débiter sur cette princesse infortunée. Elles seraient vraies, que je n'aurais pas été à même de les vérifier; mais je crois trop fermement qu'elles sont le fait de la plus vile méchanceté pour en souiller mes mémoires. N'ayant pas été non plus le témoin des trente derniers mois de sa vie, je ne pourrais être que l'écho de bien des historiens, entre autres de Montjoie, qui a écrit une *Vie de la reine* devenue très-rare.

Je ne puis cependant résister au désir de raconter ici une originalité.

Les charmes, les attraits de cette princesse avaient fait une vive impression sur l'esprit d'un ancien membre du parlement de Bordeaux, nommé M. de Castelnau. Toute sa raison n'avait pu le défendre d'un amour d'autant plus extraordinaire qu'il n'était plus jeune, et la tête était perdue. Tout son bonheur consistait à voir la reine, et sa vie se passait dans la galerie de Versailles. Toujours seul, il calculait les instants où il pourrait se trouver sur le passage de la princesse. Il était très-assidu à sa messe, où, sans doute, la prière n'était pas sa seule occupation; et, au sortir de la chapelle, il courait encore pour la voir retourner chez elle. Entendait-il ses voitures, il était au bas de l'escalier. Les saisons les plus rudes ne le rebutaient pas, et le froid le plus vif ne pouvait arrêter chez lui le désir de voir l'objet de son amour. Triste et taciturne, il se livrait rarement. Cependant j'ai causé plusieurs fois avec lui; et quand la conversation tombait sur la reine, il en faisait un éloge aussi simple que respectueux, et il se bornait là. Je le laissai encore à Paris, où il n'avait pas manqué de venir s'établir quand la cour eut quitté Versailles. J'ignore ce qu'il est devenu. Plusieurs personnes m'ont dit qu'il avait été enveloppé dans les massacres du 10 août; cela ne me paraîtrait pas invraisemblable, car sa passion, son habitude n'auront pas manqué de le conduire au château des Tuileries et de l'y retenir.

CHAPITRE III

ENFANTS DU ROI

> Que craint-on d'un enfant qui survit à sa perte ?
> Racine, *Andromaque*

J'ai vu tous ces rejetons d'une race auguste..., mais tous ont disparu, avant même leur printemps !... Une seule fleur a échappé à la tempête, et ce ne fut que pour consumer ses jours dans la douleur, pour traîner une vie pénible et errante, loin de la patrie dont jamais elle ne respirera l'air salutaire. C'est cette infortunée princesse qui, la première, fit goûter à Louis XVI le plaisir d'être père.

Madame Royale, Marie-Thérèse-Charlotte, naquit à Versailles, le 19 décembre 1778, après plus de huit ans d'union. Mais la France désirait un Dauphin ; et ce ne fut que le 22 octobre 1781 que ce vœu fut exaucé. Successivement, la reine eut encore un fils le 27 mars

1785, et une fille au mois de juillet de l'année suivante. J'étais à Versailles au moment de sa naissance ; mais, au bout d'une année, elle fut ravie à ses parents : sa mort la préserva des malheurs qui menaçaient sa famille. J'allai la voir sur son lit de parade, à Trianon ; ce n'était pas la mort, c'était le sommeil de l'innocence qui avait fermé ses yeux. Elle se nommait Madame Sophie, et elle mourut le 19 juin 1787, âgée de onze mois et dix jours.

Madame Lebrun, célèbre artiste de notre siècle, était alors occupée à peindre ce beau tableau qu'on vit un instant dans le salon d'Apollon. Elle avait représenté, avec cet art surprenant de l'imitation des étoffes, la reine en robe de velours ponceau, ayant sur ses genoux son second fils, l'aînée de ses enfants appuyée sur son épaule, tandis que le Dauphin montrait, dans un berceau, sa petite sœur endormie. Tableau touchant, mais que la magnificence des costumes rendait froid. La mort de la jeune princesse fit effacer son image ; et bientôt son frère aîné l'ayant suivie dans la tombe, ce tableau, qui ne retraçait plus que des souvenirs douloureux, fut enlevé, et, depuis, il a disparu comme les augustes personnages qu'il représentait.

Le Dauphin croissait avec peine ; sa santé délicate, son tempérament rachitique, et surtout un développement d'idées peu ordinaire à son âge, faisaient prévoir que la France ne le conserverait pas longtemps. A six ans, on l'ôta des mains des femmes, et il fut confié aux soins du duc d'Harcourt, nommé son gouverneur. Ce passage du royal enfant des mains des gouvernantes en celles du gouverneur faisait l'objet d'une cérémonie à laquelle assistait la Faculté. Elle constatait, dans un procès-verbal, l'état de santé du jeune prince, le comparait avec celui où il se trouvait au moment de sa naissance, et reconnaissait par là que les accidents survenus dans cet intervalle ne pouvaient être attribués au peu de soins de ses premières maîtresses. Le Dauphin pleura beaucoup en se séparant de madame de Polignac; mais la douceur de M. d'Harcourt et les soins de sa femme l'eurent bientôt consolé.

Je ne sais qui avait donné à Louis XVI l'idée d'appeler M. d'Harcourt à diriger l'éducation du Dauphin. L'ancienneté de sa maison, sa douceur, sa politesse, et même certaines connaissances ne suffisaient pas pour bien élever un enfant destiné à s'asseoir sur le premier trône de l'Europe. M. d'Harcourt manquait d'énergie et de caractère; et ses liaisons, sa parenté avec une des premières maisons de l'Angleterre, où une branche de sa famille s'était établie sous le règne de Philippe de Valois, paraissaient devoir l'exclure de cette place de confiance. Qui ne sait que les rois conservent toujours de la déférence pour ceux qui ont dirigé leur enfance? Si, dès lors, Louis XVII eût régné, et que les d'Harcourt, sous son règne, eussent eu part aux secrets du gouvernement, n'y avait-il pas à craindre que leur devoir envers la patrie, combattu par la parenté et un certain penchant naturel à cette famille pour un État rival, en fît de mauvais ministres, en les mettant dans le cas de donner, sinon de perfides, au moins d'imprudents conseils ?

M. d'Allonville, le premier sous-gouverneur, était brave, loyal, mais de peu de génie. C'était une créature de la maison d'Harcourt.

M. du Puget, le second sous-gouverneur, avait de grandes connaissances en histoire naturelle et en géographie ; il avait voyagé avec beaucoup de discernement dans nos colonies occidentales, et c'était un mérite aux yeux de Louis XVI ; mais on trouvait dans son esprit un peu trop de fadeur et d'afféterie.

En général, la maison du Dauphin fut mal composée, et Louis XVI, qui avait pu voir par lui-même le vice d'une faible et mauvaise éducation, puisqu'il avait été obligé de refaire la sienne, ne fut pas heureux dans le choix des hommes qu'il chargea de celle de son fils.

Au commencement de 1789, l'état de santé du Dauphin empira sensiblement ; le cou s'était penché, la taille était entièrement contournée. Après de longues et douloureuses souffrances supportées avec un courage et une résignation au-dessus de son âge, il mourut à Meudon, où il avait été transporté le 4 juin 1789.

La mort de cet enfant, dont l'intelligence était si surprenante, affecta singulièrement tous ceux qui l'approchaient. Mais Louis XVI ressentit cette perte plus vivement que personne. Bon père, il regrettait tous ses enfants ; cependant, ce dernier coup le frappa dans des circonstances qui le lui rendirent plus pénible.

Déjà le malheur et les soucis l'avaient touché, et, on le sait, quand le cœur est déjà blessé, la douleur y pénètre plus facilement.

Le Dauphin fut conduit à Saint-Denis, sans pompe et sans cérémonie. Ses parents ne l'y devaient pas rejoindre. Son séjour à lui-même y devait être bien court; car ses restes, à peine défigurés, allaient servir de jouet à la populace, et se voir confondus, dans un vaste creuset, avec les cendres de cette longue suite de rois qui dormaient là de leur dernier sommeil.

La qualité, si peu enviable en ces temps malheureux, d'héritier présomptif de la couronne, passa à Charles-Louis, connu sous le nom de duc de Normandie, né le 27 mars 1785.

C'est cet enfant infortuné, victime de si atroces persécutions, qui, objet de crainte au fond de sa prison, et confié à la garde d'un infâme scélérat, contracta dans les privations et la misère de précoces infirmités qui le conduisirent au tombeau. On a voulu voir dans sa mort si prompte le résultat d'un crime, et on a pensé que le poison avait abrégé ses jours. Il est presque certain aujourd'hui qu'on n'a pas eu besoin de recourir à ce moyen. Le médecin Jeanroy, homme intègre et de mœurs austères, appelé pour visiter le corps de cette touchante victime, y alla avec la résolution bien arrêtée de dire la vérité tout entière, et de braver pour cela tous les dangers. Il trouva dans l'organisme des accidents assez graves pour avoir pu procurer la mort sans l'aide de moyens criminels. Mais qu'était-il besoin de rechercher les preuves d'un attentat direct contre sa vie? Cette mort n'était-elle pas la suite des douloureuses privations, de l'abandon le plus absolu, des ignobles traitements qu'on lui avait fait subir et dont on pouvait prévoir les conséquences? n'était-ce pas là un véritable empoisonnement, plus horrible et plus long que celui qu'eût produit une dose de laudanum? Mais ce qu'il y a de plus triste pour la France, c'est que l'infamie de ce long martyre moral retombe tout entière sur la généralité des membres de la Convention, puisque la mort du Dauphin suivit de plus d'un an celle de Robespierre.

La douceur et l'amabilité de cet enfant devaient cependant, il semblait, désarmer ses bourreaux. Tous ceux qui l'ont approché se rappelleront toujours avec bonheur la candeur de sa figure, la beauté de son teint et de sa longue chevelure blonde, et surtout son attention charmante à suivre des yeux, à Paris, les mouvements de ses parents, pour adresser un sourire ou un salut plus ou moins gracieux à ceux que la famille royale regardait en ces jours malheureux comme ses plus fidèles serviteurs.

Madame Royale, quoique très-petite pour son âge, avait la dignité de port et la fierté d'attitude de sa mère. Cette fierté autrichienne s'était tellement développée en elle dès sa première enfance, qu'on s'était vu obligé d'y remédier et de chercher à l'en corriger. Un des moyens que l'on reconnut les plus propres à atteindre ce but, fut de lui donner une petite compagne de son âge et de naissance obscure qui, alternativement avec la princesse, obtenait la préférence dans les choses de politesse et d'égards. Et ce qui prouve la bonté de caractère de Madame, c'est que, loin d'éprouver de l'antipathie pour cette jeune personne, elle lui a toujours conservé un grand attachement.

Combien, à l'école de l'adversité, le caractère de cette princesse malheureuse n'a-t-il pas dû acquérir de force et d'énergie! Quel courage ne lui a-t-il pas fallu pour survivre à toute une famille égorgée, pour passer tant de jours dans l'isolement et l'abandon, tant de nuits dans l'inquiétude et les alarmes! Heureusement elle a trouvé, dans Madame Élisabeth, de beaux exemples qui ont fortifié sa piété, de sages conseils qui l'ont aidée à supporter ses malheurs avec résignation.

Tous les détails relatifs à cette jeune princesse, la seule plante royale qu'ait épargnée la tempête révolutionnaire, ayant le privilége d'émouvoir un cœur sensible et français, je crois devoir consigner ici certaines particularités aussi véridiques que peu connues, sur son séjour au Temple. Madame de Chantereine, qui fut placée auprès d'elle lorsqu'on cessa de la persécuter, les a communiqués à quelques personnes, en même temps qu'un journal historique, écrit par Madame Royale elle-même sur sa captivité, et dont elle n'avait donné copie à cette dame que sous la promesse de ne le laisser reproduire ni par impression, ni par écriture.

Madame de Nismes, qui m'a communiqué les diverses lettres où sont mentionnés ces détails, les tenait de sa mère, madame de la Ramière, amie de madame de Chantereine, qui avait bien voulu les lui donner copiées et certifiées par elles.

Fidèle à la parole qu'elle en avait donnée à Madame, elle n'eut pas la même complaisance pour le manuscrit précieux où la princesse a retracé, d'un style aussi noble que touchant, les malheurs de sa famille au Temple. Ces mémoires avaient été écrits pour madame de Tourzel. Avant de quitter leur prison, madame de Chantereine ayant supplié Madame de lui en laisser une copie, la princesse les récrivit en entier de sa propre main. Ils n'ont qu'une cinquantaine de pages, mais la lecture en est on ne peut plus émouvante. Plusieurs détails sont les mêmes que ceux donnés par Cléry, et prouvent l'exactitude de son journal. Madame y paraît persuadée que la mort du Dauphin n'était pas, comme on le croyait alors, le résultat d'un crime, mais une suite naturelle des privations et des mauvais traitements essuyés par le malheureux et intéressant enfant.

Quant aux pièces que je transcris ici, elles sont au nombre de cinq.

La première est le fragment d'une lettre que madame de la Ramière destinait à sa cousine, madame de Verneuil, où, en lui envoyant la copie des lettres de Madame, elle ajoutait quelques détails qu'elle tenait de madame de Chantereine. Madame de Verneuil n'a point reçu cette lettre, retrouvée en partie seulement dans les papiers de madame de la Ramière.

La deuxième est une lettre de Madame à madame la duchesse d'Orléans.

La troisième est une lettre de la même à M. Benezech, ministre de l'intérieur. On sera aussi surpris de la dignité qui règne dans ces deux lettres que touché des sentiments dont est remplie la quatrième, adressée d'Huningue à madame de Chantereine.

Enfin, la cinquième est un petit journal du voyage de Paris à Huningue.

Lettre de madame de la Ramière à madame de Verneuil.

Je vous envoie une copie de ces lettres que je ne puis lire sans un profond attendrissement. En les transcrivant, mes larmes ont souvent mouillé mon papier. S..., qui vient de les parcourir, s'est senti tellement ému que son gosier s'est fermé, et qu'il s'est arrêté tout court. Ah ! si vous lisiez les deux pages du mémoire qui retracent la séparation de Madame et de Madame Élisabeth, et le portrait de cette fille céleste, vous fondriez en pleurs. Vous êtes la seule qui possédiez ces lettres. Je vous prie de ne point les laisser copier, et de ne les point lire hors de la famille ou du très-petit nombre des intimes amis. C'est le désir de celle qui me permet de vous les envoyer ; et je sais que Madame souhaite que tout ce qu'elle a écrit ne soit point publié. Son humilité et son abnégation d'ellemême la fait résister aux prières de ses fidèles serviteurs, qui lui demandaient d'écrire tout ce qui est relatif à elle, et de retracer les dernières années de sa captivité, de sa profonde solitude, de peindre, en un mot, les sensations, les pensées et les occupations qui partageaient ses moments. Mais elle a répondu que ce qui la regardait personnellement ne pouvait avoir nul intérêt. Ah! combien elle se trompait! Rien n'égale celui qu'inspire la lecture de ses Mémoires. Tous ceux qui ont une âme comprendront quel profond intérêt ce récit emprunte de la main qui l'a tracé.

La lettre à Madame d'Orléans est d'une délicatesse, d'une naïveté, d'une noblesse, d'une simplicité admirables. Toutes les convenances y sont observées.

Celle qui suit ne me fait pas moins de plaisir. Que d'esprit et de délicatesse dans ce souvenir des services de madame de Mackau, mère de madame de Soucy, que la princesse avait des raisons de ne point aimer! et dans ce choix de Gomin, qui avait soigné M. le Dauphin les trois derniers mois de sa vie! Que d'obligeance pour l'autre gardien, dans les raisons qu'elle donne pour préférer Gomin! Ce qu'elle dit pour M. Hue déchire l'âme. Le soin qu'elle a de donner elle-même son adresse prouve qu'elle ne veut pas d'excuses. Cette lettre me paraît pleine de dignité et de parfaite bonté.

Je n'ai pas besoin de parler des autres lettres, elles parlent d'elles-mêmes; mais je veux vous dire un mot sur madame de Chantereine, et comment elle a été placée au Temple.

Cette dame est de la famille de Saint-Hilaire, du Poitou, dont un des membres fit cette belle réponse à son fils, au moment où la mort enleva M. de Turenne. Son père, cadet d'une nombreuse famille, passa dans l'Inde et s'y maria. Il y fit fortune dans le commerce. Ses vaisseaux sur mer furent pris par M. de Suffren pour servir à sa fameuse expédition. La cargaison fut perdue, et le prix fut porté par M. de Suffren au rang des dettes du gouvernement. Cela allait de droit. Mais à l'enthousiasme qu'avait inspiré M. de Suffren, à Versailles, succéda l'indifférence, puis la froideur et l'éloignement. Les dettes contractées par le commandant pour l'État ne furent point acquittées. M. de Saint-Hilaire et ses associés vinrent en vain solliciter; ils furent remis, et n'obtinrent que de légères indemnités. Enfin, la Révolution mit le comble à leur infortune. M. de Saint-Hilaire se retira à la campagne avec son fils et trois filles.

Après un temps considérable et divers incidents, la seconde de ces demoiselles épousa M. de Chantereine, homme âgé et sans naissance, mais très-honnête, et dont les rapports, à Paris, le mettaient en état d'être utile à son beau-père, surtout étant secondé par une femme d'esprit.

C'est peu de temps après leur mariage qu'un de ses parents, attaché au ministère de la police, proposa à sa nouvelle cousine de la faire comprendre dans la liste des femmes qu'on devait présenter au gouvernement pour entrer au Temple. Elle eut d'abord mille craintes et autant de doutes; mais, cédant promptement au plus vif intérêt, elle accepta une place dont il était facile de faire tomber le choix sur elle.

Ce fut le..... qu'elle monta à la tour. Elle fut présentée à Madame par les commissaires. La quantité de marches qu'elle avait montées, la présence de cette jeune et auguste victime, lui ôtèrent la voix et la respiration. Madame l'engagea à s'asseoir sur son canapé. Il était placé dans l'embrasure très-profonde de la croisée de son appartement, qui avait été celui de sa mère. Elle en occupait le bout le plus près du jour, et elle travaillait. Une robe grise très-mince et très-courte, un fichu de linon sur sa tête, un autre sur son col, les cheveux tressés et abattus sur son dos, les deux faces peignées et tombant sur ses épaules, formaient toute sa parure. Elle avait les mains rouges, l'air mélancolique et négligé. Elle donna ordre aux commissaires de ne venir prendre madame de Chantereine qu'à huit heures, pour la conduire à son appartement; il en était six alors.

Dès qu'elles furent seules, Madame demanda ce qu'étaient devenus sa mère, sa tante et son frère; elle était dans une ignorance absolue de leur sort. Madame de Chantereine lui dit que, étant arrivée depuis peu à Paris, elle ne pouvait point la satisfaire; mais qu'elle croyait qu'ils étaient en Allemagne. Madame lui demanda si elle pourrait sortir de temps en temps; madame de Chantereine répondit qu'on lui laisserait recevoir sa famille à la grille, mais qu'elle ne sortirait qu'une fois par décade. Madame lui enjoignit, avec les plus vives instances, de prendre les plus grands éclaircissements sur un sujet qui la touchait uniquement. Mais elle parlait d'une manière si confuse qu'on avait peine à la comprendre. Il a fallu à cette princesse plus d'un mois de lecture à voix haute, et d'une prononciation très-étudiée, pour pouvoir se faire entendre, tant elle avait perdu l'usage de s'exprimer.

Elle était toujours levée avant madame de Chantereine. Son lit était fait, sa chambre balayée et en ordre avant huit heures du matin. On obtint enfin qu'elle se laisserait servir. Elle s'y refusait, disant qu'elle ne voulait pas perdre une habitude qui lui serait peut-être encore nécessaire. Enfin, elle céda.

Madame de Chantereine était chaque jour tourmentée pour chercher des moyens de cacher la vérité à cette malheureuse princesse. Enfin, elle se décida à l'instruire du sort de ses parents. Elle sentait bien que la première personne qui lui parlerait à cœur ouvert sur un sujet si touchant, et qui mêlerait ses larmes à toutes celles qu'elle allait répandre, acquerrait des droits infaillibles sur son cœur. D'ailleurs, Madame allait recevoir les visites de mesdames de Tourzel, sa gouvernante, et de Mackau, sa sous-gouvernante, qui pouvaient refroidir pour elle le jeune cœur de cette intéressante personne, à laquelle elle s'attachait de jour en jour davantage. Elle saisit donc la première occasion qui se présenta, et lorsque, un matin, Madame, comme à l'ordinaire, la questionnait sur le sort de sa famille, elle lui dit, avec tout le ménagement possible, qu'elle ne devait conserver aucun espoir de les revoir. Madame se laissa tomber sur son siége et s'écria douloureusement : « Quoi ! et ma tante aussi ! » Ces mots furent suivis d'un effrayant silence, puis d'un déluge de larmes. La pauvre madame de Chantereine était désolée; elle sanglotait avec elle. Enfin, pour détourner tant soit peu ses idées, elle lui représenta que l'heure de son déjeuner approchait, que ses gardiens, en entrant chez elle, la trouveraient dans un état qu'ils reprocheraient à sa compagne, si elle ne prenait assez sur elle pour essuyer ses larmes. Cette excellente.....

(Le reste de cette lettre ne s'est point retrouvé.)

Lettre de Marie-Thérèse-Charlotte, fille de Louis XVI, à Madame la duchesse d'Orléans, avant son départ.

18 décembre 1795.

Madame, je n'ai pas voulu, avant de quitter la France, ne pas marquer l'estime et l'amitié que j'ai pour la seule parente que le Ciel m'ait laissée dans ce pays. J'avais désiré vous emmener avec moi, mais on m'a dit que vous ne vous souciiez pas de quitter notre infortunée patrie; hélas ! c'est bien simple. Je vous prie de croire que j'ai souvent pensé à vous, et que, malgré les événements, votre caractère m'était si bien connu que je n'ai jamais pensé à vous qu'en bien.

Adieu, Madame, je pars; puissé-je un jour vous revoir, et, surtout, puissiez-vous être heureuse! J'ai toujours adressé mes vœux au Ciel pour votre félicité. Votre affectionnée cousine,

MARIE-THÉRÈSE-CHARLOTTE,

Certifié conforme au brouillon original.
LA ROCHETTE HILAIRE DE CHANTERENNE.

La même au ministre de l'intérieur, Benezech.

Toutes réflexions faites, Monsieur, je désire que madame de Sérent m'accompagne. Je rends justice au mérite et à l'attachement de madame de Soucy pour moi; mais, dans la position où je me trouve, seule, ignorant absolument les manières du monde, j'ai besoin de quelqu'un qui puisse me donner des conseils, et madame de Sérent est celle que je crois plus capable de m'en donner de bons, vu son âge. J'ai souvent été à même de la voir, et j'ai reconnu en elle toutes les qualités que je désire. Si vous ne pouvez me donner avec moi qu'une seule femme, je demande positivement que ce soit madame de Sérent; si vous m'en accordez deux, je demande aussi madame de Soucy pour marquer la reconnaissance que j'ai des soins que sa mère a pris de moi pendant quatorze ans.

Je vous recommande fortement M. Hue. C'est le dernier des serviteurs de mon père qui soit resté avec lui en prison. Mon père même me l'a recommandé en mourant. C'est une dette sacrée que je dois à sa mémoire. Il demeure dans l'île Saint-Louis, quai d'Anjou ; il est impossible qu'on ne le trouve pas.

Si vous choisissez un de mes gardiens pour me suivre, je demande que ce soit M. Gomin. Il y a plus longtemps qu'il est au Temple. C'est le premier être qui qui ait adouci ma captivité. Comme il est sédentaire au Temple, je le connais plus que son camarade. J'espère, Monsieur, que vous m'accorderez mes demandes.

La même à madame de Chantereine, pendant sa route.

Huningue, 25 décembre 1795.

Ma chère petite Rennette [1], je vous aime toujours bien, et je commence, malgré vos conseils, à écrire au haut de la page, pour vous dire plus de choses. Mon voyage a été assez heureux, mais long, à cause des chemins qui sont abîmés et remplis de trous, et des chevaux que l'on ne trouve pas aux postes, tant elles sont mal servies. J'ai été reconnue dès le premier jour, à Provins. Ma Rennette, comme cela m'a fait de mal et de bien ! Vous ne pouvez vous faire une idée comme on courait pour me voir. Les uns m'appelaient leur bonne dame, d'autres leur bonne princesse. Les uns pleuraient de joie, et moi j'en avais aussi bien envie ;

1. Nom d'amitié.

mon pauvre cœur était bien agité, et regrettait encore plus fort la patrie qu'il chérit toujours bien. Quel changement des départements à Paris! On ne veut plus d'assignats depuis Charenton. On murmure tout haut contre le gouvernement. On regrette ses anciens maîtres et même moi, malheureuse! Chacun s'afflige de mon départ. Je suis connue partout, malgré les soins de ceux qui m'accompagnent. Partout je sens augmenter ma douleur de quitter mes malheureux compatriotes, qui font mille vœux au Ciel pour ma félicité. Ah! ma chère Rennette, si vous saviez comme je suis attendrie! Quel dommage qu'un pareil changement n'ait pas eu lieu plus tôt! Je n'aurais pas vu périr toute ma famille et tant de milliers d'innocents. Mais laissons un sujet qui me fait trop de mal.

Mes compagnons de voyage sont très-honnêtes. notre M. Méchain est un très-bon homme, mais bien peureux; il craint que les émigrés ne viennent m'enlever, ou que les terroristes ne me tuent; il y a peu de ces gens-là, mais il craint à cause de sa responsabilité. Il veut faire un peu le maître, mais j'y mets bon ordre. Il m'a appelée quelquefois sa fille, dans les auberges, ou bien Sophie, mais je ne l'ai jamais appelé que monsieur; il a dû s'aporcevoir que cela me déplaisait. Mais il a pu s'épargner cette peine, car, dans toutes les auberges, on m'appelait Madame, ou ma princesse.

Quant à madame de Soucy, elle ne m'a pas plu davantage qu'à son ordinaire; elle n'a pas plus d'esprit, et paraît jalouse de ces messieurs. Elle nous fait souvent des querelles mal à propos; cependant elle aime beaucoup sa mère, et m'a dit qu'elle n'était partie qu'avec son approbation. Je ne l'aime pas; elle m'ennuie; elle est bien amie de M. Benezech; mais j'espère qu'elle ne me suivra pas à Vienne.

On vient de m'apprendre que ma maison est toute formée, et qu'elle m'attend à Bâle, pour me conduire à Vienne. Jugez, ma chère Rennette : madame de Soucy a amené avec elle son fils et sa femme de chambre; et on m'a refusé une femme pour me servir. J'ai tâché de démêler l'intrigue qui vous avait empêchée de me suivre. Je crois que cela vient un peu de la part de M. de Mackau qui, lié avec tous ces gens-là, a placé sa sœur. D'un autre côté, on m'a dit que l'empereur avait demandé qu'il ne vînt avec moi aucune des personnes qui avaient été au Temple, et on n'aura pas fait de différence de vous aux autres. Ma Rennette, cela m'afflige bien, car je vous aime bien, et j'ai besoin de donner ma confiance et d'épancher mon cœur dans le sein d'une personne que j'aime, ce qui n'est pas la personne qui me suit, car je ne la connais pas assez pour lui dire tout ce que je sens. Il n'y a que vous, ma bonne Rennette, à qui je puisse me livrer. Je suis bien malheureuse! il n'était qu'une personne que je voulais avoir, et je ne l'ai pas. Priez bien Dieu pour moi; je suis dans une position bien désavantageuse et bien embarrassante. On fait courir le bruit qu'on va me marier dans huit jours, certainement à mon amoureux[1]; mais cela ne sera pas, du moins de longtemps. Je verrai aujourd'hui l'ambassadeur de France à Bâle[2], et demain je partirai pour Bâle.

Adieu, ma chère petite Rennette, je vous regrette bien, et je pense souvent à vous. J'ai bien recommandé votre liberté à M. Benezech et à M. Méchain. J'espère bien que vous l'avez, et que vous êtes au sein de votre famille, cela me console un peu. J'ai bien mal écrit : mais j'ai de mauvaises plumes, je suis mal à mon aise. Adieu, ma chère et bonne Rennette, je me souviendrai de vos parents allemands.

Du même jour, en envoyant la relation de son voyage.

Ma chère Rennette, je vous envoie cette Relation, pensant qu'elle vous fera plaisir; je l'ai faite exprès pour vous. Il est six heures. La deuxième voiture est arrivée à deux heures. J'ai demandé tout de suite de vos nouvelles à Baron et à Meunier; ils m'ont dit votre douleur, et j'ai à vous gronder, ma Rennette; ne vous faites pas de mal, ne tombez pas malade, je vous le demande; ils m'ont dit qu'ils en avaient peur. Voyez souvent madame de Mackau, je vous en prie, ainsi que M. Gomin. Ce pauvre homme m'a servi avec un soin extrême; il ne mangeait ni ne dormait. Je vous le recommande bien, ma chère amie; il vous remettra

1. L'archiduc Charles.
2. M. Barthélemy, depuis directeur, et déporté.

cette lettre. J'ai écrit publiquement par M. Méchain à mesdames de Mackau et de Tourzel, mais j'ai mieux aimé vous écrire comme cela pour ne pas me gêner. C'est bien mal écrit, mais je suis sur une table avec M. Méchain, qui écrit aussi. Madame de Soucy et son fils en font autant. MM. Hue et Gomin parlent auprès du poêle. Telle est ma position en ce moment-ci. Coco, mon cher Coco, est dans le coin du poêle à dormir[1]. Adieu, ma chère Rennette, la bien-aimée d'une malheureuse expatriée. J'ai vu ce matin M. Bacher, le secrétaire [de la légation] de France à Bâle; je le reverrai demain matin, et le soir à la fin du jour, au moment où l'on ferme les portes, je partirai pour Bâle où l'échange se fera de suite, et aussitôt je partirai pour Vienne, où je serai peut-être quand vous recevrez

---

[1]. L'anecdote du petit chien — car Coco était un chien — emmené par Madame Royale, me rappelle l'amour qu'avait toute sa famille pour ces animaux. Chaque princesse en avait d'une espèce différente. Chez Mesdames, c'étaient de superbes barbets; les petits levriers étaient les préférés de Madame Élizabeth.

Je me souviens qu'un soir, en attendant le coucher du roi, je me promenais dans la grande galerie. Le roi sortit par la porte du fond avec sa famille, qui le reconduisait, et toutes les meutes. Tout à coup, effrayés sans doute par quelque objet, tous ces chiens se mirent à aboyer à l'envi l'un de l'autre et à s'enfuir, passant comme des ombres à travers ces vastes et obscurs salons qu'ils faisaient retentir de leurs voix discordantes. Les princesses criant, appelant, courant après les chiens avec tout ce qui était là, achevaient de donner à ce spectacle déjà risible par lui-même toutes les allures d'un divertissement qui égaya beaucoup ces augustes personnages, pour qui la moindre distraction était un bonheur. Louis XVI était le seul de toute sa famille qui n'eût pas de chiens dans ses appartements.

cette lettre. On parle beaucoup de mon mariage, on le dit prochain, j'espère que non; enfin, je ne sais ce que je dis. Je vous promets de penser toujours bien à vous; je ne peux ni ne veux vous oublier. Ayez soin de ce pauvre M. Gomin qui est dans la douleur de notre séparation. Meunier et Baron m'ont bien plu par la manière dont ils m'ont parlé de vous. Adieu, chère Rennette, la paix, la paix est ce que je désire par plus d'une raison. Puisse-t-elle arriver, et puissé-je vous voir à Rome et non à Vienne! Adieu, bonne, charmante, tendre Rennette, ma belle dame.

Relation de voyage de Madame, de Paris à Huningue, écrite et envoyée par elle à madame de Chantereine.

J'ai traversé le guichet, en sortant de la tour, sans être entendue. J'ai traversé la cour avec ces messieurs. Arrivés à la grande porte, ils n'osaient pas l'ouvrir parce qu'ils entendaient du bruit. Enfin ils l'ouvrirent, et ils trouvèrent M. Benezech et trois hommes qui lui étaient dévoués et qui avaient balayé la rue de passants. Je donnai le bras à M. Benezech, et nous nous acheminâmes dans la rue. M. Benezech me parla du rôle que je devais jouer, de regarder M. Méchain comme mon père; il m'exagéra les dangers que je courrais, mais il ne m'intimida pas. Il me parla aussi de choses qui ne me surprirent pas, parce que nous nous y attendions par sa manière d'être. M. Gomin vous les dira; c'est plus sûr que le papier.

Enfin, nous arrivâmes à la rue Meslay, où nous trouvâmes la voiture de M. Benezech. J'y montai avec lui et M. Gomin. Nous fîmes plusieurs tours dans les rues enfin nous arrivâmes sur les boulevards, en face de l'Opéra. Nous y trouvâmes une voiture de poste avec M. Méchain et madame de Soucy. J'y montai avec M. Gomin, et nous laissâmes M. Benezech. Aux portes de Paris, on nous demanda notre passeport. A Charenton, la première poste, les postillons ne voulurent point d'assignats, et demandèrent de l'argent, menaçant, sans cela, de ne pas nous conduire. M. Méchain leur donna de l'argent. Le reste de la nuit se passa très-tranquillement; les postillons nous conduisirent assez vite. Le lendemain, 19 décembre, nous nous arrêtâmes à Guignes pour déjeuner, l'espace d'une demi-heure. Le même jour, à quatre heures, je fus reconnue à Provins, comme on changeait de chevaux, par un officier de dragons. Arrivée à Nogent-sur-Seine, le dragon proclama que c'était moi. La maîtresse de l'auberge où nous étions descendus pour nous rafraîchir, me reconnut et me traita avec beaucoup de respect. La cour et la rue se remplirent de monde qui voulait me voir avec bonnes intentions. Nous remontâmes en voiture, et le peuple me combla de bénédictions et me souhaita mille félicités. Nous allâmes de là coucher à Gray. La maîtresse de la maison nous dit que le courrier de l'ambassadeur de Venise[1], M. Carletti, l'avait

---

1. La princesse se trompe; il était envoyé du grand-duc de Toscane.

avertie que je devais passer avec deux voitures. Nous nous couchâmes à minuit, et nous repartîmes à six heures du matin, le 20 décembre. En passant nous fûmes arrêtés à Troyes par le manquement de chevaux, M. Carletti les ayant tous pris. Nous en eûmes enfin. Nous allâmes très-doucement dans cette journée, n'ayant fait que dix lieues, par l'amabilité du seigneur Carletti. Enfin, le soir, à Vandœuvre, M. Méchain se résolut de passer M. Carletti. Il montra à la municipalité l'ordre du gouvernement qui l'autorisait à prendre des chevaux préférablement à d'autres. M. Carletti fit le diable, mais enfin nous l'emportâmes. Nous partîmes à onze heures du soir, et M. Carletti à une heure du matin. Le vilain homme! Notre courrier, qui est un excellent homme, ne l'aime pas, et ne l'appelle jamais que le marchand de toiles, parce que sa voiture en est pleine. Ce courrier se nomme Charot; il s'est donné bien du mal pour notre route, et pour faire marcher les postillons. C'est un bien bon homme. Le lendemain matin nous descendîmes pour déjeuner à Chaumont, où je fus reconnue publiquement par la ville, qui courut en foule pour me voir. M. Méchain fit venir la municipalité, et lui montra son passeport pour sa femme et sa fille; on ne le crut point. Je remontai en voiture et, pendant ce court trajet au pas, je fus accueillie de mille bénédictions dont je fus bien touchée, et qui partaient du fond des cœurs. Nous allâmes, le soir, coucher à Fay-Billot, faute de chevaux, ce qui nous arrivait souvent. La journée du lendemain se passa tranquillement. Nous ne fîmes dans la journée que douze lieues. De là nous couchâmes à Vesoul; et, le lendemain, nous trouvâmes des chemins affreux, dont on ne peut se faire d'idées, des trous énormes dont nous ne nous retirâmes que par l'adresse des postillons. Enfin, après avoir éprouvé mille difficultés, et être partis de Paris à minuit, le 18 décembre, nous arrivâmes à Huningue le 24 décembre, à six heures du soir, après six jours de marche.

Quoique la lettre compassée d'un courtisan soit bien froide auprès de ces modèles de simplicité, de grâce et de sensibilité, je n'ai pas cru devoir me dispenser de transcrire ici une lettre de l'abbé de Tressan sur l'arrivée de Madame à Mittaw et sa réunion avec les restes de sa famille.

Lettre de l'abbé de Tressan.

Mittaw, 7 juin 1799.

Je suis arrivé ici, Monsieur, il y a quelques jours, avec mylord Folkestone; et, malgré le peu de temps qui nous reste pour compléter notre voyage, nous n'avons pu résister au désir d'être les témoins de l'arrivée de Madame Thérèse de France; les bontés du roi nous autorisent même à rester jusqu'après le jour où elle épousera Mgr le duc d'Angoulême.

Il nous serait impossible de vous peindre tous les

sentiments qui nous animent; mais puisque tous les détails qui tiennent à cet ange consolateur intéressent la religion, l'honneur et la sensibilité de toutes les âmes honnêtes, nous allons recueillir nos souvenirs et nos pensées pour que vous puissiez leur donner quelque ordre. Nous vous prions, mylord et moi, de citer de cette lettre tout ce que vous croirez capable d'inspirer les sentiments que nous éprouvons.

Vous vous rappelez l'événement dirigé par le Ciel qui vint adoucir les larmes que l'héritier de saint Louis, de Louis XII, de Henri IV, répandait sur les malheurs de la France et sur ceux de sa famille. Quelque sérénité ne reparut sur son front qu'au moment où il apprit que Madame se rendait à Vienne. Son cœur soupira plus librement, lorsqu'il la sut dans cet asile; et, aidé, comme il se plaît à le répéter, d'un ami fidèle qui ne me pardonnerait pas de le nommer, il réunit tous ses soins et ses efforts pour obéir aux vues de la Providence qui lui confiait le soin de veiller au sort de l'auguste et malheureuse fille de Louis XVI.

Le roi ne resta donc pas un seul moment incertain sur le choix de l'époux qu'il désirait voir accepter par Madame. Jamais son cœur paternel et français ne put soutenir l'idée de la voir séparée de la France par une alliance étrangère, quelque nécessaire qu'elle parût être pour lui donner un appui et pour la sauver du dénûment qui la menace encore. Après s'être assuré de l'approbation de Madame, le roi borna tous ses soins à obtenir qu'elle voulût s'unir aux larmes, aux espérances, au sort de l'héritier de son nom. Les vœux du roi sont exaucés, Madame est dans ses bras; c'est là qu'elle réclame ses droits à l'amour des Français; c'est là qu'elle forme des vœux ardents pour leur bonheur : car, de ses longs et terribles malheurs, il ne lui reste que l'extrême besoin de voir des heureux.

Dès que le roi eut levé tous les obstacles, il instruisit la reine qu'il allait unir bientôt ses enfants adoptifs, et lui demanda de venir l'aider à les rendre plus heureux. La reine accourut; elle est à Mittaw, depuis le 4 de ce mois. Elle voit tous les regards satisfaits de sa présence, et les vœux qu'elle entend former pour son bonheur lui prouvent combien les Français qui l'entourent ont de dévouement et d'amour pour leurs maîtres. Le lendemain du retour de la reine, le roi se mit en voiture pour aller au-devant de Madame. Une route longue et pénible n'avait point altéré ses forces, elle ne souffrait que du retard qui la tenait encore séparée du roi. Aussitôt que les voitures furent un peu rapprochées, Madame commanda d'arrêter. Elle descendit rapidement; on voulut essayer de la soutenir; mais, s'échappant avec une merveilleuse légèreté, elle courut, à travers les tourbillons de poussière, vers le roi qui, les bras étendus, accourait pour la serrer contre son cœur. Les forces du roi ne purent suffire pour l'empêcher de se jeter à ses pieds; il se précipita pour la relever; on l'entendit s'écrier : « Je vous revois enfin, je suis heureuse, voilà votre enfant, veillez sur moi, soyez mon père ! » Ah ! Français, que n'étiez-vous là pour voir pleurer votre roi ! Vous auriez senti que celui qui verse de pareilles larmes ne peut être l'ennemi de personne ; vous auriez senti que vos regrets, vos repentirs, votre amour, pouvaient seuls ajouter au bonheur qu'il éprouvait. Le roi, sans proférer une parole, serre Madame contre son sein et lui présente le duc d'Angoulême. Ce jeune prince, retenu par le respect, ne put s'exprimer que par des larmes qu'il laissa tomber sur la main de sa cousine, en la pressant contre ses lèvres.

On se remit en voiture, et bientôt Madame arriva. Aussitôt que le roi vit ceux de ses serviteurs qui volaient au-devant de lui, il s'écria, rayonnant de bonheur : « La voilà!... » ; ensuite il la conduisit auprès de la reine. A l'instant, le château retentit de cris de joie ; on se précipitait ; il n'existait plus de consigne ; plus de séparation : il ne semblait plus y avoir qu'un sanctuaire où tous les cœurs allaient se réunir. Les regards avides restaient fixés sur l'appartement de la reine. Ce ne fut qu'après que Madame eut présenté ses hommages à S. M. que, conduite par le roi, elle vint se montrer à nos yeux trop inondés de larmes pour conserver la puissance de distinguer ses traits.

Le premier mouvement du roi, en apercevant la foule de ceux qui l'environnaient, fut de conduire Madame auprès de l'homme inspiré qui a dit à Louis XVI : « Fils de saint Louis, montez au ciel ! » Ce fut à lui, le premier, qu'il présenta Madame. Des larmes coulèrent de tous les yeux ; le silence fut universel. A ce pieux et premier mouvement de la reconnaissance, un second mouvement succéda. Le roi conduisit Madame au milieu de ses gardes : « Voilà, dit-il, les fidèles gardes de ceux que nous pleurons ; leur âge, leurs blessures et leurs larmes vous disent tout ce que je voudrais exprimer. » Il se retourne ensuite vers nous, en disant : « Enfin, elle est à nous, nous ne la quitterons plus, nous ne sommes plus étrangers au bonheur. » N'attendez pas, Monsieur, que je vous répète nos vœux, nos pensées, nos questions ; suppléez à tout le désordre de nos sentiments. Madame rentra dans son appartement pour s'acquitter d'un devoir aussi cher que juste, celui d'exprimer sa vive reconnaissance pour S. M. l'empereur de Russie. Dès les premiers pas qu'elle avait faits dans son empire, elle avait reçu les preuves les plus nobles et les plus empressées de son intérêt ; et le cœur de Madame avait senti tout ce qu'elle devait à ce souverain auguste et généreux auquel le Ciel a donné la puissance et la volonté de secourir les rois malheureux.

Après avoir rempli ce devoir, Madame demanda M. l'abbé Edgeworth. Dès qu'elle fut seule avec ce dernier consolateur de Louis XVI, ses larmes ruisselèrent ; les mouvements de son cœur furent si vifs qu'elle fut prête à s'évanouir. M. Edgeworth, effrayé, voulut appeler. « Ah ! laissez-moi pleurer devant vous, lui dit Madame ; ces larmes et votre présence me soulagent. » Elle n'avait alors pour témoins que le Ciel et celui qu'elle regardait comme son interprète. Cependant, pas une seule plainte n'échappa de son cœur. M. Edgeworth n'a vu que des larmes; c'est de lui-même que je tiens ce récit. Il m'a permis de le citer : il sent que toute modestie personnelle doit céder à la nécessité de faire connaître cette âme pure et céleste.

La famille royale dîna dans son intérieur; et ce fut vers les cinq heures du soir que nous eûmes l'honneur d'être présentés à Madame. Ce fut alors seulement que nous pûmes considérer l'ensemble de ses traits. Il semble que le Ciel a voulu joindre à la fraîcheur, à la grâce, à la beauté, un caractère sacré qui nous la rende plus chère et plus vénérable aux Français. On retrouve sur sa physionomie les traits de Louis XVI, de Marie-Antoinette et de Madame Élisabeth. Ces ressemblances augustes sont si grandes que nous sentions le besoin d'invoquer ceux qu'elles rappellent. Ce souvenir et la présence de Madame semblaient unir le ciel à la terre; et certainement, toutes les fois qu'elle voudra parler en leur nom, son âme douce et généreuse forcera tous les sentiments à se modeler sur les siens.

Français, voilà celle que vous pouvez rendre encore heureuse, en reprenant vos anciennes vertus et votre amour pour vos rois. Voilà celle qui demande à rentrer parmi vous pour y être auprès du roi, son oncle, l'exécutrice du testament de Louis XVI, sur lequel leurs cœurs sont si bien d'accord, le pardon des injures. Elle vient, le cœur rempli de sentiments tendres et religieux, vous aimer, vous consoler de vos longs malheurs. Elle vient, parée de son innocence, de sa jeunesse, de ses malheurs et de ses ressemblances.... Elle vient, environnée du tribut de vœux que croit lui devoir tout ce qui est honnête, loyal, sensible et fidèle sur la terre ; elle vient, comme l'ange de paix, désarmer toutes les vengeances et faire cesser les fureurs de la guerre. Que vos cœurs la rappellent, et vous verrez vos ports se rouvrir, votre commerce renaître ; on n'arrachera plus vos enfants de vos bras pour les conduire à la mort ; vous retrouverez le bonheur, le repos et l'estime de l'univers.

Mais je m'aperçois, Monsieur, que j'entreprends sur votre rôle ; je finis ici, bien sûr que vous me saurez gré d'avoir cherché à vous faire partager ma jouissance.

J'ai l'honneur d'être, etc.

L'abbé DE TRESSAN.

Je borne là mes souvenirs sur Madame. J'ai lu aussi autrefois une relation de son mariage. Je crois qu'elle me fut communiquée par la duchesse de Laval, à qui son oncle, le cardinal de Montmorency, grand-aumônier, appelé à Mittaw pour la cérémonie, l'avait envoyée. Mais n'ayant pas alors formé le projet d'écrire ces mémoires, je n'en pris point de copie.

CHAPITRE IV

MONSIEUR

> Prince que le hasard avait placé près du premier trône de l'univers sans lui donner aucune des qualités qui commandent le respect, et qui gagnent l'amour des peuples. Nul doute que, dans des temps plus heureux, il n'eût laissé échapper de ses mains les rênes de l'empire. Son règne eût été celui de favoris, et la France aurait eu à supporter toutes les petitesses du règne de Jacques II, et les profusions de celui d'Henri III.
>
> *Mémoires* de Montgaillard.

Si la naissance de ce prince ne l'appelait pas au rôle que nos malheurs lui ont fait jouer, on peut dire que son génie ne l'y disposait pas davantage. La politique des cours paraissait s'être donné, depuis des siècles, la mission d'étouffer tous les germes de vertus énergiques que pouvaient posséder les puînés des rois. Celui de Louis XIV, avec toutes les dispositions à devenir un grand homme, fut élevé comme une princesse.

L'amour de la gloire n'était pas assez vif chez lui pour lui faire surmonter sa paresse; et, à l'armée, une batterie l'effrayait moins qu'une forte pluie ou un bivouac.

Marie de Médicis éleva son fils Gaston dans la plus grande pusillanimité. Faible, incertain, guidé par le premier favori qui était d'un caractère plus énergique, mais qu'il abandonnait au moment du danger, il ne fut jamais qu'un factieux que des ressorts secrets faisaient mouvoir.

Les points de ressemblance entre le frère de Louis XIII et celui de Louis XVI sont faits pour frapper tout observateur.

Monsieur avait l'esprit très-cultivé. Il était bon historien, connaissait à fond les poëtes de diverses langues, et était d'une conversation aussi instructive qu'agréable. Mais si cet esprit cultivé, si ces connaissances scientifiques étaient suffisantes pour un homme ordinaire, elles ne l'étaient pas pour un prince appelé à de si hautes destinées et vivant dans des temps si difficiles.

Ce vers qui peint le galant et timide Henri III,

Tel brille au second rang qui s'éclipse au premier,

peut s'appliquer parfaitement à Monsieur. Prince nul, mais aimable, à la cour de Louis XVI, il devint roi timide, sans énergie, prenant pour grandeur, dans sa misère, les plus minutieux détails de l'étiquette. Cherchant toujours à se modeler sur Henri IV, jamais prince ne fut moins fait pour lui ressembler et pour reconquérir son royaume. Loin d'avoir le courage de ce modèle qu'ont choisi, mais trop tard, les princes de la maison de Bourbon, Monsieur craint le mal et la fatigue. Sans caractère, il a laissé dominer tous ceux qui l'ont entouré ; sans force pour mettre l'ordre parmi tous ceux qui se disputaient sa confiance, il a fait de sa cour, pour me servir d'une expression populaire, mais vraie, la cour du roi Petaud.

Je ne suivrai point ce prince dans ses malheurs, qui sont étrangers à mon sujet ; d'ailleurs, son infortune pourrait me faire oublier les dures vérités que j'aurais à en dire, vérités qui appartiennent à l'histoire impartiale. Je ne parle que de sa vie à Versailles, où sa conduite fut d'abord des plus obscures. Éloigné des affaires, entièrement subjugué par madame de Balbi, il passait sa vie dans un joli jardin et une charmante maison qu'il avait près de la pièce d'eau des Suisses, à l'entrée du bois de Satory. Rarement accompagnait-il le roi à la chasse ; mais il était très-exact aux grandes cérémonies.

Madame de Balbi régnait plutôt sur son esprit que sur ses sens. Elle n'était pas assez belle pour le captiver sans user de l'ascendant d'une femme intrigante sur un homme faible. Pour dessiller les yeux de Monsieur, il n'a fallu rien moins que l'inconduite avérée de madame de Balbi en Allemagne et à Londres.

La Révolution mit dans un plus grand jour l'esprit incertain de ce prince. Son manque de vigueur et de courage le rendirent suspect à tous les partis. Les républicains et les anarchistes ne trouvaient pas en lui de garantie. Les royalistes ne lui pardonneront pas d'avoir voté et fait voter son bureau, à la seconde assemblée des Notables, pour la double représentation du tiers état. Ils se réunirent avec les modérés pour blâmer sa conduite envers M. de Favras.

C'est avec aussi peu de partisans que ce prince a espéré remonter sur le trône de France, qu'il a laissé ourdir, à la légère, cent conspirations, toutes sans moyens, conduites par des gens ou ineptes ou fripons, et qui ont plongé une multitude de familles dans le deuil et les alarmes. Mais les favoris ne s'exposaient pas. La faiblesse du prince souscrivait à tout; le moindre faiseur de projets était accueilli à Blankenburg ou à Mittaw et écouté avec empressement.

J'entrerai dans quelques détails sur le triste sort de M. de Favras et sur la conduite de Monsieur dans cette affaire ; j'en ai été le témoin.

M. de Favras, homme bien né et d'un esprit cultivé, mais d'une tête ardente qui lui fit concevoir mille projets sans le fixer à aucun et l'éloigna, par son inconstance, de la fortune à laquelle ses talents pouvaient le faire parvenir, fut arrêté la veille de Noël 1789. Le banquier Jauge, chef de bataillon de la garde nationale, nous en apporta la nouvelle à la messe de minuit. M. de Favras était accusé de conspiration contre la nation, et surtout d'avoir voulu faire évader le roi, le 5 octobre. Il est possible que la vivacité d'esprit de M. de Favras, son exaltation naturelle, surexcitée par les circonstances, lui aient fait concevoir quelques projets; mais on n'en eût pas fait un si grand crime s'il n'y avait pas eu d'autres raisons. M. de Lafayette voulait donner au peuple le spectacle de la condamnation d'un noble. M. de Besenval était dans ses mains; mais ce vieux Suisse avait été l'ami de M. le duc d'Orléans, dont les partisans remplissaient le comité des recherches. En condamnant M. de Favras, on inculpait Monsieur, qui avait eu des rapports avec lui, qui l'avait placé autrefois dans ses gardes suisses. Monsieur pouvait se justifier par une bassesse ou laisser planer le soupçon sur sa tête, mais l'un et l'autre le dégradaient. Le dernier le rendait suspect au peuple, l'autre l'avilissait aux yeux de la France entière. Le faible prince préféra sa sûreté à l'estime publique; il abandonna M. de Favras, comme Gaston abandonna le duc de Montmorency. Pas un de ses favoris n'usa de son ascendant pour l'empêcher d'oublier son rang en allant à l'Hôtel de ville de Paris et d'y dégrader le nom de Bourbon en prononçant la plus plate apologie de ses faits et gestes, en se déclarant citoyen de Paris, en rappelant sa honte de l'assemblée des Notables, où « il n'avait cessé de croire qu'une révolution était prête... que l'autorité royale devait être le rempart de la liberté nationale, et la liberté nationale la base de l'autorité royale. » M. Bailly, président de la commune, qui ne manqua pas l'occasion d'avilir la majesté du trône, lui répondit : « Qu'on se rappelait que Monsieur s'était montré le premier citoyen du royaume en votant pour le tiers état ; qu'il était l'auteur de l'égalité ; qu'il en donnait l'exemple. » C'était le 26 décembre au soir que Louis XVIII faisait cette démarche humiliante ; il brisait ce jour-là les dernières marches qui pouvaient le conduire au trône d'Henri IV ; il s'aliénait la France et se détrônait lui-même.

Je ne suivrai point l'affreux et inique procès du malheureux Favras ; il est du domaine de l'histoire. Dans une mort ignominieuse, il donna à toutes les victimes qui devaient le suivre l'exemple d'une piété, d'une résignation et d'un courage que l'innocence et la religion seules peuvent inspirer.

J'ai vu souvent à Paris, en 1800, une de ses sœurs sollicitant sa radiation de la liste des émigrés ; et comme le temps change les choses, le nom de Favras était une des recommandations qu'elle mettait en avant pour obtenir la justice du gouvernement consulaire.

Monsieur était très-gros, mais il n'avait point cet embonpoint qui caractérise la force et la vigueur, comme était celui de Louis XVI. Il avait un tempérament malsain qui l'obligeait, déjà jeune, à recourir aux potions pharmaceutiques pour rétablir la circulation du sang et l'écoulement des humeurs.

Cet état maladif s'était encore augmenté par le défaut d'exercice. Sa mauvaise tournure le rendait peu propre à monter à cheval ; il y était très-maladroit. Jamais prince n'eut une démarche plus disgracieuse ;

il avait, au suprême degré, ce balancement qui est ordinaire à tous les Bourbons, et l'on ne pouvait s'habituer à sa mauvaise tournure, malgré sa recherche et l'élégance de ses habits.

Il était aussi très-curieux en chevaux ; la beauté des siens surpassait celle des équipages des autres membres de la famille royale.

Je ferai ici la remarque que Monsieur n'avait point la croix de Saint-Louis. Le roi et l'héritier du trône étaient les seuls qui la portassent sans avoir fait une campagne ; et les voyages de Monsieur dans le Midi et à Lunéville, à son régiment de carabiniers, ne pouvaient en présenter les caractères. Le jour donc de la fête de saint Louis, après avoir assisté au lever du roi, il se retirait pour ne point assister à la procession des chevaliers.

En 1786, il fit venir à sa belle terre de Grosbois, qui passa depuis entre les mains du directeur Barras, puis du général Moreau, et dont la possession semble funeste à tous ses propriétaires, le beau régiment des carabiniers, dont le roi passa la revue. On lui présenta le cavalier qui, en 1747, prit le général Ligonier à la bataille de Lawfeld, et résista à l'or de son prisonnier. Toute la cour fut reçue avec magnificence à Grosbois.

Monsieur n'a point eu d'enfants de son mariage avec Marie-Joséphine-Louise de Savoie, fille du roi de Sardaigne.

Cette stérilité ne le rapprochait pas de Madame qui, à une figure médiocre, joignait un esprit difficile. Mal avec la reine, et même avec la comtesse d'Artois, sa sœur, dont toute l'affection était concentrée sur ses enfants, Madame vivait solitaire, passant presque tout son temps dans son délicieux jardin de Montreuil, où la beauté des arbres s'unissait à celle des eaux et à l'élégance des fabriques ainsi que de l'ameublement, pour en faire la plus agréable habitation. Madame s'y occupait de tous les détails de la vie champêtre et y oubliait la gênante étiquette de la cour. Après avoir visité sa petite ferme, ses animaux, son jardin, elle revenait à Versailles avec d'énormes bouquets de fleurs et tous les petits oiseaux qu'elle avait pris au filet. Ces derniers étaient destinés à une soupe qu'on préparait, non dans ses cuisines, mais dans ses appartements, où une de ses femmes n'avait pas d'autres soins. Madame, par faveur, offrait de ce délicieux potage, plus assaisonné par l'idée que par tout ce qui le composait, aux membres de la famille royale qui, tous les soirs, à neuf heures précises, se réunissaient chez elle pour le souper. Chacun y faisait porter ses mets, auxquels on mettait la dernière main dans de petites cuisines à portée de l'appartement de Madame, qui était situé à l'extrémité de l'aile gauche du château, du côté de l'Orangerie, sur la rue de la Surintendance.

Monsieur occupait l'étage supérieur.

Il est né le 17 novembre 1755. C'est donc à quarante ans que sa triste étoile l'appela aux prétentions d'un trône qu'il paraît destiné à n'occuper jamais.

CHAPITRE V

M. LE COMTE D'ARTOIS

> ..... Prince aussi beau que le jour,
> Et tel que, des beautés qui régnaient à la cour
> La moitié lui portaient envie,
> L'autre moitié brûlait pour lui d'amour.
> La Fontaine, *Joconde*.

Les hommes, souvent injustes à l'égard les uns des autres, le sont bien plus encore à l'égard de ceux qui sont destinés à les gouverner. Ils ne leur pardonnent pas des défauts tolérés tous les jours dans la société ; ils ne voudraient les voir que parfaits. Je suis loin d'approuver les égarements de M. le comte d'Artois, ses nombreuses infidélités envers une compagne aussi douce que respectable ; je me borne à dire que s'il ne fût né prince et qu'il eût été confondu dans la foule, on s'en serait à peine aperçu.

Sur la fin de son séjour en France, les gens qui travaillaient sourdement à une révolution, à un changement de dynastie, cherchaient d'autant plus à faire ressortir ses défauts et à le rendre odieux, que, ayant plusieurs enfants, sa présence était plus importune. On voulait ou l'éloigner ou le faire périr, et Mirabeau, répondant un jour à quelqu'un qui s'étonnait de l'acharnement dont le comte d'Artois était l'objet, pouvait dire : « L'état pléthorique du roi et celui de Monsieur, qui peut abréger leurs jours, réduit la question au dauphin, qui n'est qu'un enfant. »

Avant ce temps, M. le comte d'Artois, affable à tout le monde, ayant dans le caractère cette gaieté qui est commune à sa nation, était adoré du peuple. Ses courses fréquentes à Paris, ses dépenses mêmes contribuaient à cette popularité. Seuls les partisans de la saine morale blâmaient ses égarements et ses prodigalités, qu'ils attribuaient à sa jeunesse. Je sais que ce prince n'a point reçu l'éducation nécessaire pour vivre dans des temps difficiles ; et toutes les fautes qu'on peut lui reprocher depuis sa sortie de France, sont la suite d'une qualité innée à toute la famille des Bourbons, d'une trop grande bonté, d'où provient une extrême facilité à se laisser conduire, et trop peu de discernement pour choisir ses conseillers. La conduite de M. le comte d'Artois, en Angleterre et en Allemagne, en est la preuve ; mais, jouet malheureux des puissances européennes, il n'a pu avoir de volonté.

M. le comte d'Artois tenait continuellement la bouche ouverte, ce qui donnait à sa physionomie un air peu spirituel; mais à part ce défaut, sa tournure était leste et gracieuse, sa figure ouverte et agréable; tout son extérieur, en un mot, contrastait avec la démarche un peu lourde du roi et celle plus que disgracieuse de Monsieur.

Plus amateur de plaisirs que d'études, il avait pourtant, selon le bruit général, cette aisance de grand monde, cette amabilité légère qui plaît aux femmes. Aussi, s'il en faut croire la chronique, peu de beautés lui furent cruelles.

Outre madame de Polastron, qui fut pendant de longues années sa maîtresse déclarée, qui le suivit dans ses malheurs et que la mort seule lui a enlevée, madame la duchesse de Guiche fut une de celles que le public regarda longtemps comme une de ses plus faciles conquêtes; mais, en ces sortes de luttes les témoins étant inutiles, il est toujours téméraire d'assurer des choses aussi obscures. Le sentiment de madame de Polastron pour M. le comte d'Artois était aussi public que vrai, car le cœur de son amant était l'unique lien qui l'attachât à lui; et elle ne fut jamais ni intrigante ni avide.

Madame la comtesse d'Artois, princesse d'un caractère doux et tranquille, et d'ailleurs peu jolie, n'était pas faite pour ramener son volage époux. Souvent malade, elle se retirait dans une petite maison à Saint-Cloud, tandis que le comte d'Artois courait au bois de Boulogne, à son petit château de Bagatelle, ou à Paris, faire des infidélités même aux belles de la cour, et dans une classe moins élevée chercher plus de liberté. Le prince, malgré tout, mettait dans ses écarts toute la pudeur possible ; et si cela peut atténuer ses torts, je dirai qu'il cachait, autant qu'il le pouvait, ces accrocs faits à la morale et aux bonnes mœurs.

M. le comte d'Artois avait eu de son mariage quatre enfants. Deux filles qui auraient pu faire le bonheur de leur mère, moururent en bas âge. Il ne restait que deux garçons : les ducs d'Angoulême et de Berry. Le premier, aujourd'hui héritier présomptif d'une prétention bien reculée au trône de France, avait vu son mariage arrêté avec la fille du duc d'Orléans. Mais l'on fit apercevoir à la reine combien le jeune duc d'Angoulême se trouvait rapproché du trône par la faible santé des deux enfants du roi, et combien une alliance avec sa propre fille, — alliance que nous avons vue se réaliser sous des auspices moins heureux, — serait avantageuse pour Madame Royale. La reine se rendit à ces observations et fit rompre les premiers engagements. Cette opposition de Marie-Antoinette contribua beaucoup au développement de la haine vouée par le duc d'Orléans à la famille royale.

Les deux enfants de M. le comte d'Artois étaient élevés sous les yeux du duc de Sérent, dans le château de Beauregard, situé au milieu des bois, du côté de Marly, et appartenant alors au marquis de Montaigu. Ces deux princes ne présentaient point de grands moyens ; et leur vie, depuis le renversement de leur dynastie, a toujours été assez obscure.

Le caractère de madame la comtesse d'Artois, qui, comme je l'ai dit, vivait très-retirée, sympathisait assez peu avec celui de sa sœur, Madame; il y avait peu d'intimité entre les deux princesses.

Quoique je me sois toujours servi du terme de M. *le comte* d'Artois, j'observerai qu'on disait, d'après l'usage, Monsieur, comte d'Artois; comme si le mot Monsieur était une désignation des enfants de France issus en ligne directe du souverain ou de l'héritier présomptif, tandis qu'on disait : M. le duc de Berry, qui était de la ligne collatérale. A l'exception de Monsieur, qui conservait ce titre quand on lui parlait, les autres princes étaient traités de Monseigneur et d'Altesse Sérénissime.

M. et madame la comtesse d'Artois occupaient, à Versailles, avec madame Élisabeth, tout le premier étage de l'aile droite du château qui donnait sur l'orangerie, dans la galerie appelée galerie des Princes. Ces appartements, quoique vastes, ne l'étaient pas tant que plusieurs cabinets ne tirassent leur jour de la galerie et ne fussent très-obscurs.

Quand le roi vint à Paris, le 17 juillet 1789, le comte d'Artois voulait absolument y aller à sa place, quoiqu'il connût bien les dangers que la faction d'Orléans lui préparait. Mais il est dans la nature de l'homme généreux de braver un péril pour le détourner d'une tête chérie. C'est un des beaux traits de la vie du prince. Le roi s'opposa à son dessein, et fut si convaincu dans ce voyage des projets homicides des factieux, qu'il obligea son frère à quitter la France. Quelques jours après, le service du prince entrant chez lui le matin, ne l'y trouva plus. Aidé de quelques serviteurs fidèles, — car la trahison entourait cette famille malheureuse, — il se déroba à tous les regards par une porte secrète. Après avoir reçu les éternels adieux de son frère, il quitta sa patrie, et, selon les apparences présentes, c'était pour toujours. Il se retira à Turin, chez son beau-père, le roi de Sardaigne, où il appela bientôt sa femme et ses enfants.

CHAPITRE VI

MADAME ÉLISABETH

> Benedicta filia,
> Tota plena gratia,
> Tota sine macula.
> Prose de la Nativité de la Sainte Vierge.

Il y a des âmes qui semblent n'apparaître sur cette terre que pour donner aux hommes, dans l'opulence comme dans le malheur, un modèle parfait de toutes les vertus ; leur mission est de montrer jusqu'où peuvent aller la bonté dans la position la plus élevée, la résignation et le courage dans la douleur et la souffrance.

Madame Élisabeth fut, sans contredit, une de ces personnes rares qu'on ne voit que de loin en loin sur la route de la vie. Sans oublier son rang, elle montra, sous les somptueux lambris du palais de nos rois, l'exemple de la plus solide piété. Elle vécut au milieu de sa famille, chérie de tous, et fut admirée de la foule. Son courage, fruit de sa religieuse résignation, en fit, dans les prisons, un modèle de tendresse fraternelle, et on peut dire qu'elle donna aux illustres victimes, dont elle termina la liste, un grand exemple de fermeté dans les épreuves et dans la mort.

Lorsque j'arrivai à Versailles, madame Élisabeth avait vingt-deux ans. La fraîcheur de son teint, sa belle carnation et son embonpoint la faisaient remarquer, moins encore pour sa beauté que pour son air satisfait et la sérénité de son âme qui était imprimée sur sa figure. La force de sa constitution lui rendait l'exercice nécessaire. Elle aimait à jouer au billard, à monter à cheval; elle se distinguait surtout dans ce dernier exercice par sa grâce, son bon air et sa hardiesse. Mais ces amusements frivoles, nécessaires à sa santé, ne l'empêchaient pas de se livrer aux différents exercices de la religion. Aux devoirs journaliers auxquels la famille royale tout entière se livrait, elle joignait la prière dans la retraite, l'observation de tous les préceptes de l'Église et la fréquente réception des sacrements.

A mon arrivée on ne parlait que du désir de madame Élisabeth d'entrer en religion et de prendre le voile à Saint-Cyr. Le roi, trop attaché à sa sœur pour pouvoir s'en séparer, n'y voulut jamais consentir avant sa majorité. Une voix secrète semblait lui révéler les secours qu'il en tirerait dans ses malheurs et l'engager à la conserver à sa famille comme un ange consolateur qui les aiderait à supporter leurs infortunes, et qui donnerait à sa fille le précepte et l'exemple de la piété.

On parlait aussi d'une alliance entre madame Élisabeth et l'empereur Joseph; et la reine, sincèrement attachée à son frère et aimant tendrement madame Élisabeth, désirait ardemment cette union qui, en élevant l'une sur un des premiers trônes de l'Europe, pouvait distraire l'autre de ses innovations et le ramener à des principes moins dangereux pour l'ordre social et la tranquillité des rois. Soit que Joseph II ne se souciât pas de prendre une troisième épouse, soit répugnance de madame Élisabeth à s'éloigner de la France, cette négociation fut bientôt oubliée.

Madame Élisabeth se consolait de l'obstacle que Louis XVI apportait à sa profession religieuse en allant souvent à Saint-Cyr, où elle passait des journées entières au milieu des élèves et des dames de la communauté. Elle se livrait, les autres jours, à son goût pour la solitude, dans un joli jardin et une charmante habitation qu'elle avait dans l'avenue de Paris, près de la butte de Montboron. Là elle s'adonnait à des occupations champêtres et cultivait ses talents naturels pour certaines branches des connaissances humaines.

Mais la sévère étiquette attachée aux pas des grands du monde lui défendait de passer la nuit dans cette résidence sans une garde et une grande suite tant qu'elle n'aurait pas atteint l'âge où nos lois nous permettent de disposer de nous-mêmes. Or, le jour où elle atteignit sa majorité, le 3 mai 1789, fut le commencement de nos malheurs. Le voisinage de la salle des États généraux attirait la foule dans l'avenue de Paris; des groupes de factieux l'obstruaient continuellement. Jamais on n'avait la certitude que la nuit serait calme. Aussi la princesse fut-elle obligée de renoncer à une distraction qu'elle attendait depuis si longtemps, et jamais elle n'a couché dans sa maison.

Aujourd'hui cette habitation est démolie; quelques anciens serviteurs en montrent encore l'emplacement et les débris au voyageur curieux. Mais bientôt le souvenir lui-même passera comme l'édifice et comme la génération qui l'a vu s'élever; il ne restera que la mémoire des vertus qui ne s'efface jamais. L'histoire consacrera les malheurs de l'infortunée propriétaire, et les chaumières d'alentour conserveront, d'âge en âge, la tradition de sa bienfaisance.

L'attachement de madame Élisabeth pour Louis XVI se développa avec plus d'énergie au moment de la Révolution. Non-seulement elle voulut consoler son malheureux frère; elle voulut encore partager ses dangers. Vainement Mesdames, en partant pour l'Italie, voulurent l'emmener avec elles; elle résista à leurs instances et renonça à un voyage qui devait plaire à sa piété, pour ne pas quitter le roi.

L'histoire mettra au nombre des plus beaux traits d'héroïsme le dévouement dont elle fit preuve le 21 juin 1792, alors que, après avoir voulu se faire passer pour la reine vis-à-vis des assassins, elle n'abandonna pas son frère tant que dura le danger, soignant les assistants que la crainte ou la douleur faisaient succomber à leurs déchirantes émotions, tandis que les victimes étaient calmes et résignées.

Le jugement de madame Élisabeth, ses réponses à l'interrogatoire, ses derniers moments furent dignes de son courage et de ses vertus. Elle n'oublia jamais son rang et mourut en princesse.

Elle fut décapitée le 10 mai 1794, âgée de trente ans et sept jours.

L'éducation de madame Élisabeth avait été très-soignée par sa gouvernante, la princesse de Marsan ; elle la perfectionnait encore elle-même tous les jours. Elle avait des talents pour la musique et la peinture, parlait l'italien, même un peu le latin, et savait les mathématiques à fond. Le professeur Le Blond, connu par plusieurs bons ouvrages, lui donnait des leçons, et il m'a souvent confirmé les connaissances de la princesse dans cette science, même dans ses branches les plus difficiles et les plus abstraites.

J'ai parlé de son goût pour la peinture. Le dernier tableau à l'huile que je lui ai vu faire à Paris, était une grande toile représentant un paysage avec une grande chute d'eau.

Les appartements de madame Élisabeth, à Versailles, étaient à l'extrémité de la galerie des Princes, dans l'aile gauche du château.

A Paris, elle logea aux Tuileries, dans le pavillon de

Flore, dans l'appartement occupé depuis par le pape Pie VII, lors de son voyage en France.

Ces appartements furent alors le théâtre d'une petite scène que je ne dois pas oublier de noter, parce qu'elle sera comme une nouvelle preuve de la bonté de madame Élisabeth.

Sa première femme de chambre, madame de Navarre, étant allée avec la femme du sénateur La Place pour recevoir la bénédiction du saint père, fut tellement émue et accablée de ses souvenirs, à la vue des lieux qu'avait habités sa bonne maîtresse, qu'elle ne put maîtriser sa douleur, et fondit en larmes. À peine put-elle instruire le vertueux pontife du sujet de son trouble. Pie VII, qui était très-surveillé et très-ému lui-même, se borna à dire quelques mots des vertus de madame Élisabeth, en montrant du doigt le ciel, comme le lieu de son séjour et de sa récompense. Madame de Navarre s'arracha bien vite à des souvenirs aussi déchirants.

Il paraît que, au Temple, après la mort du roi, quelques commissaires, moins féroces que les premiers, se relâchèrent quelque peu de leur surveillance et s'humanisèrent au point de laisser pénétrer dans la tour quelques amis de ces augustes victimes. Plusieurs membres de la commune furent même dénoncés pour ce fait, et j'ai pu voir depuis un fort beau portrait de madame Élisabeth qu'elle trouva moyen d'envoyer, du lieu de sa captivité, à madame de Raigecourt, une de ses dames du palais, qui se trouvait alors en Allemagne. Elle s'était représentée, sur cette miniature, entourant d'un crêpe funèbre une urne sur laquelle était gravé le nom de Louis XVI. Elle paraissait avoir perdu un peu de sa fraîcheur, mais il était impossible de ne pas reconnaître ses traits. Au reste, Madame Royale aura pu, dans le manuscrit dont j'ai parlé, donner, sur cette captivité, des détails qui ne seront pas perdus pour l'histoire.

CHAPITRE VII

MESDAMES TANTES

> Je vivais tranquille et paisible.
> J.-B. Rousseau.

A la cour de leur père, Mesdames jouissaient de cette considération que la vertu arrache toujours aux hommes les plus immoraux. Au milieu de ses débauches, Louis XV conservait pour ses filles ce respect que leur conduite, leur soumission, leur amour filial devaient lui inspirer.

Elles n'étaient même pas tout à fait étrangères au gouvernement; elles étaient souvent consultées, surtout quand il s'agissait des nominations religieuses. Mais à la mort du roi tout changea pour elles. Outre que les liens des familles vont toujours en s'affaiblissant, leurs vertus brillaient moins dans une cour où, malgré la calomnie, les mœurs étaient pures, et dont le chef était l'exemple de ses sujets. Le roi, d'ailleurs, tout naturellement, consultait plus volontiers son épouse et ses frères que des collatéraux. Le changement survenu dans la position de Mesdames, l'âge, qui altère toujours un peu l'égalité de l'humeur, enfin, l'espèce d'oubli dans lequel on les laissait, tout contribua donc à rompre l'intimité qui aurait pu exister entre les tantes et les neveux. Mais si la reine et les princesses ses belles-sœurs n'aimaient point Mesdames, qui auraient voulu prendre vis-à-vis d'elles un ton de supériorité qui leur déplaisait, Louis XVI eut toujours pour elles, outre le respect qu'il leur devait, un attachement marqué; car ce prince, si bon, ne pouvait pas ne point aimer celles qui avaient remplacé pour lui, dans son enfance, les auteurs de ses jours.

La position de Mesdames à la cour étant ainsi obscure et nulle, on les y voyait à peine. Elles passaient la plus grande partie de l'année, soit à Bellevue, sur ce coteau magnifique d'où l'on domine l'orgueilleuse cité et les charmantes campagnes qui l'environnent, soit à l'Hermitage, petit jardin situé à l'extrémité de Versailles, du côté du chemin qui conduit à Marly.

Des quatre filles de Louis XV qui survécurent à leur père, il ne restait plus que madame Adélaïde et madame Victoire. La troisième, madame Sophie, était morte deux ans auparavant, et la dernière, madame Louise, avait disparu du monde par une de ces soudaines résolutions qui ne peuvent être inspirées que par une grande piété ou par un esprit vif et ardent que les petits moyens ne satisfont pas ; résolutions qui, en tout état de cause, font toujours l'étonnement des gens du monde.

Ce fut en 1771 que madame Louise, malgré les prières de son père, les larmes de ses sœurs, s'arracha aux délices de la cour pour aller, à trente-quatre ans, s'ensevelir dans un cloître de carmélites, et oublier, sous un cilice et dans un des ordres religieux les plus austères, les vaines grandeurs de la terre. La calomnie essaya bien de la poursuivre encore jusque-là, mais elle ne trouva point d'écho. Cependant bien des gens reprochèrent à madame Louise de s'être retirée à une si faible distance de la cour, de voir trop de monde, et, au milieu des travaux les plus bas qu'elle pratiquait comme la dernière religieuse, de se mêler encore des affaires du monde et des intérêts de l'État. Sans doute, plus éloignée de sa famille, vouée à une solitude plus profonde, son abnégation eût pu paraître plus complète ; mais son sacrifice n'était-il pas déjà assez grand, et sans s'arrêter à se demander si les exemples de vertu de madame Louise n'eussent pas été d'une plus grande utilité à la cour qu'au fond d'un cloître, ne sera-t-il pas toujours vrai de dire qu'il a fallu un grand courage pour prendre une semblable résolution ?

Madame Louise mourut en décembre 1787. Cet événement fit si peu de bruit, qu'étant alors malade, je ne l'appris que longtemps après. Cela n'était point étonnant, car les princesses qui, du vivant de Louis XV, l'allaient voir assez souvent, n'avaient point tardé à l'oublier.

J'ai déjà dit que, à la cour, on ne leur témoignait pas à elles-mêmes beaucoup plus d'attentions, et cet abandon avait, je pense, un peu aigri leur humeur. Aussi étaient-elles assez difficiles dans leur service ; le moindre retard était payé de vifs reproches. Si je ne craignais d'être accusé de rancune, j'en citerais quelques preuves qui me sont personnelles. Je dirai seulement ici que je fus un jour vertement tancé par madame Adélaïde pour avoir mis mes mains dans son manchon, qu'elle m'avait donné à porter en montant un escalier.

Si les portraits que j'ai vus de Louis XV sont exacts, cette princesse lui ressemblait et avait son regard imposant. Madame Victoire était plus petite et avait plus d'embonpoint.

Mesdames tantes qui, au 5 octobre, avaient eu la facilité de rester à Bellevue, ne venaient que l'hiver à Paris. Se voyant de peu de ressources à leur neveu dont elles ne pouvaient avoir la confiance, et craignant de se voir contrariées dans leurs opinions religieuses, elles se décidèrent à faire le voyage de Rome. Peut-être que, du sein de leur solitude où elles se trouvaient placées à un point de vue qui leur permettait de mieux juger des choses, elles avaient plus sûrement prévu tous les malheurs qui menaçaient leur famille. Elles allaient donc s'en séparer pour la vie, et sans avoir pu décider madame Élisabeth à quitter son frère et à les suivre.

Malgré les précautions dont elles s'étaient entourées et tous les passeports qu'elles s'étaient fait délivrer, elles se virent arrêtées par une petite municipalité qui, à l'exemple de tant d'autres, se pensant souveraine, se mit bravement au-dessus de la loi. Elles restèrent donc à Arnay-le-Duc, en Bourgogne, jusqu'à ce que leur écuyer, M. de Boisheul, qu'elles avaient renvoyé à Paris, en rapportât un décret de l'Assemblée nationale qui ordonnait la mise en liberté des deux princesses, coupables, aux yeux de quelques factieux, d'avoir voulu profiter de la liberté accordée à tout individu par les lois de la nation.

Sans doute Mesdames ne trouvèrent point le bonheur à Rome. Le bruit de la chute du trône de leurs pères, les malheurs de leur famille vinrent troubler la paix dont elles auraient pu jouir dans la ville éternelle. Elles purent du moins porter au pied des autels leurs larmes et leurs prières pour leur coupable patrie, jusqu'au jour où des conquêtes, que la prudence du chef de l'Église le plus respectable n'avait su ni prévenir ni arrêter, les forcèrent à abandonner la cité hospitalière qui les avait accueillies. Elles quittèrent donc Rome pour se retirer à Naples ; et, après avoir bien souvent changé d'asile, madame Adélaïde eut la douleur de voir mourir sa sœur cadette, à Trieste. Bientôt le chagrin abrégeant sa pénible existence, elle mourut elle-même à Clâgenfurth sans avoir eu, depuis son départ de France, la consolation de se voir réunie à un seul membre de sa famille [1].

Mesdames logeaient, à Versailles, dans le rez-de-chaussée, du côté de la chapelle, sous les grands appartements, à l'endroit où l'on voit à présent un cabinet d'histoire naturelle.

J'ai lu souvent des lettres de madame Adélaïde à sa dame d'atours, madame la duchesse de Montmorency-Laval, retirée en Allemagne. Cette princesse écrivait agréablement; son esprit se déployait avec autant d'aisance que de grâce. Pendant mon séjour à la cour elle fut très-malade. Elle fut opérée de la fistule, à Bellevue, et supporta ces atroces douleurs avec un grand courage. Si, comme je l'ai dit, Louis XVI n'avait point pour ses tantes cet attachement intime qui se traduit par une entière confiance, il montra, au moins dans cet événement, combien leur existence lui était précieuse.

[1]. Il ne faut pas prendre ceci à la lettre. Outre leur nièce, Madame Clotilde, mariée au prince de Piémont, Mesdames retrouvèrent en Italie le comte d'Artois, qui vint les recevoir à la frontière et les accompagna jusqu'à Bologne. (*Note des éditeurs.*)

CHAPITRE VIII

PRINCES DU SANG

> ..... Le nom des héros, par un traître porté,
> N'arrive pas moins pur à la postérité.
> DUBELLOY, *Siége de Calais.*

Tous ces descendants de nos rois, rejetons de tant de héros, vivaient, à Paris, dans la paix la plus profonde, au sein des plaisirs et de la magnificence. Si l'on en excepte les jours de grandes cérémonies, on les voyait rarement, à Versailles, occuper leur appartement et faire leur cour au roi.

Je me garderai bien de faire l'histoire de ces princes qui ont laissé des réputations si diverses. Je dirai seulement ici quelques mots du duc d'Orléans et du duc de Penthièvre, réservant un chapitre spécial au duc d'Enghien, sur la mort duquel j'ai pu recueillir quelques détails aussi authentiques qu'intéressants.

M. le duc d'Orléans, qui depuis a joué un si triste rôle dans les événements de la Révolution, n'était encore connu alors que par des mœurs désordonnées, ses prodigalités et son immense fortune. Malgré le masque peu attrayant de pustules sanguinolentes dont son visage était couvert, on eût difficilement rencontré un port plus noble, une tournure plus leste, un abord plus prévenant, une conversation plus agréable. Sa toilette, toujours recherchée, se distinguait d'ailleurs par quelques nuances particulières; on y voyait dominer certains goûts étrangers que le prince puisait dans ses voyages en Angleterre, et qui paraissaient surtout dans ses équipages.

Personne n'eut jamais une fortune plus brillante, une position plus indépendante. Cette position était préférable, sans contredit, à celle de tous les membres de la famille royale; et sans les haines et les passions qui fermentaient dans son cœur, le duc d'Orléans eût pu être l'homme le plus heureux du royaume. Je ne saurais dire si ces sentiments étaient, chez lui, la suite d'un amour-propre froissé par le refus qui lui fut fait de la place de grand amiral et par la rupture du projet de mariage de sa fille avec le duc d'Angoulême, ou s'ils étaient le fruit d'une ambition effrénée. Toujours est-il qu'on vit rarement la vengeance poussée à un tel degré de fureur.

Si le duc d'Orléans a manqué d'énergie dans certaines circonstances qui pouvaient le conduire au trône, on peut dire qu'il ne manqua point de courage dans d'autres occasions où la bravoure n'avait pas besoin d'être accompagnée de ce génie, ou de ce calme réfléchi, nécessaire à un chef de parti.

Dans toutes les cérémonies, ce prince se faisait remarquer par son extérieur et son extrême magnificence. Lorsqu'il paraissait à cheval, en uniforme de colonel général des hussards, il éclipsait la troupe brillante qui l'accompagnait.

Je ne chercherai point à pénétrer dans les secrets de son Palais-Royal ; le peu de soin qu'il mettait à cacher ses désordres les a rendus assez notoires, et vouloir en particulariser les détails ce serait vouloir écrire autant de romans.

Ce fut à la séance royale du mois de 178[1] que la conduite politique du duc d'Orléans se démasqua ouvertement. Le roi en fut péniblement affecté. Ce monarque, trop régulier pour aimer le duc d'Orléans, vit bien alors que la dissolution de ses mœurs n'était pas la seule chose qu'on pût lui reprocher, et que ses projets ne tendaient à rien moins qu'à ébranler la monarchie.

L'exil qu'il lui imposa à Villers-Cotterets fut plutôt une marque de mécontentement qu'une punition véritable, et les larmes de madame la duchesse d'Orléans eurent bientôt fait cesser ces insignifiants arrêts.

Cette princesse avait pour elle l'ascendant de la vertu qui lui conciliait tous les respects. Tristement

---

1. *Sic.* 19 novembre 1787. (*Note des éditeurs.*)

renfermée au Palais-Royal, privée de ses enfants que son mari lui ôtait, pour les faire élever, contre l'usage et la décence, par une femme réputée sa maîtresse, Madame d'Orléans venait peu à la cour, et allait souvent retremper son courage dans les conseils de son père, le vertueux duc de Penthièvre.

Les trahisons et les intrigues du duc d'Orléans, pendant la Révolution, sont connues de tout le monde. Après le 5 octobre 1789, il était déjà tellement en horreur qu'il fut obligé de se retirer en Angleterre, d'où il ne revint que pour la fédération de 1790. A peine même osa-t-il s'y montrer; il se tint toute la journée éloigné du trône et caché parmi les députés.

Il fuyait de même le château où chacun s'empressait de l'insulter de la manière la plus piquante, comme le dernier des individus. Le jour de l'an 1791, où son devoir et la procession des cordons bleus l'appelaient à la cour, il s'abstint d'y paraître et y envoya ses deux fils aînés, les ducs de Chartres et de Montpensier. Le troisième, le comte de Beaujolais, n'avait point encore reçu l'ordre. Ces deux princes, en attendant le lever, reçurent dans le salon tous les affronts possibles. On fit cercle autour de la cheminée pour les empêcher d'en approcher; on les accablait de sarcasmes sur la cocarde tricolore qu'eux seuls, avec le comte d'Estaing, avaient substituée à la cocarde verte de l'ordre du Saint-Esprit. Entré chez le roi, l'aîné adressa au monarque les excuses de son père, sans justifier son absence par un autre motif qu'une partie de chasse.

Louis XVI le reçut avec tant de mécontentement et de froideur que le duc d'Orléans n'osa point se dispenser de venir le lendemain au service des chevaliers défunts. Les affronts recommencèrent, et furent si vifs, qu'il demanda à M. de Lafayette de l'en préserver. Le blême général, enchanté de trouver l'occasion d'humilier le prince avec qui il avait rompu, se tourna vers ceux qui composaient son état-major, et leur dit : « Messieurs, défendez monsieur qui ne sait pas se défendre lui-même. »

Les enfants du duc d'Orléans venaient rarement à la cour. Les aînés prenaient dans les conseils d'une femme aussi remplie de talents que d'erreurs les faux principes qui les ont entraînés dans tous leurs travers. Le comte de Beaujolais seul en fut préservé par une disposition naturelle; et la conduite de cet enfant, entièrement opposée à celle de ses frères, est très-extraordinaire.

Les autres princes, toujours à Paris ou dans leurs terres, ne venaient guère, eux aussi, à la cour, qu'aux jours de cérémonies et d'étiquette; et, sauf quelques distinctions de forme, rien ne les relevait dans la foule des courtisans.

Le fameux duel entre M. de Bourbon et M. le comte d'Artois, qui avait insulté au bal madame la duchesse de Bourbon, avait eu lieu avant mon arrivée à Versailles; il fit beaucoup d'honneur au prince, auquel on sut gré d'avoir voulu défendre une épouse outragée, mais qui avait eu les premiers torts. Ce fut peut-être la seule circonstance où l'un de ces princes donna l'exemple des égards conjugaux. M. le duc d'Orléans était, en effet, le seul qui ne fût pas ouvertement séparé de son épouse. Madame la duchesse de Bourbon, sa sœur, ne vivait point avec son mari, non plus que la princesse de Conti.

La vertu semblait s'être réfugiée sous le toit du duc de Penthièvre, qui se consolait près de sa belle-fille, l'infortunée princesse de Lamballe, de la mort prématurée de son fils unique, que les perfides conseils de son beau-frère, le duc d'Orléans, avaient précipité dans la tombe avec la scélératesse la plus raffinée. En associant, en effet, le jeune prince de Lamballe à ses débauches, il l'avait tué à vingt ans, et se voyait ainsi l'unique héritier de la belle et immense succession du duc de Penthièvre, qui passa dès lors son temps à Eu, à Sceaux ou à Vernon, entre la bienfaisance, l'étude et l'amitié.

Madame de Lamballe était sincèrement attachée à la reine. Ce fut cette amitié qui la fit revenir en France pour y trouver la mort la plus cruelle, mort qui enrichit encore le duc d'Orléans.

Le duc de Penthièvre, qui descendait du comte de Toulouse, fils naturel de Louis XIV et de madame de Montespan, n'était distingué des princes du sang que par un lambel dans son écusson, et une ligne qui, dans la nomenclature de la famille royale, séparait sa maison de celles des princes descendus légitimement de nos anciens rois.

CHAPITRE IX

LE DUC D'ENGHIEN

Mille voix condamnaient des juges homicides.
Catrina, *Henri VIII*.

Le duc d'Enghien était né à Chantilly, le 2 août 1772. Il était donc encore bien jeune lorsque j'arrivai à Versailles. Je lui vis donner le cordon bleu peu de temps après sa première communion, comme je l'avais vu donner aux ducs d'Angoulême, de Chartres et de Montpensier.

J'ai eu l'occasion depuis de revoir le prince, mais bien loin de Versailles; et le seul défaut qu'on pût lui reprocher alors, était celui dont peu de princes de la postérité d'Henri IV furent exempts, celui de se laisser trop souvent fasciner par de beaux yeux.

Pendant que j'habitais, en 1792, la petite ville de Rudesheim, sur le Rhin, ce prince, qui était de l'autre côté, à Bingen, venait souvent, déguisé, nous voir avec son aide de camp. C'était moins pour nous que pour la petite fille d'un tailleur ; car, pendant que les aides de camp commandaient quelques vêtements au père, le duc faisait l'amour à sa fille. Du reste, brave comme le grand Condé, on pouvait appliquer à ce prince infortuné, comme au bon Henri, ce couplet de la vieille chanson :

> Ce diable à quatre
> A le triple talent
> De boire et se battre,
> Et d'être un vert galant.

Le duc d'Enghien a disparu par un de ces crimes sur lesquels le silence, quelque long qu'il soit, n'appelle jamais l'oubli.

Ce fut en 1804. Il habitait depuis quelque temps Etenheim, sur les bords du Rhin, vis-à-vis Strasbourg. Il serait difficile aujourd'hui de connaître le motif qui l'avait attiré si près des frontières de la France ; mais on pouvait présumer que la conspiration ourdie dans sa patrie par les généraux Pichegru et Moreau avait pu lui donner l'idée de s'en rapprocher. Quoi qu'il en soit, sa présence donnait beaucoup d'ombrage au premier consul, qui résolut de le faire arrêter.

Plusieurs espions découverts et divers bruits venus de Strasbourg avaient jeté l'alarme dans la petite cour du prince ; mais lui, intrépide et ferme, rougissant de paraître céder à la crainte, tandis qu'il n'aurait obéi qu'à la prudence, résolut d'attendre l'événement. En le voyant ainsi décidé à ne pas s'éloigner, plusieurs de ses officiers l'avaient quitté.

Le premier consul commit, pour diriger le mouvement, le général Armand de Caulaincourt, dont la famille avait été, de tout temps, comblée des bienfaits de la maison de Condé. Aussi a-t-on prétendu, pour effacer cette tache d'ingratitude, que M. de Caulaincourt avait refusé cette mission, prétextant une blessure causée par un coup de pied de cheval, et que ce n'avait été que sur les menaces du premier consul, et pour d'autres raisons qu'il ne m'appartient pas de juger, qu'il s'était enfin décidé à affronter cette terrible responsabilité.

Le 15 mars 1804, le général passa le Rhin avec une division considérable. Il connaissait parfaitement l'état de la maison du prince par les rapports de ses espions. Quelques jours auparavant, un de ceux-ci, vivement poursuivi, n'avait échappé qu'en jetant derrière lui un paquet cacheté qu'on avait bien vite ramassé, croyant y trouver le secret du complot, mais qui ne renfermait que du papier blanc.

Une colonne ayant entouré la maison, deux officiers montèrent par une croisée. En vain le prince essaya-t-il de se défendre, il fut désarmé, arrêté, mis sur un cheval, et emmené avec tant de rapidité que, ayant perdu son chapeau dans sa course, il fut obligé de se couvrir d'un bonnet de police qu'un officier du détachement lui offrit. C'est ainsi qu'il entra dans la citadelle de Strasbourg, par la porte de secours.

Le 18, de grand matin, on fit partir le prisonnier pour Paris, dans une voiture de poste. On courut nuit et jour, sans prendre le moindre repos; et le 20, à quatre heures et demie du soir, on arriva aux portes de Paris, à la barrière Saint-Martin. Là, se trouva un courrier qui donna ordre de filer le long des murs et gagner Vincennes, où l'on arriva sur les cinq heures.

On raconte que Harel, nommé commandant du château pour avoir dénoncé les conspirateurs Cérachi et Aréna, en vendémiaire an IX, avait dit à sa femme, en voyant tout ce train : « Je ne sais quel est le prisonnier que l'on amène, mais voilà bien du monde pour s'assurer de sa personne ! » La curiosité de cette femme, que quelques-uns disent avoir été fille naturelle de M. le duc de Bourbon, étant excitée par la réflexion de son mari, elle s'avança aussitôt, et, reconnaissant M. le duc d'Enghien, s'écria : « C'est mon frère de lait ! »

Le prince, exténué de fatigue et de besoin, prit à peine un léger repas. Pendant qu'il le prenait, il pria qu'on voulût bien lui préparer un bain de pieds pour le lendemain à son réveil. Le malheureux ignorait que ses moments étaient comptés, et qu'il n'y aurait plus pour lui de lendemain. Il se jeta donc sur un lit, disposé précipitamment dans une pièce à l'entresol, auprès d'une fenêtre dont deux carreaux étaient cassés et que, sur l'observation du prince, on avait masqués avec une serviette, et ne tarda pas à s'endormir profondément.

Vers les onze heures de la nuit, on l'éveilla en sursaut, et on le conduisit dans une pièce du pavillon du milieu, faisant face au bois. C'est là qu'une commission militaire, composée de huit officiers, avait mission de dresser à la hâte une instruction criminelle dont la conclusion fut la mort.

Les juges prévaricateurs qui opinèrent dans cette affreuse procédure, étaient :

Hullin, général de brigade, commandant les grenadiers à pied de la garde, président ;

Guiton, colonel du 1er régiment de cuirassiers ; Bazancourt, colonel du 4e régiment d'infanterie légère ; Ravier, colonel du 18e régiment d'infanterie de ligne ; Rabbe, colonel du 2e régiment de la garde municipale de Paris ; Barrois, colonel du 96e régiment d'infanterie de ligne) ;

Dautancourt, capitaine major de la gendarmerie d'élite, faisant fonctions de rapporteur, et, en cette qualité, chargé de lire la sentence et d'en ordonner l'exécution (c'est, sans doute, l'attaché de la maison de Condé, dont on a longtemps ignoré le nom, et dont je reparlerai tout à l'heure);

Enfin, Molin, capitaine au 18e de ligne, greffier : tous nommés par le général en chef Murat, gouverneur de Paris.

Les six principaux faits relevés dans l'acte d'accusation et mis à la charge du prince, étaient : 1° d'avoir porté les armes contre la république française ; 2° d'avoir offert ses services au gouvernement anglais, ennemi du peuple français; 3° d'avoir reçu et accrédité près de lui des agents dudit gouvernement, de lui avoir procuré les moyens d'entretenir des intelligences en France, et d'avoir conspiré de concert avec lui contre la sûreté intérieure et extérieure de l'État; 4° de s'être mis à la tête d'un rassemblement d'émigrés français et autres, soldés par l'Angleterre et rassemblés sur les frontières de France, dans le pays de Fribourg; 5° d'avoir pratiqué, dans Strasbourg, des intelligences tendant à faire soulever les départements circonvoisins, pour y opérer une diversion favorable à l'Angleterre; 6° enfin, d'être l'un des fauteurs et complices de la conspiration tramée par les Anglais contre les jours du premier consul.

Le prince montra dans ses réponses le plus grand sang-froid et le plus ferme courage : « J'ai combattu avec ma famille, dit-il, pour recouvrer l'héritage de mes ancêtres; mais, depuis que la paix est faite, j'ai déposé les armes, et j'ai reconnu qu'il n'y avait plus de rois en Europe. »

On prétend que les juges, frappés de tant de noblesse, hésitèrent un moment; qu'ils écrivirent au premier consul, qui renvoya la lettre avec ces seuls mots : « Condamné à mort! » Cette nouvelle atrocité n'est pas admissible. Les juges avaient sans doute leurs instructions; et, quand le temps l'eût permis, auraient-ils osé interrompre le sommeil du dictateur, si tant est qu'il ait pu trouver du repos pendant cette nuit homicide?

Quoi qu'il en soit, les juges prononcèrent, à l'unanimité, un verdict affirmatif sur tous les points. Il est à remarquer que le jugement ne fait point mention qu'aucuns témoins, soit à charge ou à décharge, aient été entendus. La précipitation de l'instruction ne permettait point de la revêtir de toutes ces formes, qui eussent laissé à l'accusé la possibilité de faire valoir ses moyens de défense.

Il était quatre heures quand le prince quitta la salle. On le conduisit alors vers le lieu de son exécution, en descendant dans le fossé par un escalier étroit et obscur. L'officier qui le conduisait était, pense-t-on, ce même Dautancourt, dont j'ai parlé plus haut. Il avait été averti dans la nuit pour commander un détachement destiné pour Vincennes. Il avait été élevé dans la maison de Condé, et n'en avait pas entièrement perdu la mémoire, aussi n'apprit-il pas sans une certaine tristesse la mission dont on l'allait charger. Le prince, dit-on, l'avait reconnu, et, pendant qu'il lui témoignait sa joie de le revoir, l'officier baissait les yeux et pleurait.

Cependant le prince, en parcourant ces souterrains humides, se retourne vers le chef du détachement et lui dit : « Est-ce que l'on veut me plonger tout vivant dans un cachot? — Non, Monseigneur, lui répond ce dernier en sanglotant, soyez tranquille ! » On continue cette marche funèbre. Tout à coup, le duc croit apercevoir les apprêts du supplice; il s'écria : « Ah! grâce au ciel, je mourrai de la mort d'un soldat! »

Parmi ceux qui allaient assister à cette triste exécution, le commandant du détachement n'était pas le seul qui fût tenu à la reconnaissance envers les Condé. La femme du commandant, comme je l'ai dit, leur devait sa fortune; aussi donna-t-elle des marques de la plus vive douleur quand elle le vit passer pour aller à la mort. « Sois tranquille, lui dit son mari, le bruit que tu vas entendre n'est que pour l'effrayer. »

Aussitôt après la lecture du jugement, le malheureux prince demanda les secours de la religion; on assure qu'un sourire insultant fut la seule réponse qu'il obtint. « A cette heure, lui aurait-on dit, tous les prêtres sont couchés. » Le prince, indigné, ne répondit pas un mot, il s'agenouilla, et, après un instant de recueillement, se releva et dit : « Je suis prêt. »

Il n'est pas vraisemblable que les généraux Savary et Murat aient été, comme on l'a dit, présents à l'exécution. Le caractère bien connu de bonté de ce dernier dément, à lui seul, cette assertion. Ce fut à Hullin que le prince remit un portrait et une mêche de cheveux destinés à son épouse, mademoiselle de Rohan, qu'il avait épousée en Angleterre, sans avoir jamais rendu ce mariage public, et qui, — on l'a du moins prétendu, — se trouvait alors en France. Hullin montra ce portrait dans un dîner quelques jours après.

Le duc d'Enghien fut fusillé dans la partie orientale des fossés du château, à l'entrée d'un petit jardin. On le jeta de suite, tout habillé, dans une fosse creusée la veille, à huit heures du soir, pendant qu'il soupait. La pelle et la pioche avaient été empruntées à l'un des gardes de la forêt.

Il était quatre heures et demie quand cette œuvre d'iniquité fut consommée.

Tout avait été calculé avec une cruelle précision pour ensevelir cet attentat dans les ombres de la nuit. La promptitude de l'enlèvement, la rapidité du voyage avaient eu pour but d'éviter les sollicitations et les réflexions. Le ministre de la police, Fouché, et le conseiller d'État, Réal, avaient dirigé le complot; et le premier consul, aveuglé, était resté sourd à toutes les représentations de sa famille.

Le jugement fut d'autant plus atroce, qu'on n'avait trouvé chez les diverses personnes arrêtées, entre autres chez la baronne de Reich, enlevée à Strasbourg et déjà connue par ses relations avec le général Pichegru, lors du 19 fructidor, aucuns papiers qui pussent établir un complot ou une conspiration. Aussi, toutes ces personnes, notamment les aides de camp du prince, furent relâchées après quelques mois de prison.

Les cours étrangères s'empressèrent de faire adresser au Ciel les prières d'usage pour le repos de l'âme de ce prince infortuné. Ce fut l'abbé de Bouvens qui prononça, à Londres, son oraison funèbre, en présence de M. le comte d'Artois. Il prit pour texte ce passage des Machabées : *Et lorsque Tryphon eut conçu le projet de régner et d'usurper le diadème, craignant que Jonathas ne s'y opposât, les armes à la main, il chercha à se saisir de lui pour le mettre à mort.* (I, Mach., c. XII.)

Le procès-verbal de l'exhumation de ce malheureux prince, faite le 21 mars 1816, a confirmé la plupart des détails que j'ai donnés sur ce crime atroce.

On s'était assuré, par des témoins oculaires, de la position du tombeau, et l'on avait reçu la déposition d'un vieux paysan, âgé de 80 ans, le même qui avait creusé la fosse deux heures après l'arrivée du prince au fort.

A peine les fouilles furent-elles commencées, qu'on aperçut une botte assez bien conservée, dans laquelle on retrouva les os du pied et de la jambe; on rencontra ensuite la tête, et l'on put juger dans quelle direction le corps était placé. La face était tournée vers la terre; une jambe était restée dans une position presque verticale, les bras contournés vers le dos. On a pu rassembler aussi une partie des cheveux. Une pierre assez volumineuse paraissait avoir été jetée à dessein sur la tête, dont les os étaient fracassés. Toutes ces dépouilles, déposées sur un linceul, furent renfermées dans un cercueil.

On retrouva également un certain nombre de ducats d'Allemagne, une bourse de cuir dans laquelle se trouva un louis et quelques pièces d'argent, un anneau et une chaîne d'or que le prince portait habituellement au cou. Le chevalier Jacques, arrêté avec le prince, avait annoncé d'avance que ces objets se retrouveraient si la victime n'avait point été dépouillée ; et les ducats furent retrouvés avec la cire dont le prince s'était servi pour les cacheter, lors de leur séparation dans la citadelle de Strasbourg.

On remarqua le trou d'une balle à travers l'os de l'omoplate et un autre dans les fragments de la casquette que portait le prince au moment de l'exécution. Les bottes à la hussarde étaient assez bien conservées, et tous les ossements ont été retrouvés, à l'exception d'une dent molaire qui manquait sans doute depuis longtemps. Les chairs seules étaient consumées.

CHAPITRE X

LE MARÉCHAL DE RICHELIEU

Esprit né pour la cour, et maître en l'art de plaire.
BOILEAU, *Épîtres.*

Comme page de la chambre, j'ai été sous ses ordres. J'ai vu cet homme extraordinaire qui, pendant trois règnes, dont l'un eut une durée de près de soixante ans, fut le favori constant des rois; qui, presque au sortir du berceau, vit pleuvoir sur lui la faveur des richesses, les roses de l'amour et les lauriers de la gloire. Je l'ai vu dans ses dernières années; et, en le conduisant à sa dernière demeure, j'ai vu s'ouvrir pour lui ce fameux caveau de Sorbonne, tombeau de sa famille, où l'ombre du grand Armand semblait s'avancer, encore fière et menaçante, pour recevoir son petit-neveu. Comme l'immortel cardinal, il a régné sur le cœur de ses maîtres, mais d'une toute autre manière, moins par l'ascendant d'un génie puissant sur un esprit timide que par ses qualités aimables. Avec une éducation plus soignée, une enfance moins gâtée, et quelques traverses de plus dans sa fortune, il aurait pu, comme son grand-oncle, gouverner l'esprit de ses maîtres.

J'étais destiné, ce semble, à voir, cette année-là, la dépouille mortelle de tous nos grands ministres. Je conduisis également le cercueil du duc de Fleury à Saint-Thomas-du-Louvre; je le vis déposer dans la tombe du cardinal de Fleury; et si j'avais conduit un Mazarin à sa dernière demeure, j'aurais vu les restes des trois plus grands ministres de la France, qui, tous les trois, régnèrent par des moyens différents, mais qui, tous les trois, régnèrent en maîtres, nous prouvant, par leur exemple, que la rigidité, la finesse et la douceur peuvent parvenir au même but.

Je ne prendrai point le maréchal de Richelieu à la cour de Louis XIV, nourri de bonbons dans l'appartement de madame de Maintenon, où peu de belles, même sous l'aile de la vertu, surent lui rester cruelles. Je ne le suivrai, ni dans ses nombreux voyages amoureux, ni à Mahon et à Closter-Seven, où la victoire le couronna; ses historiens, si médiocres qu'ils soient, suppléeront à mon silence. Je ne l'ai vu que caduc, et pour ainsi dire sur le bord de la tombe, mais encore doué de cette gaîté, de cette amabilité et de cette légèreté qui furent comme les artisans de ses succès en politique et en amour.

On le voyait peu à la cour de Louis XVI; et quand il y paraissait, c'était toujours avec le costume recherché de sa jeunesse. Sa démarche n'avait rien de pénible; il affectait même une allure sautillante qui contrastait avec celle du duc de Fronsac, son fils, qui pouvait à peine se traîner, tant il était infirme et podagre, avec trente ans de moins que son père. Mais les succès de l'un étaient à la cour; l'autre cherchait les siens dans la plus vile débauche.

Le maréchal avait épousé, en troisièmes noces et presque octogénaire, la belle madame de Roth, qui, par ce mariage, avait cherché à faire la fortune de deux enfants : une fille, mariée depuis au marquis de Ravenel, et un fils, page de la chambre.

La santé du maréchal ne lui permettait plus de faire à la cour son service, parfois assez fatigant, de premier gentilhomme de la chambre. On sait, du reste, qu'il se soignait beaucoup et que l'éclat de ses galanteries lui plaisait autant que la réalité. On se rappelle ces fameux bains de lait qu'il prit à Bordeaux, et qui, pendant un certain temps, dégoûtèrent la ville d'en faire usage, à cause du bruit qu'on répandit que ses valets de chambre le revendaient ensuite. C'était là une mauvaise plaisanterie renouvelée des âges féodaux. N'avait-on pas, en effet, attribué la même fantaisie à une demoiselle de Rohan, abbesse de Marqueite, qui aurait fait faire de la soupe à ses religieuses avec le lait dans lequel elle s'était baignée?

A son entrée à Bordeaux comme gouverneur de la

6

province, le maréchal imagina de faire ferrer ses chevaux avec des fers d'argent attachés simplement avec des clous; et défense était faite aux valets de ramasser ceux qui pourraient se détacher. Le maréchal de Richelieu fut le vrai modèle des grands seigneurs par cette noblesse et cette magnificence qui conviennent à une grande fortune; il leur donna cet exemple, comme celui de l'amabilité et des grâces.

C'était son fils qui, quoique plus décrépit que son père, remplissait les devoirs de sa charge. Ses débauches en avaient fait un cadavre ambulant; la corruption s'exhalait de ses lèvres livides; il ne marchait, ou plutôt il ne se traînait qu'avec peine et à l'aide d'une canne. Avec un physique aussi repoussant et un caractère irascible à l'extrême, il avait néanmoins épousé la jolie demoiselle de Galliffet dont il avait deux filles. Il ne tarda point à suivre son père au tombeau. Je crois qu'il mourut en 1792; au moins fit-il encore son service en cette année.

Le vieux maréchal portait ses regards avec plus de complaisance sur son petit-fils, le comte de Chinon, fruit du premier mariage du duc de Fronsac avec mademoiselle de Saisfield [1]. Il avait hérité des grâces

---

1. Nous reproduisons fidèlement le texte, bien qu'il présente ici une assez grave inexactitude. La première femme du duc de Fronsac fut Adélaïde-Gabrielle de Hautefort, qu'il épousa le 25 février 1764, et qui mourut le 3 février 1767. De ce mariage naquit, le 25 septembre 1766, le comte de Chinon, depuis duc de Richelieu. Le second mariage du duc de Fronsac, avec mademoiselle de Galliffet, eut lieu au

de son grand-père, aussi bien que de ses talents militaires. Marié jeune à mademoiselle de Rochechouart, toute contrefaite, on verra probablement s'éteindre en lui le grand nom de Richelieu. La gloire qu'il sut acquérir au siége d'Ismaïlof annonçait un digne successeur au vainqueur de Mahon, lorsqu'il se trouva attaché par les circonstances au service de la Russie, où il est lieutenant général.

Le maréchal de Richelieu naquit en 1696; il n'avait que dix-huit ans quand on le mit la première fois à la Bastille pour ne pas vouloir habiter avec sa femme, mademoiselle de Noailles. Madame de Maintenon, qui protégeait les deux familles, espérait que cette captivité le corrigerait de cette antipathie et de ses écarts. Mais ni l'ennui, ni la jeunesse, rien ne put l'obliger à céder, malgré la présence et les larmes de sa jolie femme qui, sous prétexte de le consoler, venait dans sa prison lui offrir un moyen de sortir, dont bien d'autres auraient profité. Il fut fait maréchal de France à cinquante-deux ans, cordon bleu à trente-trois, et mourut âgé de près de quatre-vingt-treize ans, le 8 septembre 1788.

Malgré l'éclat qui s'est attaché à son nom pendant sa longue carrière, il n'a eu jusqu'ici que de mauvais historiens. Il fallait une plume légère et badine comme celle d'Hamilton pour décrire ces intrigues où l'amour

---

mois d'avril 1776. Le duc, en effet, en eut deux filles, qui furent madame de Jumilhac et madame de Montcalm. (*Note des éditeurs.*)

était toujours de compte avec la politique. Peu d'années avant la mort du maréchal, il parut sur le théâtre de la Comédie Italienne une petite pièce intitulée : *les Dettes*. Un acteur, nommé Narbonne, trouva plaisant de prendre, dans le rôle du tuteur, le costume et les manières du vieux maréchal; et il le fit avec tant d'habileté que l'allusion fut comprise aussitôt, et le nom de Richelieu répété par toute la salle. Le duc de Fronsac, chargé de l'inspection de ce théâtre, comme gentilhommme de la chambre, chassa l'acteur insolent, et ne le laissa reparaître qu'après la mort de son père.

La charge de premier gentilhomme de la chambre fut instituée par François I**, pour remplacer celle de chambrier, en 1545. Ils étaient alors au nombre de deux ; ce fut Louis XIII qui les porta à quatre. Cependant, sous Charles VII, il existait des chambellans ; et une ordonnance de ce règne les mentionne en ces termes, qui résument parfaitement leurs fonctions : « Chambellans couchant lez nous. » Louis XIV dispensa les premiers gentilshommes de coucher dans sa chambre. Ce service, fatigant à la vérité, passa aux premiers valets de chambre qui, bien souvent, trouvaient dans cette sujétion le moyen de gagner la confiance du maître.

De mon temps, les quatre premiers gentilshommes qui servaient par année, étaient :

M. le duc de Villequier et son fils, le duc de Piennes, en survivance ;

M. le maréchal de Duras et le marquis de Duras, son petit-fils;

Le duc de Fleury et le marquis de Fleury, son petit-fils;

Le maréchal de Richelieu, le duc de Fronsac et le comte de Chinon.

Les premiers gentilshommes remplaçaient le grand chambellan quand il était absent. Outre leur service, au lever et au coucher du roi, ils avaient l'inspection et la direction des fêtes, bals et spectacles qui se donnaient à la cour, et réglaient les dépenses concernant la chambre du roi et les menus plaisirs; ils étaient également chargés des présentations, et montraient au roi les objets d'art qui lui étaient adressés.

Chaque place valait au moins dix-huit à vingt mille francs.

CHAPITRE XI

MADAME DUBARRY

> Amour, tu perdis Troie !
> La Fontaine, *Fables*.

J'ai encore vu madame Dubarry ! Cette ancienne sultane favorite de Louis XV fut traitée, à sa mort, par son successeur, avec une bonté qui avait sa source dans la douceur de Louis XVI et dans son respect pour son aïeul. Loin de sévir contre elle, on se contenta de lui retirer un service d'or qu'elle avait arraché à la faiblesse du feu roi, et qui était regardé comme le domaine inaliénable de la couronne. On lui laissa, avec ses grands biens, la faculté de fixer sa résidence où elle voudrait, excepté toutefois aux lieux où la cour avait l'habitude de se transporter. Soit par un effet de cette effronterie ordinaire à l'état ignoble d'où le caprice d'un monarque l'avait tirée, soit qu'elle y eût été attirée par un amour particulier pour ce ravissant séjour, madame Dubarry se fixa dans sa maison de Luciennes, village situé à deux lieues de Versailles, près de Marly.

Jamais, en effet, habitation ne dut être plus agréable à son propriétaire. La maison en était simple, quoique meublée avec magnificence. Son parc n'était même pas grand. Mais ce qui en faisait le principal attrait, c'étaient ses magnifiques perspectives, c'était cette vue immense sur la belle plaine

Où la Seine serpente en sortant de Paris.

De là, en effet, l'œil découvrait une foule de villages et de maisons de campagne, deux grandes routes, la forêt du Vésinet, et plus loin, sur sa montagne, l'antique château de Saint-Germain, rappelant la faiblesse de Louis XIII, tandis que les sommets pointus du château de Rueil amenaient le souvenir de son inflexible ministre, dont le génie, les talents, ne se présentaient pas tellement éclatants à la pensée, qu'on ne songeât parfois encore aux injustices, aux intrigues méditées et ourdies dans ce château. La machine de Marly, située au bas de cette montagne si roide que, même à pied, on ne la descendait pas sans précautions, animait par son mouvement cette partie du paysage, tandis que la grande ville, au milieu de son épais brouillard, terminait du côté de l'est cet incomparable tableau.

Et comme si la nature n'avait point fait assez pour embellir ce charmant séjour, on y avait appelé le concours de tous les arts pour la construction d'un pavillon où l'industrie humaine s'était déployée tout entière. Chaque profession s'y était surpassée; il n'y avait pas jusqu'aux ferrures elles-mêmes qui ne fussent un modèle de goût et de délicatesse. Mais ce qui aurait suffi pour rendre ce lieu célèbre, c'était la présence de deux chefs-d'œuvre de la sculpture moderne, une Diane d'Allégrin, où le marbre semblait s'être plié aux désirs de l'artiste, et une Vénus sortant du bain, non moins admirable d'exécution.

Les temps malheureux où nous avons vécu sont cause que, dans les tableaux les plus riants, nous voyons apparaître une ombre, formée par quelque souvenir sinistre. Ce pavillon rappelle le sort du jeune Maussabré, aide de camp du duc de Brissac, qui y fut découvert au mois de septembre 1792. La curiosité seule avait porté la horde de bandits qui parcourait le pays, à visiter le pavillon de Luciennes; ils en arrachèrent cet officier pour le conduire à l'Abbaye, où il fut massacré.

Mais, sans aller chercher des souvenirs étrangers à mon sujet, la femme qui possédait ce temple du luxe, qui avait vu, par le caprice du maître, toute la cour à ses pieds, qui avait vu un duc (le duc de Gesvres) assez vil pour profiter de sa difformité et prendre le titre de Sapajou de la favorite; cette femme, qui avait survécu à sa chute, ne fut-elle pas elle-même la victime de la faux révolutionnaire? Comme les hommes de vertu et de talent, elle fut arrachée de sa retraite, et, du sein de la mollesse, traînée au fond des cachots et bientôt à l'échafaud, où elle montra une faiblesse d'autant plus étonnante, qu'elle était plus rare dans ces jours de deuil et de sang, où madame Joseph de Monaco mettait du rouge avant d'aller à l'échafaud, et où tant d'autres criaient : Vive le roi ! en recevant le coup de la mort.

Souvent, dans nos promenades lointaines, nous allions jusqu'à Luciennes. Un de nos camarades, M. de Sainte-Hermine, était le filleul de madame Dubarry et de M. d'Aiguillon. Il allait toujours voir sa marraine qui nous faisait servir une ample collation, et qui venait elle-même nous engager à en profiter.

Quoiqu'âgée alors de plus de quarante ans, elle était encore belle. En voyant ses beaux yeux et son charmant sourire, on eût pu s'expliquer et comprendre comment un grand monarque l'avait aimée, si, bien vite, le souvenir de son abjecte origine ne s'était présenté, et si on ne s'était aussitôt rappelé ce cynisme grossier, cette impureté de paroles puisée dans le commerce des prostituées du Pont-aux-Choux, qui lui faisait dire à son illustre amant, s'abaissant jusqu'à lui préparer son déjeuner, ce mot si connu : « Prends garde, la France, ton café f... le camp ! »

Pour moi, qui fus élevé dans un grand amour et un égal respect pour nos rois, je dois dire que ce qui frappa le plus mon jeune esprit chez madame Dubarry, ce fut de voir un portrait de Louis XV dans l'antichambre. Je trouvais que cette place blessait également le respect et la reconnaissance.

Madame Dubarry était fort aimée à Luciennes et y faisait beaucoup de bien, la bonté du cœur étant une des qualités les plus ordinaires à la classe d'individus dont elle était sortie. Souvent elle donnait des fêtes à ses paysans dans son parc; et ce peuple, qui se souvenait d'avoir vu le souverain à ses pieds, dans ses courses fréquentes à Luciennes, et qui juge tout sur l'extérieur, admirait comme elle s'abaissait et comme elle oubliait sa grandeur !

Le séjour de madame Dubarry à la cour lui avait fait perdre cette grossièreté de son premier état. Ses grâces, son aisance, et certain jargon particulier au pays, cachaient chez elle, comme chez bien des courtisans, l'ignorance et le défaut d'éducation.

De tous ses anciens admirateurs, les deux qui ne l'abandonnèrent pas dans sa disgrâce, et furent toujours ses amis, étaient le duc de Brissac et le maréchal de Richelieu. La valeureuse générosité du premier s'indigna d'abandonner dans le malheur l'objet qu'il avait encensé par amour pour son roi. Le duc de Brissac était, à la cour de Louis XV, un chevalier du temps de Philippe-Auguste. Quant au maréchal, c'était lui qui l'avait tirée de l'obscurité; et, outre l'impulsion de son cœur, il suivait peut-être en cela les ordres du feu roi qui, en mourant, lui recommanda sa favorite dont il devait prévoir l'abandon.

On sait les angoisses du pauvre maréchal, le jour de la présentation de madame Dubarry, le 22 avril 1769. Un coiffeur se fit attendre, et, par suite, fit attendre toute la cour qui, ce jour-là, était fort nombreuse et empressée pour voir une prostituée, revêtue du nom d'un mari qu'elle connaissait à peine, venir effrontément se présenter à l'élite de la France. L'heure était passée; le roi impatient craignait qu'un délai ne devînt l'occasion de nouvelles instances de la part tant de ses fidèles sujets, jaloux de sa gloire, que de ses filles, dont il respectait la vertu. Le maréchal, troublé, presque désespéré, voyait que ce retard perdait sa protégée; que si la présentation n'avait pas lieu, l'intrigue manquait. Les vrais amis de Louis XV triomphaient déjà, lorsque ce prince, au moment de congédier la cour, jetant un dernier coup d'œil à la fenêtre, s'écria tout à coup : « Voilà madame la comtesse Dubarry! » Il avait, en effet, reconnu sa livrée. Le maréchal revint à lui. Le succès de son amie fut dès lors assuré. Bientôt elle fut reconnue maîtresse du roi, et eut l'appartement de madame de Pompadour, situé au-dessus de celui du roi, et occupé depuis par le duc de Villequier. Il communiquait chez le roi par l'escalier donnant à droite de la cour de marbre; mais la véritable entrée était par un escalier étroit et obscur; et quoique cet appartement fût plus grand que beaucoup de ceux de Versailles, il était assez incommode, parce qu'il y fallait de la lumière en plusieurs pièces, quand le temps était obscur.

Un bruit assez répandu à Versailles était que Louis XV puisa la maladie dont il est mort dans les bras de la fille du jardinier de Luciennes, jeune enfant que madame Dubarry lui aurait prostituée, et chez qui la petite vérole se serait développée peu d'heures après. On peut croire que madame Dubarry, intéressée à conserver l'amour du roi, aurait pu se prêter à ce coupable manége; mais est-il possible qu'un roi âgé, même égaré par ses sens, puisse pousser le libertinage jusqu'à corrompre la jeunesse? Pour moi, je ne saurais le penser; on a répandu alors tant de bruits calomnieux, que je suis porté à attribuer à celui-ci le même caractère. Que le public croie donc ce qu'il voudra de ce bruit populaire, que j'ai trouvé très-répandu, et qu'il fasse là-dessus toutes les réflexions qu'il serait de nature à suggérer en le supposant fondé. Toutefois, l'on doit à madame Dubarry la justice de dire que sa conduite, après la mort de Louis XV, fut, extérieurement du moins, aussi décente et aussi régulière que possible; et que si elle lui donna un successeur dans son cœur, ce fut du moins avec les ménagements que la mémoire du roi commandait, et de manière à ce que le public n'en pût jamais rien savoir.

II

LES LIEUX

CHAPITRE PREMIER

LES PAGES

> O illusions de l'enfance..., ne perdez-vous jamais vos douceurs !
> CHATEAUBRIAND, *René*.

L'imagination se reporte toujours avec délices sur les jours heureux du jeune âge. Dans la carrière épineuse de la vie, on éprouve souvent un moment de douce satisfaction à reposer ses souvenirs sur ces paisibles années de l'enfance, dont quelques légères contradictions ont fait tous les chagrins, mais où les privations étaient si courtes et les larmes si vite oubliées !

Élevé au sein de l'abondance et des plaisirs, dans un de ces établissements destinés à perpétuer les traditions de l'ancienne chevalerie, combien, dans ma vie agitée, n'ai-je point éprouvé de douces émotions en recueillant ces souvenirs de mes premières années !

Peut-être, hélas! que l'amertume de celles qui les ont suivies contribuait à me les rendre encore plus chères!... Quoi qu'il en soit, rien ne touche mon cœur comme la pensée de ces temps de bonheur. C'est ici mon chapitre, celui dans lequel je me complais. Qu'on me pardonne donc sa longueur, peut-être son peu d'intérêt; il en a un bien vif pour moi, et tout ce qui y a rapport me fait toujours tressaillir.

De quelle ressource n'étaient pas pour la jeunesse ces beaux établissements, où les rejetons de la noblesse puisaient, au milieu de la cour, l'héroïsme et l'attachement à leur souverain! Et combien ces ressources avaient d'étendue! puisque, à mon arrivée à Versailles, on y comptait cent cinquante-huit pages, sans ceux des princes du sang qui résidaient à Paris.

J'entrai d'abord aux pages de la chambre du roi. Après quatre ans, les réformes, les circonstances, me firent passer à ceux de la grande écurie; je puis donc parler de l'un et l'autre service, aussi bien que du gouvernement intérieur de cet établissement, qui n'était pas une des choses les moins curieuses à observer.

Les pages de la chambre étaient au nombre de huit. Leur service, borné à l'intérieur du château, ne demandait ni taille ni force; aussi y entrait-on très-jeune, et j'en ai connu qui y étaient arrivés à neuf ans. Deux gouverneurs et un précepteur étaient chargés de surveiller leur éducation; et, grâce à leur petit nombre, cette éducation était bien supérieure à celle que recevaient les pages des écuries, laquelle, je dois le dire, laissait beaucoup à désirer.

Autrefois, c'étaient les premiers gentilshommes de la chambre qui avaient la direction des pages; chacun d'eux en avait six qui ne servaient que pendant une année. Mais, en 1784, on reconnut que ce mode de service avait plus d'un inconvénient, tant sous le rapport de l'éducation que sous celui de la dépense; on réduisit donc le nombre des pages à huit; mais on les rendit permanents, et, au lieu de les loger, comme auparavant, dans les hôtels des premiers gentilshommes auxquels ils étaient attachés, on leur en assigna un particulier, rue de l'Orangerie.

Il fallait, pour être reçu page, prouver au moins deux cents ans de noblesse directe, et avoir une pension de six cents livres destinée aux menues dépenses. Alors, les parents étaient délivrés de toute sollicitude : habillement, nourriture, maîtres, soins pendant les maladies, tout était fourni avec une magnificence vraiment royale.

Un seul habit de page de la chambre coûtait quinze cents livres; aussi était-il en velours cramoisi brodé en or sur toutes les tailles. Le chapeau était garni d'un plumet et d'un large point d'Espagne. Ils avaient, de plus, un petit habit en drap écarlate, galonné en or et argent.

Le service des pages de la chambre consistait à se trouver au grand lever du roi, à l'accompagner à la messe, à l'éclairer au retour de la chasse, et à assister au coucher pour lui donner ses pantoufles. Je décrirai plus tard la manière dont se faisait ce service tout à fait singulier, car il était unique de faire veiller deux enfants pour donner une pantoufle. Mais, si le prince, sous prétexte d'intérêts particuliers, s'était relâché sur quelques points, on aurait bientôt vu s'évanouir toute la majesté qui doit entourer le trône et le souverain.

L'esprit réformateur du cardinal de Brienne n'oublia pas les pages. Quarante pages de la petite écurie et les deux de la vénerie disparurent de Versailles, en attendant que la Révolution vînt ensuite détruire les autres établissements de ce genre. Il ne resta que la grande écurie, qui vit ses cinquante pages chargés du service de toute la cour, même de celui des pages de la chambre qui, malgré leur petit nombre, n'échappèrent pas à la culbute; et notre jeunesse nous fit incorporer tous à la grande écurie.

Il me serait très-difficile de bien peindre cette bruyante réunion, et de caractériser l'espèce de gouvernement qui y régnait. L'autorité des anciens sur les nouveaux en faisait une espèce d'oligarchie; mais la dureté de cette autorité, la soumission profonde qu'il fallait lui montrer, la faisaient approcher du despotisme, tandis que la licence qui régnait parmi les membres de cette petite société, et le peu de respect qu'ils professaient pour le gouverneur, présentaient le spectacle d'une république, si ce n'est même d'une anarchie complète. Aussi, malgré les nombreux maîtres et professeurs qu'on y avait, l'éducation était nulle. Malheur à celui qui n'y apportait pas le goût de s'instruire ! Il en sortait bon danseur, tirant bien les armes, montant bien à cheval ; mais il en emportait des mœurs passablement relâchées, et beaucoup d'ignorance. Ce qui pouvait compenser un peu ce mauvais côté, c'était un caractère excellent et plié à tout par la sévère éducation que les nouveaux recevaient des anciens.

Je parlerai d'abord du superbe logement qui nous était affecté ; ensuite du service, et je finirai par les usages de notre intérieur, usages réglés par des lois plus sacrées que si elles eussent été gravées sur le marbre et l'airain, puisqu'elles étaient soutenues de l'autorité transmise aux anciens, de race en race, depuis un temps immémorial.

Tout le côté gauche de la grande écurie formait notre logement. On voyait, au rez-de-chaussée, une chapelle très-jolie, une grande salle d'exercices, les offices, les cuisines, et la salle à manger où étaient deux billards. Cette dernière pièce, vaste et assez sombre, dont la voûte massive reposait sur quatre piliers, était éclairée par des lampes et devait ressembler par son aspect, et surtout par le bruit qu'on y faisait, à la caverne de Gil Blas. La chère y était au moins aussi bonne. Nous étions répartis en quatre tables ; et, pour la nourriture, la lumière et le feu de trois ou quatre poêles, le roi donnait au maître d'hôtel quatre-vingt mille francs par an.

Au premier étage, dans une vaste galerie, se trouvaient disposées, sur deux lignes égales, les cinquante chambres où nous logions, toutes peintes en jaune vernissé et meublées uniformément. Comme ces chambres n'allaient qu'à la moitié de la hauteur de l'étage, il régnait, au-dessus, une espèce de galerie disposée comme des loges au spectacle, et servant de garde-meuble. Quatre poêles énormes étaient placés aux extrémités, et leurs tuyaux, passant au-dessus des chambres, y distribuaient une chaleur suffisante. Au fond de la galerie, une grande salle, bien chauffée, servait pour les études. Les deux sous-gouverneurs, le précepteur et l'aumônier avaient leurs appartements dans les mansardes, où se trouvait aussi la lingerie. Le gouverneur occupait le pavillon, sur la place d'armes. Là était placée notre bibliothèque, ouverte deux heures par jour, pour y changer les livres et y lire les papiers publics. On y trouvait aussi une collection de cartes géographiques, de rondes bosses à dessiner et d'instruments de physique.

Les pages de la grande écurie avaient pour uniforme la livrée du roi, c'est-à-dire des habits bleus couverts de galons en soie cramoisi et blanc. Mais dix-huit d'entre eux, au choix du grand écuyer chargé du service à cheval, avaient des habits bleus galonnés en or, veste et culotte rouges. Les poches, en travers ou en long, distinguaient la grande de la petite écurie.

Autrefois, la grande écurie n'avait d'autre service que d'éclairer le roi au retour de la chasse, et de le conduire à la messe; et le premier page tenait l'étrier droit quand il montait à cheval. Mais, depuis la réforme de la petite écurie, les pages de la grande en eurent aussi le service. Deux d'entre eux, quand les princesses sortaient, les précédaient toujours, avec un troisième, de ceux qui étaient galonnés, et qu'on appelait *surtout*, pour porter la queue de la robe; ils accompagnaient à cheval, quand les princesses sortaient en voiture.

Quand le roi allait à la chasse au tirer, tous les *surtouts* devaient être au rendez-vous. Ils quittaient leurs habits pour prendre de petites vestes de coutil bleu et des guêtres de peau, et se tenaient, chacun avec un fusil, derrière le prince, qui, ayant tiré, prenait une autre arme, tandis que la première, passant de main en main, arrivait à l'arquebusier qui la rechargeait. Pendant ce temps, le premier page faisait ramasser le gibier et en tenait un compte exact sur de petites tablettes; et, aussitôt la chasse finie, il se rendait dans le cabinet du roi qui lui en ordonnait la distribution. Ce qui restait était pour lui. On pense bien que cette place était très-agréable; car, outre l'avantage qu'elle offrait de se livrer à un travail particulier avec le roi, comme l'aurait fait un petit ministre, Louis XVI tuant à chaque chasse quatre ou cinq cents pièces, il en restait beaucoup au premier page. On nous distribuait aussi, en ces occasions, douze bouteilles de vin de Champagne.

Les jours de grandes cérémonies, les pages montaient sur la voiture à deux chevaux; et quand le roi ou les princes voulaient envoyer savoir des nouvelles de quelqu'un, ou complimenter sur un événement de famille, c'était un page, suivi du palefrenier, qui était chargé de cette commission.

À l'armée, les pages devenaient les aides de camp des aides de camp du roi, et apprenaient, à la source du commandement, à commander un jour. Ils portaient aussi les armes du monarque quand il était encore d'usage de se revêtir d'une cuirasse. Tout page sortant, au bout de trois ou quatre ans, avait le droit de choisir une sous-lieutenance dans un corps; et les premiers pages de la chambre du roi, des écuries et de la reine, avaient une compagnie de cavalerie et une épée.

La hiérarchie des pages, dans leur intérieur, se partageait en trois degrés : Les *anciens*, qui avaient pouvoir absolu sur les nouveaux au bout de deux ans. Les *seconde-année*, espèce de mixtes, nommés *sémis*, qui n'étaient point commandés et qui ne pouvaient se faire obéir, mais que, à la moindre faute envers les seigneurs *anciens*, on faisait mettre par les nouveaux sous huit robinets qui versaient abondamment de l'eau dans une cuve de marbre de la salle à manger. La première année se passait dans le noviciat de la *nouveauté*, noviciat des plus rudes. L'obéissance la plus entière et la plus passive était la première qualité d'un nouveau; et bien des jeunes gens arrivant de leur province, peu pénétrés de ce principe, étaient reçus de manière à en être bien vite persuadés. Un nouveau n'avait rien à lui; toujours prêt à obéir au moindre signe, obligé de prévenir même les intentions de son ancien, chacune des fautes qu'il commettait, même involontairement, était aussitôt punie, soit par arrêts plus exactement observés que ceux que prescrivaient les gouverneurs, soit par des pages de grammaire allemande qu'il fallait copier, soit enfin par des férules nommées *savates*, du nom de l'objet qui servait à les appliquer. Car aucun des termes admis dans un collége n'était en usage parmi nous. Les mots : sortoirs, réfectoires, classes, étaient scrupuleusement remplacés par ceux de corridors, salle d'étude, etc.; les prononcer, c'eût été compromettre sa tranquillité ; et un nouveau ayant appelé son camarade « son compagnon » en conserva le nom tout le temps de son service.

Bien des gens blâmaient cette sévérité des anciens à l'égard des nouveaux ; on la regardait comme cruelle. Elle fut, à la vérité, quelquefois poussée à l'excès ; mais exercée modérément, comme je l'ai vue, elle était d'un très-bon effet ; et jamais un page n'est entré dans un régiment sans y être bien vu et chéri de tous. D'ailleurs, la *nouveauté* existait depuis longtemps ; elle était connue et approuvée de tous les chefs, dont beaucoup avaient été pages, et en avaient, par conséquent, fait l'expérience. Les épreuves que l'on faisait subir aux nouveaux surpassaient autrefois tout ce que la franc-maçonnerie offre de plus terrible. M. de la Bigne, écuyer du manége, page il y a bien cinquante ans, portait encore sur une fesse la marque d'un éperon brûlant qu'on lui avait appliqué. Je suis loin d'approuver de pareilles cruautés; mais ce qui est incroyable, c'est qu'un ancien et un nouveau qui se retrouvaient ensuite égaux dans le monde étaient, malgré cela, bons amis.

De mon temps, la nouveauté se bornait à l'obéissance la plus exacte et à une distinction de rang qu'entraîne toujours l'ancienneté.

La grande liberté dont on jouissait à la grande écurie, les faibles études que l'on y faisait, l'esprit d'indépendance qui s'y transmettait d'âge en âge, tout cela contribuait à rendre la conduite de ces jeunes gens fort peu régulière. La prison, les arrêts, n'étaient que momentanés; l'esprit de corps restait; et il aurait fallu une grande sévérité pour y introduire une réforme. Trois heures de leçon le matin, et deux l'après-dîner, voilà les seuls instants où l'on ne pouvait se répandre dans la ville; hors de là, on pouvait courir partout jusqu'à neuf heures et demie, heure du souper. On comprend ce qui devait résulter d'une pareille licence, que je trouvais très-douce alors, mais que je ne saurais approuver aujourd'hui.

On disait la messe dans la chapelle, tous les jours; et deux capucins, du couvent de Meudon, étaient chargés des prédications et de la direction de nos consciences. — Quelles consciences, grand Dieu! — Mais si l'on n'était pas très-ardent à aller confier aux révérends pères les peccadilles dont on se sentait coupable, on l'était un peu plus à écouter les leçons que nous donnait l'un d'eux, le père Chrysologue, célèbre astronome, dont les ouvrages sont aujourd'hui publiés sous son véritable nom : M. de Gy.

Les matinées étaient consacrées au manége, où se réunissaient tous les pages de Versailles. C'était, sans contredit, le plus fameux de l'Europe, tant par la beauté des chevaux que par le talent des écuyers. Le nombre de ces chevaux, qui était de deux cent quarante à mon arrivée, fut réduit ensuite à cent. Ils étaient tous de la plus grande beauté, et servaient dans les cérémonies. Naturellement difficiles, peu accoutumés au soleil, animés par le bruit, ils faisaient souvent le désespoir de leurs cavaliers. Pour leur service ordinaire, les pages avaient un rang de vingt à trente chevaux légers à la course. Il me serait difficile de dire combien le roi avait de chevaux; mais je crois que, avant toutes les réformes, le nombre en allait bien à trois mille. Les chevaux de monture étaient à la grande écurie et ceux d'attelage à la petite. Le grand écuyer de France était Charles de Lorraine, appelé en France prince de Lambesc, parce que la souveraineté de cette maison n'y était pas reconnue, et qu'on lui refusait le titre d'Altesse. Le prince de Lambesc, aujourd'hui général autrichien, était un très-bon militaire, ferme, même dur, mais nullement féroce, comme les révolutionnaires ont voulu le montrer. C'était un des meilleurs écuyers de France. Dès cinq heures du matin, même en hiver, il était au manége que l'on faisait éclairer, à monter ou dresser des chevaux, et à donner des leçons. C'est lui qui m'a donné mes premières instructions ; en termes de l'art, c'est lui qui m'a fait ma longe. Depuis la suppression de la charge de connétable, le grand écuyer en faisait les fonctions. Il était alors vêtu de drap d'or, et portait l'épée royale dans un fourreau violet semé de fleurs de lis d'or.

Outre la beauté des chevaux, on allait admirer encore, à la grande écurie, le garde-meuble où l'on conservait toutes les selles de cérémonies, et une multitude d'anciens harnais et d'armes qui avaient autrefois servi dans les tournois.

On conservait parmi les pages, depuis plus d'un siècle, un petit poëme fait par M. de Cadrieux, page sous Louis XIV. Ce petit ouvrage, écrit d'une manière aussi légère que plaisante, contenait les usages établis parmi les pages, les règlements et l'emploi de la journée. Le caractère de chaque page y était tracé avec originalité. J'y avais fait quelques changements que le temps avait rendus nécessaires, et substitué le portrait des pages de mon temps ; mais cette copie s'est trouvée perdue dans mes voyages, et je la regrette souvent.

Les pages de la reine, au nombre de douze, étaient vêtus de rouge, galons en or. Monsieur et M. le comte d'Artois avaient chacun quatre pages de la chambre, douze aux écuries ; et leurs épouses, huit. Ceux de Monsieur et de Madame étaient aussi en rouge et or. Les pages de la chambre étaient habillés de velours brodé ; les différences de la pose du galon faisaient la distinction que les couleurs ne faisaient pas. Tous ces pages avaient aussi leurs gouverneurs et, comme nous, des maîtres de mathématiques, d'allemand, de dessin, de danse, d'armes, de voltige, d'exercice, de connaissance du cheval, sans parler des leçons du précepteur. On voit que si l'éducation n'y était pas bonne, ce n'était pas faute de moyens.

Cette réunion de pages, au manége, à la comédie, provoquait souvent des querelles et des duels d'autant plus dangereux qu'on se servait de fleurets aiguisés qui, par leur forme carrée, aggravaient la blessure. Toutefois, pendant près de six ans que j'ai habité Versailles, aucun page n'y est mort, ni de maladie, ni autrement. Un chirurgien, logé rue du Chenil, avait l'entreprise de recevoir chez lui les pages de la grande écurie malades. Comme on y était très-bien, on allait à cette infirmerie sur le plus léger prétexte. Le roi payait, chaque jour, cinq francs pour chaque page; et les remèdes prescrits par nos médecins venaient de l'apothicairie de la cour.

Une chose singulière, c'est que l'on choisissait souvent le jardin ou une des chambres de cette maison pour vider ses différends. On y était au moins à portée des secours.

Dans l'hiver de 1790, une difficulté s'éleva entre les pages du roi et ceux des princes. Il fut décidé qu'on laisserait s'écouler le temps du carnaval, pour ne point interrompre les plaisirs de cette époque, et que, sous le prétexte d'une partie de barres, on se réunirait le mercredi des Cendres à la porte Saint-Antoine, sur la route de Marly, et que chacun se mesurerait alors avec l'adversaire qu'il avait choisi. Le rendez-vous eut lieu au jour dit. Déjà trois ou quatre étaient blessés, lorsque M. de Labesse, page de madame la comtesse d'Artois, connu depuis sous le nom de Branche-d'Or dans la guerre des chouans, fut si grièvement atteint sous le poumon, par M. de Montlezun, qu'on ne s'occupa plus que de le reporter à Versailles, où il fut saigné dix-sept fois. L'affaire s'étant ébruitée, les gouverneurs s'assemblèrent et tâchèrent de dissiper l'acharnement où l'on était et de ramener la paix.

Ces souvenirs étant destinés à récréer le déclin de mes jours, je me plais à donner ici les noms des pages avec lesquels j'ai été élevé.

PAGES DE LA CHAMBRE.

1785.

De Guebeneuc, Breton, massacré à Rennes dans les premiers troubles. — Du Rumain, Breton, chef d'escadron de gendarmerie en 1817. — Boisé, du Bourbonnais. — Du Blaisel, passé au service de l'Autriche. — Tromelin, Breton; sa devise était l'anagramme de son nom : *Nil metuo*. — Sainte-Hermine, d'Angoulême. — De Bigny, de Bourges, tué à Quiberon, au service de l'Angleterre. — Montleau, d'Angoulême, officier aux gardes, émigré, puis comédien à Hambourg jusqu'à sa rentrée en France.

1786 et 1787.

Tromelin. — Sainte-Hermine. — De Bigny. — Montleau. — Le chevalier de Guebeneuc, Breton. — De Molans, de la Franche-Comté. — D'Hésecques, de la Picardie. — Noaillan, de Bordeaux, officier aux grenadiers à cheval en 1814.

1788.

Sainte-Hermine. — De Bigny. — Le chevalier de Gueheneuc. — De Molans. — D'Hésecques. — Noaillan. — L'Espine, d'Avignon. — Bonnay, de Nevers, fils du pair.

1789.

De Bigny. — De Molans. — D'Hésecques. — Noaillan. — L'Espine. — Bonnay. — Boucher, d'Orléans. — La Roque, du Périgord.

Le 1ᵉʳ janvier 1790, les pages de la chambre furent supprimés et réunis à ceux de la grande écurie.

PAGES DES ÉCURIES.

1790.

Premiers.

Du Poërier, de Valognes. — Chamissot. — Saint-Pol. — Bernetz, chef vendéen, conseiller de préfecture à Évreux. — Sailly, premier page de la reine.

Anciens.

Lastours, premier écuyer de Madame en 1814. — Saubnac. — Vaillant. — La Tude, de Montpellier. — Vaugiraud, des Sables d'Olonne, chef des haras. — Du Dressier. — De Bigny. — Giverville, de la Normandie. — Nogent. — Saint-Aulaire. — D'Hésecques. — Noaillan.

Seconde année.

Diensie. — Sarrazin. — Boisfremont, peintre renommé. — Montlezun. — Belatte, d'Angoulême. — Lougueval, mort jeune. — Chevalier de Saint-Pol. — Dartaize de Mekenem. — Biencourt. — Craudalle, de Picardie, mort à Bruges en 1793. — Bourgogne, de la Flandre. — Vauquelin. — Cantwel, de Paris, fils du traducteur de Gibbon. — Conseil. — Cacqueray, Normand, chef de Vendéens, tué,

— Chevalier de Chamissot, Champenois, préfet du Lot, destitué comme libéral. — Sir Henry Swinburn, Anglais. — Chavigny. — Bonnet de Bélon. — Le Douarin. — Salvert. — L'Espine, d'Avignon. — Boucher. — La Roque, du Périgord, officier d'état-major.

Nouveaux.

D'Apchier. — Blocqueville, Normand, chef d'escadron en 1821. — Grignou, du Poitou, chef de chouans, fusillé en 1799. — D'Aubert. — D'Hosier, de Paris, condamné à mort dans la conjuration de Pichegru et Moreau; a eu sa grâce. — Dampierre. — Perdrauville. — Bonnechose.

1791.
Premiers.

Saint-Pol. — Bernetz. — Saubnac. — Vaillant. — Vaugiraud, page de la reine.

Anciens.

Lastours. — Dieusie. — Sarrazin. — Montlezun. — Belatte. — Longueval. — Saint-Pol. — Dartaize. — Biencourt. — Crandalle. — Bourgogne. — Vauquelin. — Cantwel. — Conseil. — Cacqueray. — Chamissot. — Sir Henry Swinburn. — Chavigny. — Bonnet de Bélon. — Le Douarin. — Salvert. — L'Espine. — Boucher. — La Roque.

Seconde année.

D'Apchier. — Bloqueville. — Grignon. — D'Aubert. — D'Hosier. — Dampierre. — Perdrauville. — Bonnechose.

Nouveaux.

D'Albignac. — Chevalier de Lastours. — Turpin. — La Roche-Quierry. — Kerhoent, Breton. — Collins, Flamand; son cadet fut l'un des pages de Bonaparte. — Péronin. — Marsangy.

1792.
Premiers.

Saubnac. — Vaillant. — Bourgogne. — Chamissot. — Salvert, de la reine.

La Révolution et les décrets sur la noblesse firent qu'on ne remplaça pas les pages qui sortaient à cette époque. La chute du trône, la captivité du roi et le danger que couraient tous ceux qui lui avaient été attachés, mirent fin à cet antique établissement, et ceux qui restaient se dispersèrent.

On remarquera que le changement parmi les pages et l'arrivée des nouveaux avaient lieu, pour la grande écurie, le 1er avril, tandis que les autres pages se renouvelaient le jour de l'an.

CHAPITRE II

LES GARDES

> Il y a quatre ou cinq siècles qu'un roi de France prit des gardes, contre l'usage de ces temps-là, pour se garantir des assassins qu'un petit prince d'Asie avait envoyés pour le faire périr. Jusque-là, les rois avaient vécu tranquillement au milieu de leurs sujets, comme des pères au milieu de leurs enfants.
> Montesquieu, *Lettres persanes*.

Malgré ces réflexions philosophiques de Montesquieu, on peut dire que l'institution des gardes auprès des rois est aussi ancienne que l'établissement des souverains eux-mêmes. Le gouvernement patriarcal fut le seul où, au milieu d'une grande famille, ces précautions durent être inutiles. Dès l'instant où l'augmentation de la population étendit les liens de la société, les mœurs se relâchèrent insensiblement, et les rois, protecteurs-nés des faibles, dispensateurs de la justice et des faveurs, durent se créer des ennemis, et par conséquent songer à se mettre à l'abri de la méchanceté et des rancunes des hommes que l'égoïsme rend toujours injustes.

Philippe-Auguste, durant le séjour qu'il fit dans la Terre-Sainte, établit, à la vérité, près de lui, des sergents d'armes, pour se mettre à l'abri des tentatives audacieuses du Vieux de la Montagne ; « et quant ledit roy ouït les nouvelles, si se doubta, forma et prist conseil de soy garder ; il eleut sergens à masses garnis et bien armés quy, nuict et jour, estoient autour de luy pour son corps garder. » Mais bien longtemps auparavant, Gontran, roi d'Orléans, voyant que ses deux frères avaient été tués, établit une grosse garde autour de sa personne, vers l'an 587. Et si cela entrait dans mon sujet, il me serait facile de rappeler, d'après Homère, qu'un soldat veillait à l'entrée de la tente d'Achille quand Priam vint le supplier. Mais je ne dois m'occuper ici que de la garde des rois telle que je l'ai vue et connue quelques années avant la Révolution. Je n'en parlerai même que postérieurement à la réforme de M. de Saint-Germain ; réforme qui n'eût point empêché la chute du trône, pas plus qu'elle ne l'a accélérée ; car ce qui l'occasionna, chacun le sait, ce ne fut point le défaut de défenseurs, ce fut et la sourde intrigue, et la trop grande bonté du monarque. A quoi ont servi, en effet, ces restes de troupes valeureuses ? Malgré leur imposante phalange, les marches du trône ont été brisées, les maîtres de l'empire renversés, et leurs têtes ont roulé sur l'échafaud. Car ce que la hardiesse n'a point osé entreprendre, de secrètes cabales l'ont opéré ; elles ont paralysé le bras de ces guerriers et émoussé le fer de leurs armes.

A mon arrivée à la cour, les gardes du corps seuls, avec une compagnie de cent Suisses et une compagnie de gardes de la porte, formaient toute la défense intérieure. Je n'y comprends point les gardes françaises et suisses, qui pouvaient être considérées comme une garnison et dont le service était extérieur.

Les gardes du corps étaient environ treize cents. Ils servaient par quartiers, et pendant leurs trois mois ils passaient alternativement une semaine au château, une à l'hôtel pour les chasses, et la troisième où ils voulaient. Ainsi, cent gardes du corps et quelques centaines de Suisses formaient toute la défense du palais.

Pour être reçu garde du corps il fallait avoir la taille et de plus être gentilhomme. Cette dernière condition n'était plus très-exactement suivie, car la noblesse préférait le service de l'armée à celui des gardes du corps, qui n'étaient que des soldats galonnés. C'était la noblesse pauvre, et surtout celle des provinces méridionales, qui fournissait le plus de sujets, mais non pas toutefois le plus d'officiers, car ces places étaient très-recherchées, tant à cause du grade que pour la facilité qu'elles donnaient de se faire connaître en approchant souvent du roi.

Ce corps était habillé de bleu ; veste, culotte et bas rouges ; le tout galonné d'argent. La richesse de l'uniforme, la beauté des hommes et des chevaux en faisaient une troupe remarquable; et quand, tous les quatre ans, le roi en passait la revue à la plaine du Trou d'Enfer, la magnificence du coup d'œil, encore augmentée par la présence de la cour et d'une foule énorme de spectateurs, était vraiment incomparable.

Le service des gardes du corps, au château, consistait à monter la garde aux portes des appartements, à prendre les armes quand les princes passaient, à garnir la chapelle pendant la messe et à escorter les dîners de la famille royale. Ils devaient connaître les ducs et pairs, car, à leur passage, la sentinelle devait porter les armes et frapper deux coups du talon droit. De même, cette sentinelle devait ouvrir la porte et ne pas la laisser ouvrir; mais l'on sent que le garde était lui-même très-aise qu'on l'exemptât de toutes ces fonctions.

Les gardes étaient répartis dans le château en quatre salles : la grande était au haut de l'escalier de marbre; on y prenait les factionnaires pour les appartements des princes; la seconde, qui tenait à la première, était la salle de la reine; la troisième était la salle du dauphin, et la quatrième était située au rez-de-chaussée, à droite de la cour de marbre, près le petit escalier par où le roi rentrait de la chasse. Tous les soirs on dressait des lits dans ces salles, et on les entourait de paravents depuis que la reine, femme de Louis XV, rentrant un jour très-tard chez elle, vit un garde couché dans une posture immodeste.

Les gardes du corps avaient rang de sous-lieutenants et de lieutenants, et les brigadiers celui de capitaines. Ils logeaient dans un vaste hôtel, rue Royale, où étaient les chevaux qu'ils montaient pour accompagner le roi, et qui étaient des coureurs très-lestes, à courtes queues. Les chevaux d'escadrons étaient dans les garnisons.

Des quatre compagnies qui formaient le corps des gardes, l'une se nommait *Écossaise*, du lieu de son origine ; elle occupait ce poste d'honneur depuis le temps de Charles VII, qui avait retenu à son service quelques hommes de cette nation. Elle portait une bandoulière blanche et argent, et sa garnison était à Beauvais. Les autres portaient le nom de leurs capitaines. C'étaient :

La compagnie de Villeroy, bandoulière verte, en garnison à Châlons-sur-Marne ; capitaines : le duc de Villeroy et le duc de Guiche ;

La compagnie de Noailles, bandoulière bleue, garnison à Troyes ; capitaine : le prince de Poix ;

Enfin, la compagnie de Luxembourg, en garnison à Amiens, bandoulière jaune, commandée par le prince de Luxembourg.

La compagnie écossaise était commandée par le duc d'Ayen.

Les charges de capitaines des gardes étaient des plus belles de la cour. Pendant leur quartier ils répondaient de la personne du roi ; et lors de la tentative d'assassinat faite sur Louis XV par Damiens, le capitaine de service dut, pour la forme, aller au parlement prendre des lettres de grâce. C'est depuis cet événement qu'une haie de gardes du corps et de cent Suisses entourait la voiture du roi quand il y montait. Une fois hors de ses appartements, le roi était constamment suivi de son capitaine des gardes, qui ne devait jamais le perdre de vue et ne point s'en laisser séparer, si ce n'est dans un défilé où l'usage voulait que l'écuyer passât le premier pour donner du secours en cas de besoin.

Le rang militaire du capitaine des gardes dépendait de celui qu'il avait dans l'armée et n'était pas fixé. Souvent, comme M. le duc de Guiche, il n'était que colonel, tandis que les lieutenants étaient maréchaux de camp, et les sous-lieutenants colonels ou lieutenants-colonels.

Plusieurs de ces officiers accompagnaient le roi quand il allait à la messe, et un sous-lieutenant commandait le piquet qui suivait la voiture du roi. L'uniforme avait en broderies ce que celui des gardes avait en galons; mais les officiers ne portaient point les bas rouges; ils avaient à la main une petite canne d'ébène avec une pomme en ivoire.

Je dois dire, dans l'intérêt de la vérité, que les gardes du corps furent de tout temps très-insubordonnés à leurs chefs. Leurs murmures, leurs querelles sur les honneurs à leur rendre, faisaient parfois oublier leur bravoure. Ils furent les premiers, au commencement de la Révolution, à donner l'exemple de la révolte, en allant demander tumultueusement la réintégration d'un brigadier mis à pied pour un mémoire séditieux présenté par lui contre le service qu'on exigeait des gardes. Et c'est tout au plus si leur conduite, le 6 octobre, a pu effacer cette atteinte à la première des vertus militaires : l'obéissance et la soumission aux chefs. Forcé par des circonstances particulières à servir dans ce corps, à Coblentz, j'en ai vu, sans partialité, les vices et les défauts, mon service n'y étant que momentané ; et je me suis convaincu que si c'était une des plus braves troupes de l'armée, c'en était aussi la plus orgueilleuse et la plus indisciplinée.

Huit gardes de la compagnie écossaise avaient le titre de *gardes de la manche;* aussi, deux d'entre eux, de service tous les jours, ne s'éloignaient pas, en public, de la manche du roi. Leur consigne était de ne pas perdre de vue un seul instant la personne du roi ; et on peut dire que le couvercle du cercueil pouvait seul la leur dérober, puisque c'était à eux à l'y placer, et à descendre le corps à Saint-Denis. Par-dessus leurs uniformes ils mettaient des hoquetons, espèces de tuniques couvertes de broderies d'or et d'argent relevées en bosses.

Lorsque Louis XI renouvela avec ses bons compères, les Suisses, les traités signés par son père Charles VII, il en voulut garder cent près de sa personne. De là l'origine de la compagnie des cent Suisses, qui continuaient à être pris parmi les plus beaux hommes du régiment des gardes suisses; aussi c'étaient tous des colosses. Fidèles à leurs mœurs et à leurs usages, ils portaient encore, les jours de cérémonie, l'antique costume des libérateurs de la Suisse : les larges hauts-de-chausses tailladés, le pourpoint, la fraise gaudronnée et la toque à plumets. Quand ce large bataillon s'avançait pesamment dans la cour royale, avec ses lourdes pertuisanes, au roulement d'énormes tambours, qui ne réussissaient pas à couvrir le son aigre d'un petit fifre, et précédé de son vieux drapeau qui remontait au temps d'Henri II, on croyait voir l'élite d'un canton allant conquérir la liberté contre l'oppresseur de la patrie. Hors ces jours de fêtes, les cent Suisses portaient un habit français bleu, galonné en or, et le reste de l'habillement en rouge ; mais ils conservaient leur hallebarde, avec laquelle ils montaient la garde dans différents postes, et dans leur salle, qui précédait celle des gardes du corps.

Le brave duc de Brissac, massacré à Versailles parmi les prisonniers d'Orléans, au mois de septembre 1792, commandait cette compagnie.

Les *gardes de la porte* gardaient, en effet, la principale grille de la cour royale, pendant le jour seulement. Ils ne l'ouvraient qu'à l'heure indiquée pour le lever du roi, ordinairement à onze heures et demie. Ils devaient connaître aussi ceux qui avaient le droit de faire entrer leur voiture dans cette cour. Cette faveur, qu'on appelait les honneurs du Louvre, était réservée aux princes, aux maréchaux de France et aux ambassadeurs. Les autres voitures s'arrêtaient dans les cours adjacentes. Sans pouvoir dire si c'était par suite de quelque négligence, ou toute autre cause, à la chute du jour, les gardes de la porte remettaient leurs postes aux gardes du corps.

M. de Vergennes était le capitaine de cette compagnie, qui était habillée comme les gardes du corps, à l'exception du galon, qui était moitié or et moitié argent.

Il y avait encore deux faibles compagnies de gendarmes et de chevau-légers, l'une habillée de rouge et noir, l'autre de rouge et blanc, galonnées en or. Elles étaient commandées, la première par le prince de Soubise, l'autre par le duc d'Aiguillon. Ces compagnies ne faisaient de service et ne montaient à cheval que dans les cérémonies; mais, tous les soirs, elles envoyaient un cavalier prendre le mot d'ordre, que le roi donnait, à neuf heures, aux officiers de tous les corps.

Le grand-prévôt de l'hôtel, le marquis de Sourches, commandait une compagnie de gardes chargés de la police. Outre ces moyens de sûreté, les Suisses du château faisaient des patrouilles dans les nombreux et obscurs détours des labyrinthes de l'intérieur; ils avaient avec eux des chiens barbets, dressés à fureter dans tous les coins, pour voir si personne ne s'y cachait. Sans ces précautions, cette multitude de corridors, de passages, d'escaliers, seraient devenus un repaire de voleurs.

Le régiment des gardes françaises, en garnison à Paris, et celui des gardes Suisses, caserné à Rueil et à Courbevoie, envoyaient tous les dimanches un fort détachement à Versailles. Les postes extérieurs leur étaient confiés; et quand le roi sortait, ils se mettaient en bataille dans la cour des Ministres. Leurs casernes étaient sous les bâtiments de cette cour, et dans de grandes baraques en planches figurant des tentes. Les officiers de ces corps avaient leurs entrées chez le roi, comme les gens présentés.

Je remarquerai ici qu'on disait, par abréviation, officiers des gardes, pour ceux des gardes du corps, et officiers aux gardes, pour ceux des gardes françaises.

Monsieur et M. le comte d'Artois avaient aussi, pour leurs appartements, chacun deux compagnies de gardes du corps, d'environ cent hommes, et une compagnie de Suisses. Les gardes de Monsieur étaient en rouge; ceux de M. le comte d'Artois, en vert. Ces gardes n'étaient armés que dans les appartements de leurs princes, et ne pouvaient paraître dans les cours du château avec leurs mousquetons, ni accompagner les princes dehors. De même, tous les gardes, sans en excepter ceux du roi, devaient, pour paraître dans les grands appartements, ôter leur bandoulière.

Il fallait toute la fermeté du vieux maréchal de Biron, pour maintenir, dans le régiment des gardes françaises, l'exacte discipline qu'il y avait ramenée. Son successeur, le duc du Châtelet, qui n'était pas exempt d'un certain esprit systématique, laissa ce régiment exposé à toutes les séductions que peut présenter une garnison comme Paris. Aussi ce corps fut-il le premier à abandonner son prince à l'époque du 14 juillet. Ceux qui se trouvaient à Versailles résistèrent encore quelques jours; mais, un matin, ils abandonnèrent leurs postes, et l'on fit venir le régiment de Flandres pour les occuper.

Les gardes du corps, après le 6 octobre, furent renvoyés dans leurs garnisons, et bientôt licenciés. Le roi voulait les sauver; d'ailleurs, du moment qu'il se livrait lui-même à ses bourreaux, ses gardes lui devenaient inutiles.

Les cent Suisses, oubliant l'antique fidélité de leurs ancêtres, baisèrent les mains de ceux qui les opprimaient et cédèrent leur poste d'honneur à la garde parisienne. Peu dangereux, et non sans reproches, on les laissa subsister jusqu'au renversement du trône.

Quant à leurs compatriotes, ils restèrent à leur poste, fermes et inébranlables, comme le roc de leurs montagnes : le canon du 10 août put seul les en chasser; et ce ne fut, on le sait, qu'après qu'ils eurent arrosé de leur sang le pavé des Tuileries.

CHAPITRE III

VERSAILLES

> J'ai visité les lieux qui furent le théâtre de tant de splendeurs, et je n'y ai vu qu'abandon, que solitude.
>
> Volney, *les Ruines.*

Si chaque saison amène un changement dans la nature, de même les révolutions et les siècles en amènent dans les ouvrages des hommes ; chaque génération transforme ou détruit les œuvres de celle qui l'a précédée. Qu'eût dit Louis XIII, si, moins de cinquante ans après sa mort, il eût pu voir son petit rendez-vous de chasse, le chétif château de Versailles, comme l'appelait Bassompierre, transformé en un immense palais ; le village devenu une ville considérable, et tous les arts se réunissant pour embellir ces lieux et y donner ces magnifiques fêtes qui, en réalisant tous les prodiges de la féerie, attestaient le goût et la puissance de Louis XIV?

Mais qu'aurait dit ce grand roi lui-même, s'il eût vu ce château, construit à tant de frais, où l'art avait forcé la nature, abandonné, désert; ses maîtres arrachés de leur asile; l'herbe croissant dans les rues; le lierre se faisant un passage dans la pierre et le marbre; quelques invalides occupant son alcôve, et cachant, sous leurs haillons, les lambris dorés de la demeure des rois, les chefs-d'œuvre du grand siècle?... Les projets des hommes sont écrits sur le sable; leurs travaux ont des fondements d'argile.

Louis XIII acheta l'emplacement d'un moulin, situé sur une élévation, pour y bâtir un petit château, simple rendez-vous de chasse. Ce fut Jean de Soisy qui lui en fit la vente, en 1627, sans être seigneur du village, qui dépendait alors de l'évêque de Paris, après avoir été le patrimoine de Martial de Loménie, greffier du conseil de Charles IX, et tué au massacre de la Saint-Barthélemy. Louis XIV, qui aimait les arts et que n'effrayaient point les difficultés, choisit cet endroit pour en faire la demeure des rois, abandonnant l'heureuse position de Saint-Germain, parce que la vue des tours de Saint-Denis, que l'on découvrait de là, l'attristait. Telle fut au moins l'une des raisons que l'on prêta au monarque, lorsqu'il choisit un lieu si ingrat, si marécageux, et où il eût été si difficile de rassembler tant de belles eaux sans le secours de l'ingénieuse machine de Marly. Malgré tant d'obstacles, le palais s'éleva avec une rapidité incroyable. En moins de sept années, la plus grande partie se trouva achevée, et il fut habité en 1687. La chapelle ne fut terminée qu'en 1710; elle était commencée depuis 1699. Mais la vieillesse et les tracas d'une guerre malheureuse avaient déjà fait perdre à Louis XIV une partie de son activité et de son goût pour la magnificence.

On ne tarda pas à voir l'effet de la célérité qu'on avait apportée à la construction de ce palais; car, loin de résister avec opiniâtreté aux efforts du temps, moins d'un siècle après sa construction, il menaçait déjà de s'écrouler en plusieurs endroits. Les fondements, posés sur des terres rapportées, n'avaient pas assez de solidité, et bien des parties du bâtiment étaient déjà étayées. J'ai vu aussi la poutre qui supportait l'alcôve du roi tomber en pourriture; et si on ne s'en était pas aperçu, le roi aurait pu, une nuit, se trouver au rez de chaussée, chez son capitaine des gardes. On lui dressa un lit dans le grand cabinet, où il coucha plus de six mois.

Le chiffre des dépenses faites au château de Versailles fut longtemps un prétexte de la guerre déclarée à l'ancienne dynastie. Mirabeau prétend que le maréchal de Belle-Isle s'arrêta, effrayé, quand il eut compté jusqu'à douze cents millions. Volney, d'après un manuscrit qui était déposé chez le surintendant des bâtiments, en fixe le montant à quatorze cents millions. Mais ce livre, aujourd'hui dans les mains du sieur Guillaumot, manuscrit bien relié en maroquin, doré sur tranche, avec un cartouche aux armes de Mansard, alors surintendant des bâtiments, arrête la dépense à la somme de 153,282,827 liv. 10 s. 3 d. On a de plus le compte des dépenses des travaux de construction pendant vingt-sept années du règne du grand roi, depuis 1664 jusqu'à 1690; et il prouve qu'on n'a dépensé que 306,565,650 livres, tant pour la construction du château de Versailles que pour celle des églises de Notre-Dame et des Récollets, le château de Trianon, Clagny, Saint-Cyr, Marly et sa machine, Noisy, Moulineaux, l'aqueduc de Maintenon, le plomb des conduits, les glaces, meubles, statues, le canal de Languedoc. Dans cette somme se trouvent même compris les secours accordés aux manufactures de provinces et gratifications aux savants.

Je ne m'attacherai point à faire une description bien minutieuse du château et de ses jardins; je parlerai seulement de l'intérieur, qui devra subir de grands changements, si la dynastie nouvelle va s'y établir. Un des grands reproches qu'on peut faire au château de Versailles, c'est qu'il n'a point une entrée digne du monument. Une multitude d'angles rentrants, finissent, du côté de la cour, par réduire la façade à sept croisées; et, en cela, on n'a eu pour but que de conserver le petit château de Louis XIII. La façade, du côté des jardins, est bien supérieure; et, sur une étendue de trois cents toises, il est difficile de rien voir de plus majestueux.

La véritable entrée des appartements était par le superbe escalier de marbre; mais, outre qu'on y arrive sur le côté et par trois arcades étroites, il ne conduit qu'aux antichambres du roi, et l'on ne pénètre dans la galerie que par une porte du milieu ; de sorte que l'on entre chez le roi sans avoir joui de la beauté des grands appartements. La véritable place du grand escalier, à Versailles, serait dans l'emplacement de la petite salle de spectacle, dans l'aile à droite, d'où il pourrait communiquer au salon d'Hercule; alors une ambassade, une députation solennelle arriverait par la cour royale, monterait cet escalier, et traverserait tous ces beaux appartements avant d'entrer chez le souverain ; à moins qu'il ne la reçût, comme Louis XIV reçut l'ambassadeur de Perse, à l'extrémité de la grande galerie, où toutes les autorités de l'État trouveraient à se placer. Je ne m'étendrai pas davantage sur cette idée susceptible de plus de développements.

Il y a peu de personnes qui ne connaissent le château de Versailles, lequel forme, depuis quelques années, un vaste musée de peintures. On arrivait autrefois chez le roi par l'escalier de marbre ; on traversait la salle des gardes, l'antichambre, l'Œil-de-Bœuf, et enfin la chambre de parade. Mais ceux qui n'avaient pas le droit de rester dans les appartements du roi, passaient de suite dans la galerie, une des plus belles qui soient en Europe, et où le pinceau de Le Brun a consigné les victoires de Louis XIV, tandis qu'un nombre infini de portes de glaces répètent la perspective des fenêtres dominant les jardins. C'était dans cette galerie que tous les étrangers qui venaient des extrémités de la France pour voir leur souverain une fois dans la vie, se plaçaient pour attendre l'instant où toute la famille royale sortait, le dimanche, des appartements du roi pour aller à la messe, et traversait les huit salons qui y conduisaient.

Toutes ces pièces avaient leur nom d'après les sujets de peinture représentés aux plafonds : c'étaient le Salon de Diane, de Mercure, de Mars, etc. Comme ils servaient de passage plutôt que d'appartements, les Suisses seuls y séjournant, ils n'avaient d'autre décoration que les peintures, les lustres et les dorures.

Dans le premier salon en tournant à droite, celui d'Apollon, était un trône sous un dais de damas cramoisi, mais qui ne servait jamais. Il était très-rare que le roi donnât des audiences du haut du trône, et ce n'était jamais sous celui-là. Dans cette même pièce était attaché, à la fenêtre, un thermomètre de cristal, où le roi venait, plusieurs fois par jour, constater les degrés de la température. En outre, un garçon du château en prenait note sur son registre trois fois le jour.

Dans le salon de Mercure, on voyait une pendule, célèbre autrefois, moins curieuse aujourd'hui que la mécanique a fait des progrès si rapides. A chaque heure, des coqs chantaient en agitant leurs ailes. Louis XIV sortait d'un temple, et la Renommée, dans un nuage, venait couronner le monarque au bruit d'un carillon.

Dans le salon de Mars, on avait placé ce beau portrait de la reine, par madame Lebrun, dont j'ai déjà parlé. Je vis un jour la reine avec sa famille sous ce tableau ; elle était habillée des mêmes couleurs, et nous pûmes juger de la parfaite ressemblance.

Dans la salle de Vénus, on voyait la statue antique vulgairement appelée Cincinnatus, et reconnue pour être Jason remettant sa chaussure après avoir passé le torrent Anauros. Elle se trouve maintenant au musée Napoléon.

Cette longue enfilade de pièces était terminée par le salon d'Hercule, l'un des plus beaux et des plus vastes que l'on connaisse. On pénétrait de là dans le vestibule de la chapelle où était la porte de la tribune et celle des deux escaliers qui conduisaient dans le bas. Ensuite, on trouvait la galerie de la chapelle qui menait aux appartements de cette aile du château, occupée par les princes du sang et quelques grands officiers.

On peut comparer le château de Versailles à un vaste labyrinthe par la quantité de galeries, de corridors, de petits escaliers et d'appartements qu'il renferme. Il fallait en avoir une grande habitude pour s'y reconnaître ; et bien des petites villes n'avaient pas la population du château de Versailles, car, aux personnes de la cour qui l'habitaient, il fallait joindre toutes celles que renfermait le grand commun, vaste bâtiment carré où logeaient la plupart des officiers du roi, et où se trouvaient les tables qui servaient à ces officiers lorsqu'il était d'usage de les y nourrir, usage aboli depuis quarante ans.

9

Le terrain à droite et à gauche du château s'abaissait sensiblement. On s'en apercevait surtout du côté de l'Orangerie, aux deux gigantesques escaliers qui ne comptent pas moins de cent quatre marches. L'exposition plus aérée, la vue plus étendue dont on jouit de ce côté, faisaient que toute la famille royale y logeait de préférence. Il y avait aussi bien des seigneurs de la cour qui y habitaient. Quoique les appartements qu'ils y occupaient fussent sombres et incommodes, étant situés sous les combles, ils les trouvaient toujours plus agréables, pour passer quelques jours à la cour, que les hôtels qu'ils avaient en ville. Obligés par leur charge d'être au château plusieurs fois le jour, ils n'avaient que ses galeries à traverser, sans être obligés de faire atteler leurs équipages qui restaient, ainsi que leurs cuisines, dans leurs hôtels.

La partie des logements était du ressort du grand maréchal des logis, dont la charge remontait aux premiers temps de la monarchie, où on l'appelait *mansionarius*, et qui était alors le marquis de la Suze. Il avait sous lui des maréchaux des logis qui, à l'armée ou en voyage, marquaient les logements du roi et de sa suite avec de la craie blanche, tandis que les logements des princes l'étaient avec de la craie jaune. Quand un logement était vacant dans le château de Versailles, il donnait lieu à une série d'intrigues et de sollicitations; c'était à qui l'obtiendrait.

Les quatre ministres avaient leurs logements dans la première cour, mais leurs bureaux étaient placés dans des hôtels situés rue de la Surintendance. À l'hôtel de la guerre étaient les plans en relief de toutes les forteresses de la France. C'était M. Berthier, père du prince Alexandre de Neufchâtel, qui en était le gouverneur. A l'hôtel des affaires étrangères, on voyait tous les portraits des souverains de l'Europe et de ceux de l'Asie avec qui la France était en relations.

Je ne parlerai pas des jardins de Versailles, qui existent encore et qui ont subi peu de modifications. On leur a néanmoins enlevé quelques statues, notamment le beau terme de Jupiter, attribué à Myron, célèbre statuaire grec, et qui fut donné à Louis XIV par la ville de Besançon, après la conquête de la Franche-Comté. On le voyait dans un bosquet, à droite du rocher; il est maintenant au musée de Paris.

Comme les voitures n'entraient pas dans la cour royale, sauf celles des princes, et que la grande quantité d'équipages aurait fait confusion, les chaises à porteurs étaient fort en usage à Versailles. On en trouvait à louer sur toutes les places publiques, et les grands seigneurs en avaient avec des porteurs à leurs livrées. Les princesses s'en servaient aussi pour aller à la messe et éviter de traverser à pied des galeries froides et humides.

La ville de Versailles s'agrandissait tous les jours. Nouvellement bâtie, elle présentait de fort belles maisons, mais point de commerce. La cour seule et le monde qu'elle y attirait faisaient vivre cette immense population. Et qui croirait que sur aucun point de la France le feu de la Révolution ne se développa avec autant de fureur que parmi ce peuple, qui ne subsistait que des bienfaits de la cour, ou par les places qu'elle y occupait? L'heure du départ du roi fut celle de la ruine de cette ville; la misère vint aussitôt y établir son empire. Quel contraste pour celui qui vit autrefois l'éclat et la richesse de cette cité, et qui voit à présent l'herbe croître dans ses rues et dans ses places publiques! Quelques mendiants, anciens serviteurs ingrats des meilleurs des maîtres, vous entourent, vous persécutent pour vous faire visiter et vous montrer les restes de tant de grandeur, et obtenir de de vous quelque secours dans leur dénûment. Tout s'écroule. Les grilles arrachées rappellent des forfaits; les restes de magnificence qu'on aperçoit sont un souvenir douloureux de la splendeur de ces lieux. On cherche où sont les maîtres de ces vastes domaines, et l'on frémit en pensant qu'ils ont disparu avec la rapidité de l'éclair, ne laissant après eux qu'un souvenir douloureux et une puissante leçon, et l'on redit alors avec l'auteur des *Ruines* : « Ici fleurit jadis une ville opulente, ici fut le siége d'un empire respecté; oui, ces lieux maintenant si déserts, jadis une multitude vivante animait leur enceinte. Une foule active circulait dans ces routes aujourd'hui solitaires; en ces murs où règne le silence retentissaient sans cesse le bruit des arts et les cris d'allégresse et de fête.

« Ce sont les décrets d'une justice céleste qui s'accomplissent. Un Dieu mystérieux exerce ses jugements incompréhensibles! Sans doute il a porté contre cette terre un anathème secret; en vengeance des races passées, il a frappé les races présentes... Oh! qui osera sonder les profondeurs de la Divinité? » (VOLNEY, *Les Ruines.*)

CHAPITRE IV

PETITS APPARTEMENTS

> Souvent, ce cabinet superbe et solitaire
> Des secrets de Titus est le dépositaire.
> C'est ici quelquefois qu'il se cache à sa cour.
> Racine, *Bérénice.*

On appelait petits appartements, chez les princes, une suite de pièces où ils se dérobaient à la représentation, où ils se désennuyaient, dans la solitude, du poids de la grandeur.

Je décrirai ici ceux du roi, et les appartements où il recevait sa cour. J'y mettrai quelque détail. La plupart des objets curieux qui s'y voyaient sont perdus pour nous; les uns sont devenus la propriété de l'étranger, les autres la proie de quelques brigands dévastateurs qui, supposé qu'ils les aient encore en leur possession, se garderont bien de les montrer. Nous aimons à suivre toutes les actions de Louis XIV; nous cherchons à pénétrer dans son intérieur pour y deviner ses pensées, y voir le côté faible de l'homme, y découvrir quelques secrets politiques. Et si le règne de Louis XVI n'a pas présenté d'actions aussi éclatantes, ses malheurs y suppléeront, et l'imagination parcourra avec plaisir la demeure de ce prince dont le souvenir est déjà presque effacé.

Dans le chapitre précédent, j'ai parlé des grands appartements, somptueux passages publics. De l'Œil-de-Bœuf on entrait dans la chambre à coucher de Louis XIV, devenue, sous les règnes suivants, la chambre de parade. Cette vaste pièce formait le milieu du château, et le fond de cette petite cour mesquine appelée la cour de marbre, sur laquelle dominait un grand balcon. Au-dessus, se trouvait le véritable *memento mori;* ce n'était pas, comme chez les Perses, un esclave qui rappelait à nos souverains qu'ils étaient mortels, c'était un cadran dont l'aiguille était arrêtée à l'heure où le dernier monarque avait cessé de vivre. Notre imagination, il est vrai, se fait à tout : toutefois il semble impossible que les rois ne cherchassent pas souvent, dans leur solitude, à deviner la place que prendrait après eux ce lugubre indicateur. Louis XV était mort le 11 mai 1774, à trois heures après-midi. J'ai laissé l'aiguille à la place où je l'avais trouvée en écrivant à Versailles. Sa marche a cessé depuis lors, mais sa destruction n'a point fait oublier le crime qu'elle devait indiquer.

Dans cette chambre, nommée encore chambre de

Louis XIV, la tenture, en brocard or et pourpre, était de la plus grande magnificence. Le lit était placé derrière une haute balustrade dorée. Ce lit, quoique changé, amenait en foule les souvenirs les plus intéressants et les plus sérieux. C'était là que le grand roi avait montré à ses courtisans comment il faut mourir, après leur avoir montré, pendant plus d'un demi-siècle, comment il faut régner dans la prospérité et le malheur. Là, sous ces rideaux, madame de Maintenon s'était assise, et autour de cette couche funèbre, les princes étaient venus recueillir des leçons aussi grandes que profondes en un pareil moment... Deux cheminées embellissaient cette vaste pièce, avec quantité de dorures et de lustres en porcelaine. Sur toutes les boiseries étaient sculptées de petites tours, armes de la maison de Bouillon, car c'était un des priviléges de la charge du grand chambellan de pouvoir mettre son écusson sur les portes de la chambre du roi.

La seconde pièce était le cabinet du conseil, où se réglaient les destinées du royaume.

A côté de la grande porte qui donnait dans la grande galerie, était un petit cabinet, nommé le *cabinet des perruques*, parce que, sous Louis XIV, alors que porter ses propres cheveux était une marque de vieillesse et d'austérité, c'était là que les siennes étaient déposées et qu'il choisissait celle qui lui convenait le mieux.

On trouvait ensuite, en tournant, la véritable chambre à coucher du monarque, meublée en bleu, avec un lit orné de plumes, de casques et de dorures. Celui-ci ne présentait point de souvenirs aussi imposants que le premier. La mort de Louis XV n'eut point le caractère de grandeur que présenta celle de Louis XIV; j'ai encore vu, sur la balustrade, l'empreinte qu'y avaient laissée les vis du cercueil quand on l'y avait posé pour y renfermer les restes du roi de France!... Un vieil aumônier, l'abbé de Beaumont, qui n'avait point quitté Louis XV pendant la maladie contagieuse qui l'enleva, et avait failli lui-même périr des suites de celle qu'il y contracta, en me racontant sur les lieux ce lugubre événement, me fit remarquer ces empreintes et m'expliqua d'où elles provenaient[1].

Cette chambre était ornée de meubles précieux qu'on changeait souvent. Mais, sur une commode, se trouvaient, pour ainsi dire placées à demeure, les deux magnifiques girandoles en or où le Père Germain avait, par la délicatesse de son travail, fait oublier la richesse de la matière. Au milieu de ces deux merveilles de l'art, un simple groupe de plâtre avait le privilége d'attirer surtout les yeux de Louis XVI, si bon père; c'était sa fille, encore enfant, appelant un dauphin. Aussi, ce groupe ayant été brisé, on le fit

[1]. Sir Thomas Wraxhall, dans ses Mémoires publiés en 1815, prétend que Louis XV mourut dans un petit lit blanc placé entre deux croisées, à cause de la grande chaleur. Je n'ai jamais entendu parler de cette circonstance.

modeler de nouveau. Au-dessus des portes, le pinceau des grands maîtres avait retracé les portraits de don Juan d'Autriche, de Catherine de Valois, de Marie de Médicis et du preux François Iᵉʳ.

C'était par une porte dérobée de cette chambre que le roi pouvait, au moyen de corridors ménagés dans les entresols, se rendre auprès de la reine. Peu de jours après le 5 octobre, en allant reconnaître le désordre de cette journée, je trouvai les portes laissées ouvertes dans le trouble, et je parcourus ce labyrinthe de passages inconnus, dont plusieurs étaient matelassés; je pénétrai ainsi dans une foule de petits appartements dépendant de celui de la reine et dont je ne soupçonnais pas même l'existence. La plupart étaient sombres, n'ayant de jour que sur de petites cours. Ils étaient simplement meublés, presque tous en glaces et boiseries. Je n'y vis de remarquable qu'un beau tableau de madame Lebrun; c'était M. le dauphin, accompagné de sa sœur, donnant une grappe de raisin à une chèvre.

Dans les appartements du roi dont j'ai déjà parlé, se tenaient, le jour, les valets de chambre et de garderobe de service au château; mais la quatrième pièce, nommée le *grand cabinet*, était celle où se tenait le premier valet de chambre. On y voyait, au milieu, le modèle en petit de la statue en bronze de la place Louis XV, et la fameuse pendule de Passemant, haute de sept pieds, qui, outre les heures, marquait les années, les mois, etc., indiquait les phases de la lune et les révolutions des planètes. Aussi, la veille du premier jour de l'an, le roi ne se couchait qu'après minuit pour voir le changement total de sa pendule. Dans ce même cabinet, étaient les portraits de Louis XV et de la reine Marie Leckzinska, ainsi que ceux du père du roi et de sa femme.

Je ne parle pas en détail de tous les tableaux représentant les batailles et les siéges du règne de Louis XV et la guerre d'Amérique, qui se trouvaient aussi placés dans les appartements. Quoique de moyenne grandeur, ils étaient peints avec tant de soin qu'on y distinguait parfaitement les uniformes. La bataille de Fontenoy, la prise de Berg-op-Zoom, dans la nuit, et le siége de New-York, attachaient surtout par les détails, les effets de lumière et la beauté du paysage.

Je parlerai aussi, une fois pour toutes, d'une multitude de figures de porcelaine, de vingt pouces de haut, copie exacte des statues des guerriers et des grands hommes du siècle de Louis XIV que le gouvernement faisait exécuter. Je citerai une statue à cheval de Frédéric II, remarquable au double point de vue de la ressemblance et de la délicatesse ; elle se trouvait entre deux magnifiques pots de giroflée en porcelaine du plus grand prix, et dont l'un fut cassé par un pauvre curieux, car ces appartements étaient ouverts au public, en l'absence du roi. Ce malheureux, ayant la vue basse, ne s'aperçut pas de la cloche de verre qui couvrait le vase, la brisa avec le front, et les éclats rompirent la fleur en mille morceaux. Je cite ce petit événement, parce que le pauvre homme, croyant déjà, dans son effroi, voir se baisser devant lui le pont-levis de quelque forteresse, se trouva mal, et bien tristement donna son nom et son adresse. Mais Louis XVI, qu'on a voulu parfois nous présenter comme un homme violent et emporté, l'envoya rassurer et consoler, quoique la perte fût de plus de mille écus.

A gauche de ce cabinet, était l'antichambre des garçons du château qui portaient la livrée et servaient le roi dans son intérieur, faisant près de lui le service de nos laquais.

En continuant la visite des appartements du côté des cours du château, on tombait dans cette série de cabinets où le roi passait sa vie et travaillait sans cesse. Les meubles les plus rares y étaient entassés, ainsi qu'une foule de curiosités. J'y ai vu le portrait d'Hyder-Ali et de toute sa famille, la canne de Louis le Grand, une belle pendule qui indiquait en même temps l'heure de Paris et celle de toutes les capitales du monde. La quatrième pièce était la bibliothèque particulière du roi ; c'était là qu'il étudiait ordinairement, sur un petit bureau placé dans l'embrasure de la fenêtre. Le monarque se reposait de son travail en regardant les gens qui traversaient les cours ; et les curieux, ceux qui étaient de bonne foi, pouvaient se convaincre aux livres usés gisant sur le parquet, à la quantité de papiers épars de tous côtés, que Louis XVI ne passait pas son temps à forger, à s'enivrer ou à battre ses gens, comme ses vils ennemis ont voulu le faire croire. Au milieu de la bibliothèque, était une vaste table de bois d'acajou, d'un seul morceau, qui portait les groupes de La Fontaine, Boileau, Racine, La Bruyère, etc., lesquels, dans le silence, semblaient méditer leurs immortels écrits, ou, chez Ninon, écouter le chef-d'œuvre de Molière.

Enfin, cette suite d'appartements était terminée par trois pièces, un salon, un billard et une salle à manger. C'était là que, les jours de chasse, le roi donnait à souper à quelques personnes qui l'avaient accompagné. A neuf heures, avant l'ordre, un huissier, ouvrant la porte de l'Œil-de-Bœuf, proclamait le nom des élus qui se glissaient avec orgueil dans l'appartement, tandis que les réprouvés allaient chez eux cacher leur dépit et manger tristement leur repas.

Ces salons ne présentaient rien de remarquable que deux petits tableaux de chasse, où le roi, sa suite et les paysages étaient de la plus parfaite ressemblance.

Ces trois pièces étaient prêtées tous les ans, vers la fête de Noël, à la manufacture de porcelaines de Sèvres, qui, pendant quinze jours, y étalait ses produits. Tout le monde s'empressait d'aller les admirer et d'en acheter. La cour faisait beaucoup de présents, et le roi s'amusait à voir déballer ces porcelaines et à considérer la foule des acheteurs.

C'était par un escalier qui se trouvait près de l'antichambre des garçons du château, que le roi sortait pour aller à la chasse. Il y avait, en bas, une salle de gardes; et c'est à l'entrée de cette pièce que Louis XV fut frappé par Damiens, caché dans un petit passage qui mène à la cour des Cerfs. Ce n'était point tant à la personne de Louis XVI qu'à la couronne que les assassins de nos jours en voulaient; car il eût été très-aisé d'atteindre ce monarque. Tous les soirs, sortant de souper chez Madame, il traversait les cours ou les vastes et obscures galeries, enveloppé, l'hiver, d'un manteau gris, avec un parapluie dans les mauvais temps, et précédé seulement de deux valets de pied portant des torches.

Ce même escalier donnait aussi dans l'appartement du capitaine des gardes, situé au rez-de-chaussée de la cour de marbre, et que l'étiquette voulait le plus près possible de celui du roi.

Au haut de cet escalier, était, je l'ai déjà dit, l'appartement occupé de mon temps par le duc de Villequier, et, avant lui, par madame Dubarry.

En traversant l'antichambre des garçons du château, on entrait dans la salle à manger particulière du roi, sur la petite cour des Cerfs. On y voyait un superbe baromètre de Torelli, un secrétaire dont chaque tiroir ne s'ouvrait qu'en faisant jouer l'air d'un orgue; et sous des tables vitrées se trouvaient placées les pièces de la vaisselle d'or du roi, aussi précieuse par le travail que par la matière. J'y ai toujours remarqué une poule d'or émaillé, presque de grandeur naturelle, couchée dans une petite corbeille où l'on mettait des œufs frais.

De cette pièce on gagnait les petits cabinets qui régnaient à tous les étages de la cour des Cerfs, et où le roi avait une suite de cartes de géographie, des plans en relief, des modèles de vaisseaux, un petit observatoire, et cette fameuse forge dont Louis XVI, selon le bruit public, s'occupait toujours. Je puis assurer qu'elle avait l'air très-négligé ; et, passé midi, le roi était dans une toilette qui ne lui permettait guère un exercice aussi violent, bien qu'il fût d'ailleurs salutaire à sa santé. Au reste, son prétendu talent ne lui fut pas toujours inutile ; car le feu ayant pris dans un petit appartement voisin de celui du roi, on ne put enfoncer la porte ; ce prince y accourut avec ses outils, crocheta la serrure assez à temps pour qu'on pût éteindre le feu, mais non sauver la concierge, vieille femme qui s'était endormie auprès du foyer.

Ces nombreux appartements étaient bien éclairés, mais faiblement chauffés, parce que le roi craignait si fort la chaleur, que dans les plus grands froids, je ne lui ai jamais vu chauffer son linge. L'été, on tendait sur le grand balcon de la chambre du lever, des toiles qu'on arrosait avec des pompes ; et le roi s'amusait souvent à y pousser quelqu'un pour le faire mouiller, surtout quand c'était une personne qui paraissait tenir à l'élégance de l'énorme frisure en usage en ce temps-là.

La promenade favorite du roi était dans les combles du château, parce qu'il pouvait y aller seul et sans crainte d'y être troublé. L'inégalité des planchers, coupés de cheminées, de tuyaux, de toits, et où l'on avait pratiqué de petits escaliers pour aller d'un côté à un autre, ne pouvait donner à cette promenade un grand agrément; mais la belle vue, l'air pur, et le plaisir de voir, avec une lunette, tout ce qui arrivait à Versailles, le dédommageaient de ces petites difficultés. C'était surtout le matin, après son déjeuner, que le roi prenait cette récréation, qui lui était d'autant plus chère qu'elle était mieux à sa portée. Ce fut là qu'un jour, regardant travailler des couvreurs, il monta sur une échelle qui cassa, et sans un des ouvriers qui le retint, il aurait pu faire une chute très-dangereuse.

Après que la cour eut quitté Versailles, je parcourus tous ces toits d'où l'on dominait la ville, le parc et les environs; nous y allâmes aussi un jour, avec le roi, pour voir l'incendie des magasins des Menus-Plaisirs, à Paris, où se trouvaient toutes les décorations de l'Opéra, et contempler cette haute pyramide de feux de couleurs variées que formait l'embrasement de ces toiles peintes et de toutes ces planches vernissées.

CHAPITRE V

LEVER DU ROI

> Mille gens à peine connus font la foule, au lever, pour être vus du prince qui n'en saurait voir mille à la fois; et s'il ne voit aujourd'hui que ceux qu'il vit hier et qu'il verra demain, que de malheureux!
> La Bruyère, *Caractères*.

Le cérémonial du lever du roi pourra paraître d'autant plus curieux qu'il est déjà plus loin de nous, et que bien des gens demanderaient volontiers si ce lever était réellement l'instant où le roi quittait son lit.

Il est à croire que, dans des temps plus reculés, les courtisans moins paresseux que de nos jours se trouvaient au réveil du prince. Aman, à la porte d'Assuérus, devançait le jour. Mais, successivement, l'heure se sera trouvée reculée, et le lever était devenu la toilette du roi; car, sous Louis XVI, qui quittait son lit à sept ou huit heures du matin, le lever était à onze heures et demie, à moins que des chasses ou des cérémonies n'en avançassent l'instant; et je l'ai vu, dans quelques circonstances, à cinq heures du matin.

C'était à l'heure du lever que se rendait au château la foule des courtisans, soit de Versailles, soit de Paris. Les uns venaient se faire remarquer, ceux-ci chercher un regard du prince, d'autres se répandaient ensuite dans les bureaux, chez les ministres, pour y solliciter des faveurs, souvent demander de l'avancement, et n'y obtenir que des refus ou de la hauteur; car, de tout temps, les subalternes croyaient s'acquérir de la considération par leur fierté, prenant presque toujours la morgue pour le talent.

Tout ce monde attendait le moment du lever dans l'antichambre ou la galerie; et ceux que leur service appelait, ou qui avaient ce qu'on nommait les entrées de la chambre, étaient reçus dans l'Œil-de-Bœuf, vaste salon qui, comme je l'ai dit, précédait la chambre du roi, ainsi appelé d'une croisée ovale placée dans la voûte. C'était le vrai temple de l'ambition, des intrigues, de la fausseté. Quelquefois, des provinciaux éblouis, des gens distraits ou ignorants, attirés par l'énorme feu de la cheminée ou par la curiosité de voir de plus près cette quantité de cordons bleus, rouges ou verts, qui faisaient groupe près du foyer, s'avançaient malgré les avertissements multipliés du Suisse et les cris de : « Passez, Monsieur, passez dans la galerie! » Mais, ô prodige de l'urbanité française passée dans l'âme d'un Helvétien! le bon Suisse saisissait un prétexte, et, faisant semblant de ranimer le feu, de fermer un rideau, il louvoyait autour de vous et, finalement, vous instruisait à l'oreille de votre méprise et vous épargnait la honte d'un renvoi public. L'honnête provincial rougissait, baissait la tête et souvent remerciait, tandis que le petit-maître qui, malgré son bel habit, n'en était pas moins un intrus dans cette brillante réunion, relevait la tête et fuyait comme de son gré.

Ce gros Suisse végétait derrière un énorme poêle placé au bout de l'Œil-de Bœuf; il y mangeait et digérait à la barbe des princes et des ducs. Le soir, il tendait son petit lit dans la grande galerie, et pouvait se dire l'homme le plus magnifiquement logé de France. Il dormait au milieu des glaces, et, au point du jour, son œil entr'ouvert pouvait contempler les chefs-d'œuvre de Lebrun, moins précieux pour lui assurément que le vin de son pays et les étrennes qu'il recevait le jour de l'an. Ce jour-là, son attention redoublait pour ouvrir la porte et tenir la portière aux grands seigneurs qui récompensaient ce service de quelques louis. Un de ces Suisses, au commencement du règne de Louis XVI, se nommait Buchs; on conservait encore le souvenir de sa malice, de sa franchise et de son originalité.

Quoique le salon de l'Œil-de-Bœuf fût très-vaste, il y avait des jours où il avait peine à contenir la foule des courtisans. Quelques banquettes, trois ou quatre tableaux de Paul Véronèse en faisaient tout l'ornement

La foule enfin rassemblée, onze heures et demie sonnent. Peu de minutes après, le roi sort de son intérieur en habit du matin et arrive dans la chambre de parade. Un garçon de la chambre se présente à la porte et crie à haute voix : « La garde-robe, Messieurs ! » Alors se glissent les princes du sang, les grands officiers de la couronne, les officiers de la garde-robe, et les seigneurs qui ont obtenu les grandes entrées. De ce nombre sont ceux qui ont présidé à l'éducation du roi.

La toilette commence ; le roi se chausse et passe sa chemise. Alors, la même voix rouvre la porte sur l'ordre du premier gentilhomme de la chambre, et demande : « La première entrée ! » A cet appel, arrivent la Faculté, les valets de garde-robe hors de service et le porte-chaise d'affaires, avec lequel, plus tard, je ferai faire au lecteur une plus ample connaissance.

Aussitôt que le roi n'a plus que son habit à passer, on appelle : « La chambre ! » Alors entrent tous les officiers de la chambre, les pages, leur gouverneur, les écuyers, les aumôniers, enfin les courtisans admis aux entrées de la chambre, c'est-à-dire de l'Œil-de-Bœuf.

Le roi étant tout habillé, on ouvre les deux battants et on laisse entrer le reste des officiers, les étrangers, les curieux mis décemment, et selon le costume, le modeste auteur qui vient humblement offrir une dédicace, etc... Le roi passe alors dans la balustrade qui entoure le lit, se met à genoux sur un coussin, et, entouré des aumôniers et du clergé, récite une courte prière; après quoi, il écoute toutes les présentations, et entre dans le cabinet du conseil, où ceux qui ont les entrées de la chambre le suivent. Le reste de la foule va dans la galerie, attendre le moment où le roi sortira pour aller à la messe.

Par un usage très-singulier, et qui remontait, je crois, au temps où l'on portait les immenses perruques dont j'ai déjà parlé, Louis XVI ne se faisait coiffer qu'étant tout habillé. Il passait, après son lever, dans un cabinet où il enveloppait d'un immense peignoir son habit brodé, et le valet de chambre barbier qui avait préparé les cheveux au lever, finissait la frisure et mettait la poudre.

Après avoir assisté au lever du roi, voyons ce qui se pratiquait à son coucher. Celui-ci était bien le véritable; mais une occupation, souvent un léger somme, retenait le roi plus longtemps.

A onze heures, arrivaient le service et les courtisans. Tout était préparé : une magnifique toilette de brocard d'or et de dentelle; sur un fauteuil de maroquin rouge, la robe de chambre en étoffe de soie blanche brodée à Lyon ; la chemise, enveloppée dans un morceau de taffetas; sur la balustrade, un double coussin de drap d'or appelé sultan, sur lequel on posait la coiffe de nuit et les mouchoirs. A côté, les pantoufles, de la même étoffe que la robe, étaient placées près des pages de la chambre qui se tenaient contre la balustrade.

Le monarque arrivait ; le premier gentilhomme de la chambre recevait son chapeau et son épée, qu'il remettait à un sous-ordre. Le roi commençait, avec les courtisans, une conversation plus ou moins longue, suivant le plaisir qu'il y trouvait, et qui, souvent, se prolongeait trop au gré de notre sommeil et de nos jambes. Après avoir causé, le roi passait dans la balustrade, se mettait à genoux avec l'aumônier de quartier seul, qui tenait un long bougeoir de vermeil à deux bougies, tandis que les princes n'en pouvaient avoir qu'une. L'aumônier récitait l'oraison : *Quæsumus, omnipotens Deus;* et, la prière terminée, le bougeoir était remis au premier valet de chambre qui, sur l'ordre du roi, le donnait à un des seigneurs qu'il voulait distinguer. Cet honneur était si fort apprécié en France, que beaucoup de ceux qui y prétendaient ne pouvaient déguiser leur dépit quand ils en étaient privés. Le maréchal de Broglie, le vainqueur de Bergen, cordon bleu et maréchal de France, à quarante ans, comblé de gloire, était plus que personne sensible à cette privation. Sa rougeur, son embarras, décelaient le cruel chagrin qu'il éprouvait, tant le cœur de l'homme est incompréhensible, et renferme de petites faiblesses à côté des plus grandes qualités !

Ce bougeoir me rappelle un trait assez plaisant dont j'ai été témoin. Le marquis de Conflans, très-aimé du roi, soupait chez la duchesse de Polignac, rendez-vous d'une partie de la cour. L'abbé de Montazet, aumônier de service, s'y trouvait, ainsi que le marquis de Belsunce. La conversation amena un pari : qui, de ces deux courtisans, également en faveur, aurait le bougeoir au coucher du roi? M. de Conflans, très-accoutumé à cet honneur, soutenait que M. de Belsunce l'aurait plutôt que lui. On se rend au coucher. M. l'abbé de Montazet, intéressé dans le pari, d'ailleurs aussi gai qu'aimable, se proposa bien de faire gagner son parti, c'est-à-dire M. de Belsunce. En effet, après la prière, le roi envoie le bougeoir à M. de Conflans, très-étonné de se voir découvert dans un coin où il tâchait de se cacher. Le malin abbé, au lieu de réciter à demi-voix l'oraison, avait prévenu le roi de ce qui s'était passé chez Madame de Polignac.

Ce marquis de Conflans, fils du maréchal d'Armentières, était un des plus beaux hommes de France, et le meilleur officier de troupes légères de l'armée. Une transpiration abondante à la tête l'obligeait à ne point porter de poudre, et à faire usage d'une coiffure aussi extraordinaire alors qu'elle est commune de nos jours. Mais cette simplicité demandait à M. de Conflans beaucoup de temps et de soins, par l'art qu'il y apportait. Très-estimé du roi, en faveur chez la reine, il mourut subitement, en se lavant les mains pour se mettre à table, dans un âge encore peu avancé.

Revenons au coucher. La prière finie, le roi ôtait son habit, dont la manche droite était tirée par le grand-maître de la garde-robe, le duc de Liancourt, et la gauche, par un premier-maître, M. de Boisgelin ou de Chauvelin, et toujours en descendant, si les premiers officiers ne s'y trouvaient pas. Le roi prenait ensuite sa chemise ; elle lui était donnée par le premier gentilhomme de la chambre. Mais si l'un des princes du sang était présent, c'était lui qui avait le droit de passer la chemise, ce qu'on regardait comme un grand honneur. Le premier gentilhomme de la chambre présentait alors la robe de chambre au roi, qui ôtait de ses poches sa bourse, un énorme trousseau de clefs, sa lunette et son couteau ; il laissait tomber son haut-de-chausses sur ses talons, et dans cet état causait encore assez longtemps. Enfin, il venait se placer dans un fauteuil ; un garçon de la chambre, à droite, un de la garde-robe, à gauche, se mettaient à genoux et prenaient chacun un pied du roi pour le déchausser. Alors les deux pages de la chambre s'avançaient et mettaient les pantoufles ; c'était le signal de la retraite. L'huissier le donnait, en disant : « Passez, Messieurs ! » Il ne restait plus que les princes, le service particulier et ceux qui avaient les petites entrées. Ils entretenaient le monarque pendant qu'on le coiffait de nuit. C'était l'instant des joyeux propos, des petites anecdotes ; et souvent le rire franc et bruyant du bon Louis XVI venait frapper nos oreilles dans l'Œil-de-Bœuf, où nous attendions l'ordre pour le lendemain.

Avant que Louis XVI ne fût absorbé par ses peines, le coucher était le moment de ses délassements et de ses jeux. Il y faisait des niches aux pages, agaçait le capitaine Laroche, ou faisait chatouiller un vieux valet de chambre si sensible que la peur seule le faisait enfuir.

Quand le roi rentrait de la chasse, il y avait ce qu'on appelait le débotté. C'était la toilette que le roi faisait alors; et les usages étaient à peu près les mêmes qu'au lever.

La garde-robe du roi était dans un petit appartement, sur une petite cour, derrière l'escalier de marbre. C'était là qu'on conservait les habits, le linge et les vêtements du monarque. Tous les jours, on apportait, dans de grands tapis de velours, ce qui était nécessaire pour la toilette du soir et du matin.

Après son lever, le roi recevait souvent des députations, soit du Parlement, soit des États provinciaux. C'est dans une de ces circonstances que je le vis remettre lui-même à l'avocat-général Séguier un exemplaire de l'ouvrage de Mirabeau sur la cour de Berlin, pour donner plus de solennité à l'arrêt qui le condamnait à être brûlé par la main du bourreau. C'est alors que le prince Henri de Prusse, très-maltraité dans ce libelle, dit à M. Séguier : « Vous tenez là de la boue. — Oui, monseigneur, répondit le spirituel magistrat, mais elle ne tache pas. »

CHAPITRE VI

ÉTIQUETTE ET USAGES DIVERS

> Les princes eux-mêmes ne doivent-ils pas être étonnés de suivre avec tant de ponctualité les ordres d'un être fantastique?...
> Mercier, *Tableau de Paris.*

C'était une étude pour celui qui arrivait à la cour, et n'y avait point été élevé, que de se mettre au fait des nombreuses lois de l'étiquette, cette espèce d'égide des souverains contre la familiarité et le mépris. Quoique ces usages, enfants des siècles, diminuassent tous les jours, ils étaient encore bien nombreux. Et s'il n'y avait plus que les anciens de la cour, le duc de Penthièvre, le prince de Soubise, le maréchal de Biron, qui saluassent encore le lit de parade du roi quand il n'était pas présent, les courtisans plus modernes reculaient toujours jusqu'à la muraille quand le roi s'avançait vers eux, et acculés contre le mur, ils piétinaient encore, dans l'espoir d'être assez heureux pour obtenir une parole du souverain. C'est qu'il fallait être très-familier avec le roi pour lui adresser la parole ; ce qu'on ne faisait jamais qu'à la troisième personne : « Le roi a-t-il fait une chasse heureuse? Le roi n'est-il plus enrhumé? » Le dernier maréchal de Duras est un de ceux que j'ai vus les plus libres avec le roi ; il l'était même plus que ceux qui avaient été élevés avec le monarque.

On ne doit pas s'attendre à ce que je fasse ici un cérémonial complet, en donnant le code du service de chaque officier ; ce serait un travail immense et fastidieux. Je rappellerai seulement quelques-uns des usages qui m'ont le plus frappé.

Il en est un dont j'ignore complétement l'origine. Il consistait à apporter, tous les soirs, sous le chevet du lit du roi, un petit paquet du linge nécessaire pour changer, attaché à une petite épée de deux pieds de long. Les cabinets où étaient déposées les hardes du roi étaient éloignées, à la vérité ; mais pourquoi ne pas avoir une certaine quantité de linge en réserve dans un coffre, comme le valet de chambre barbier avait, dans une malle de velours cramoisi, une certaine quantité de bonnets, de coiffes, etc.? Pourquoi d'ailleurs cette épée, si courte qu'elle ne pouvait être d'aucune utilité?

L'usage d'apporter, tous les soirs, dans la chambre du roi, un pain, deux bouteilles de vin et un flacon d'eau à la glace, se comprend plus facilement. Les offices se trouvaient, en effet, très-éloignés, et ces aliments, qui se nommaient des *en cas*, étaient tenus en réserve en cas que le prince éprouvât quelques besoins. On lit que Louis XIV, ayant su que ses valets de chambre refusaient de manger avec Molière, parce qu'il était comédien, se fit un jour, à son lever, apporter son *en cas*, où se trouvait un poulet, et en servit une portion à ce célèbre comique. L'empereur Buonaparte avait conservé cet usage; car son valet de chambre, Constant, raconte dans ses Mémoires, son embarras pour dissimuler à Napoléon, qui, un jour, eut faim dans la nuit et demanda l'*en cas*, la gourmandise du mameluck Nistau, qui avait dévoré la moitié de la volaille à laquelle l'empereur ne touchait jamais.

Louis XVI n'y touchait point davantage. Lorsqu'il avait besoin de prendre quelque chose entre ses repas, les garçons du château avaient toujours en réserve des sirops, des confitures et autres aliments. Toutes ces liqueurs et ces aliments destinés aux princes étaient toujours essayés, c'est-à-dire goûtés par un officier du gobelet. Si c'était du liquide, il en buvait un peu; si c'était de la viande, il trempait dans la sauce ou passait légèrement sur le morceau présenté une petite tranche de pain, afin de préserver le souverain du poison. Mais un roi destiné à périr ainsi n'en aurait point été préservé par toutes ces précautions.

Dans l'enceinte formée par la balustrade qui entourait le lit du roi, se trouvaient le fauteuil et quelques tabourets pour les valets de chambre de garde; car on ne s'asseyait pas dans la chambre du roi. On s'y promenait encore moins. Et quand la mode eut amené, sous Louis XIV, l'invention des énormes perruques que l'on connaît, s'il était de bon ton de les ôter et de les peigner jusque dans l'antichambre du roi, on s'abstenait de le faire dans la chambre du lit, regardée comme la résidence du souverain. De même, pour y entrer ou en sortir, on n'ouvrait point la porte, mais on en demandait l'ouverture à l'huissier; et au lieu de frapper à cette porte, on y grattait légèrement. Sortir le premier, était de la plus grande politesse, le dernier devant jouir plus longtemps de la vue du roi. On sortait toujours à reculons.

Je ne finirais pas, si je rapportais toutes les petites choses qu'il fallait savoir, non pour être un courtisan parfait, mais pour ne pas faire de gaucheries. Sans doute, dans les premiers temps de la monarchie, il existait d'autres usages qui nous feraient bien rire si on avait pris le soin de nous en conserver le souvenir. Peut-être ceux que nous observons aujourd'hui feront-ils aussi un jour le divertissement de nos arrière-neveux!...

On avait le tort alors, en France, d'éloigner de la cour tout ce qui paraissait militaire. Sauf les officiers des gardes, on n'y voyait jamais un uniforme, si ce n'est le jour de la revue des gardes françaises, dans la plaine des Sablons, et celui où un colonel prenait congé pour rejoindre son régiment; alors, il paraissait avec son habit d'ordonnance.

Autrefois nos bons aïeux, moins douillets que nous, se contentaient d'un vaste foyer où toute la famille réunie se préservait des rigueurs de l'hiver. Le jour de Noël, personne ne manquait à l'office de la nuit; et le feu restant abandonné pour plusieurs heures, on y déposait une bûche énorme, la souche de Noël, pour que toute la famille grelottante vînt au retour de l'église, près d'un immense brasier, faire chaudement le joyeux réveillon. Cet ancien usage subsistait encore à la cour. Chaque cheminée, la veille de Noël, était chauffée par une grosse bûche, bien peinte, ornée de devises et de fleurs de lis, et qui rappelait les mœurs antiques.

C'est un des plus beaux attributs de la souveraineté que celui de donner la grâce aux criminels ; et l'usage voulait que cette grâce ne fût point refusée à ceux que le roi rencontrait sur sa route. J'en vis un jour un exemple. Louis XVI, revenant de la chasse, rencontra, sur le chemin de Saint-Cyr, un pauvre déserteur qu'on reconduisait à son régiment pour y subir sa punition. Le soldat, instruit ou non de ce que cette rencontre avait d'heureux pour lui, se jeta à genoux et, les bras tendus vers le roi, implora la clémence du souverain. Le monarque envoya sur-le-champ l'officier des gardes avec l'ordre de faire expédier les lettres de grâce. La gaieté du monarque pendant le reste de la journée montra avec quelle satisfaction son cœur avait exercé cette touchante prérogative de la royauté. Mais, comme elle aurait pu devenir abusive, on avait soin de faire

faire un détour à la chaîne des galériens qui passaient à Versailles pour rejoindre le bagne de Brest. On croyait, en France, que le cœur du roi ne pouvait voir le malheur sans commisération : c'était vrai ; mais il y avait à craindre que sa clémence ne devînt une calamité pour la société, et voilà pourquoi on lui en dérobait les occasions.

L'évêque diocésain avait seul le droit de paraître à la cour en soutane violette ; le curé et le confesseur en soutanes noires. Les prélats et les ecclésiastiques qui avaient des charges à la chapelle, les jours de grandes fêtes et quand le roi entendait la messe en bas, avaient leurs soutanes recouvertes d'un rochet ; le reste du temps, ils étaient en habit noir avec un petit manteau. La croix épiscopale désignait les évêques, comme la calotte et les bas rouges les cardinaux.

Jamais le roi ne montait sur son trône que dans les lits de justice et autres assemblées judiciaires ; mais il n'y prenait point les ornements de la royauté, qu'il ne portait qu'à son sacre. Dans les autres circonstances, il avait un habit et un manteau violets, garnis d'une large broderie, et, sur la tête, un chapeau à plumets.

Chaque maison de campagne où le roi faisait de petits voyages exigeait un habit particulier. Trianon voulait un habit rouge, brodé d'or ; Compiègne un habit vert ; Choisy un bleu. L'habit de chasse était gros-bleu, galonné en or ; et la disposition du galon indiquait le genre d'animal que l'on devait chasser. L'habit vert uni était pour la chasse au fusil, et tout ce qui accompagnait le roi était vêtu comme lui.

C'est assez m'étendre sur un sujet dont les détails pourraient devenir ennuyeux. Je remarquerai seulement que les femmes ont toujours été plus difficiles que les hommes sur l'étiquette, soit que leur existence, déjà remplie de tant de détails, ne leur parût pas encore assez gênée sans tous ces usages souvent bizarres, soit qu'elles aimassent d'instinct ces marques de respect. La reine, femme de Louis XIV, fut une des princesses qui contribuèrent le plus à les établir en France, en se montrant extrêmement jalouse des honneurs qu'on lui devait. Élevée en Espagne, cette fière princesse ne voulut jamais déroger un instant à la sévérité de l'étiquette espagnole.

CHAPITRE VII

LA CHAPELLE

J'entends chanter de Dieu les grandeurs infinies,
Je vois l'ordre pompeux de ses cérémonies.
RACINE, *Athalie.*

Tous les arts s'étaient donné rendez-vous et avaient employé les produits les plus précieux pour préparer à Dieu, au château de Versailles, un temple digne, sinon de la divinité qui devait l'habiter, du moins de la demeure royale dont il devait faire partie. Partout on y voyait briller les chefs-d'œuvre de la peinture, les dorures les plus éclatantes et les marbres les plus précieux.

Tous les jours le roi allait à la messe; il était imité par le reste de sa famille, et si c'était une suite de l'étiquette, c'était du moins un bel exemple. On ne devait juger que l'acte, et nullement les dispositions; au reste, la piété éclairée de Louis XVI ne pouvait laisser de doute que son cœur ne le portât à la chapelle bien mieux que le cérémonial.

C'était à midi, — ou plus tôt si le lever se faisait plus matin, — que le roi, sortant de son appartement par une porte de glace, communiquant du cabinet du conseil à la galerie, traversait tous les grands appartements et se rendait à la tribune, précédé des pages, des écuyers, des gentilshommes, des officiers des gardes, et suivi du capitaine des gardes.

Tous les dimanches la famille royale se réunissait pour la messe. Les princes se rendaient chez le roi, et le cortége en sortait quand la reine elle-même quittait son appartement par le salon de la Paix, au fond de la galerie. Cette multitude d'officiers, de dames magnifiquement parées, s'avançant au milieu d'une foule de curieux, dans cette longue pièce, l'un des plus beaux monuments de ce genre qui soient en Europe, formait le coup d'œil le plus imposant.

La chapelle de Versailles se composait pour ainsi dire de deux étages. La tribune était au haut, et de chaque côté régnait une galerie où se plaçaient les personnes du service qui ne pouvaient trouver place dans la tribune, ainsi que les étrangers. La tribune était très-grande. Elle était bordée, sur le devant, d'une balustrade de marbre sur laquelle on jetait un grand tapis de velours cramoisi à franges d'or, et à chacune de ses extrémités se trouvait une lanterne dorée et fermée de glaces, pouvant contenir une seule personne et destinée aux princesses malades ou qui ne voulaient point paraître publiquement. On remarquera que, sous Louis XIV, madame de Maintenon y était toujours placée ; c'était là la seule marque publique qu'elle eût jamais fait paraître du lien qui l'unissait au monarque. Comme la tribune eût été très-froide l'hiver, la cour assistant à des offices très-longs, surtout la veille de Noël, où le service divin durait depuis dix heures du soir jusqu'à une heure, on montait sur la tribune une grande charpente dorée qui en faisait un beau salon, avec des fenêtres de glace qu'on ouvrait à volonté.

Ce n'était que les jours de grandes fêtes que la cour descendait dans le bas de la chapelle, par deux escaliers tournants placés de chaque côté de la tribune. On couvrait le pavé de superbes tapis ; on disposait un prie-dieu et deux fauteuils pour le roi et la reine ; les princes avaient des chaises et un carreau ; tous les officiers et les dames se plaçaient derrière sur des tabourets et des banquettes ; enfin, les aumôniers et les gardes de la manche étaient de chaque côté du prie-dieu.

Il y avait ce jour-là une corvée qui était cependant bien recherchée, c'était la quête. Une jeune femme, après sa présentation, devait s'acquitter de cette fonction, qu'on redoutait bien un peu avant la cérémonie ; mais dont on était agréablement récompensé par le murmure de louanges et d'admiration que soulevait la présence d'une jeune femme, dans la fleur de l'âge et de la beauté, magnifiquement parée et couverte des diamants de toute sa famille. J'ai dit qu'on voyait venir ce jour avec une certaine appréhension. En effet, quel embarras pour une jeune personne qui avait à peine quitté sa mère, de se voir obligée de passer sous les yeux d'une cour nombreuse en faisant, avec lenteur, une multitude de révérences dont elle faisait, la veille, une répétition avec un homme chargé de la diriger ! Et elle n'avait même pas, comme dans les églises, la ressource d'être conduite par un cavalier qui aurait pu, au besoin, soutenir ses pas chancelants. A son trouble, à l'inquiétude de manquer une révérence, d'aller à tel prince avant tel autre, se joignait encore l'embarras de l'habit de cour, de cet énorme panier et de la longue queue. J'ai vu plusieurs de ces jeunes quêteuses dans un état à faire peine ; mais la coquetterie, l'ambition, leur faisaient vite oublier une gêne passagère et la fatigue de cette imposante cérémonie.

Cette quête rapportait beaucoup ; car, quoique les princes, les grands officiers et les dames donnassent seuls, comme on ne pouvait y mettre que de l'or, la recette montait très-haut et ne laissait pas que de gêner les personnes peu riches. Heureux qui pouvait se procurer un demi-louis ! à moins de faire comme un cordon-bleu qui y mettait constamment un jeton. On m'avait, en effet, assuré que depuis plusieurs années déjà, les jours des cérémonies de l'ordre du Saint-Esprit, on trouvait toujours un jeton dans la quête. Sans la destruction de l'ordre, on aurait fini, à la mort de ce moderne Harpagon, par découvrir son nom, à moins qu'une disposition de son testament n'eût perpétué son secret. Ces quêtes, qui, les jours de processions, allaient à plus de cent louis, étaient remises aux curés de Versailles.

Les jours de grande fête qui tombaient un dimanche, on présentait le pain bénit au roi et à la famille royale. C'était un très-gros morceau de brioche. Louis XVI tirait son couteau de sa poche, et, après en avoir coupé une tranche, il donnait le reste aux pages de la chambre. Souvent même il ne prenait point tant de peine : il mordait à même la brioche. Le jour de mon entrée aux pages j'eus le morceau sur lequel les dents du roi avaient laissé leur empreinte, et, dans mon extase provinciale, je ne le mangeai qu'avec un certain respect.

La musique du roi exécutait des messes et des motets composés par les auteurs les plus distingués. A la messe de minuit du jour de Noël, on entendait avec admiration le hautbois du célèbre Bezozzi exécuter de petits airs que le calme de la nuit rendait encore plus gracieux. On avait attaché à la musique du roi douze enfants, appelés pages de la musique, qui remplaçaient les faussets. C'étaient les enfants des valets des officiers de la cour. Ils portaient la livrée de la grande écurie; mais on les distinguait en ce qu'ils ne pouvaient avoir ni bas de soie ni boucles d'argent.

Quand le roi était dans le bas de la chapelle, on lui présentait le corporal à baiser; c'était une des prérogatives de la royauté, le roi étant regardé comme sous-diacre.

Quand les évêques prêtaient serment au roi, c'était après l'évangile d'une messe qui se disait à l'autel de Sainte-Thérèse, où le pinceau de Santerre avait représenté cette sainte en extase, si belle, si voluptueuse, que bien des prêtres craignaient de dire la messe à cette chapelle.

Le grand aumônier de France était le cardinal de Montmorency-Laval [1], évêque de Metz, prélat fier et fastueux, que son nom, plus que ses connaissances, avait porté aux plus hautes dignités de l'Église. Il avait succédé dans cette charge au cardinal de Rohan, évêque de Strasbourg, après la malheureuse affaire du collier, où l'on avait vu le nom de la souveraine servir d'instrument à des fripons pour duper un grand seigneur. Aux yeux de la justice, le prince de Rohan n'était point coupable, et l'arrêt du parlement de Paris était conséquent, car le parlement n'était point juge des mœurs sociales ; mais aux yeux de la majesté royale le cardinal était répréhensible pour avoir cru sa souveraine capable d'entrer dans un marché clandestin dont les clauses étaient aussi déshonorantes pour lui que pour elle. La perte de ses charges, son exil loin de la cour, n'étaient donc pas une injustice, comme ont voulu le faire croire les ennemis de la reine. Le cardi-

---

[1]. Louis-Joseph de Montmorency-Laval, évêque de Metz, grand aumônier depuis 1786, ne devint cardinal qu'en 1789. (*Note des éditeurs.*)

nal en était si persuadé qu'il ne voulait point paraître aux États généraux sans la permission de la cour; et, plus tard, sa conduite dans ses possessions allemandes, ses sacrifices pour la cause de Louis XVI, tout a prouvé que ce prélat était loin d'en vouloir au roi de l'avoir puni de ses imprudences.

Madame de Lamothe était coupable, aux yeux des lois et de la société, d'intrigues, de séductions et d'un vol considérable. Son prétendu nom de Valois n'était pas une raison de la soustraire aux peines infamantes qu'elle méritait. Sa conduite n'en devint pas meilleure. J'ai logé depuis dans le même hôtel que son mari, alors remarié, et je l'ai trouvé digne d'avoir eu une femme aussi coupable.

Le cardinal de Rohan, qu'on appelait le prince Louis, était encore très-bien conservé, lorsque je le vis aux États généraux, malgré toutes les infirmités qu'il contracta dans son exil à l'abbaye de la Chaise-Dieu, et un mal à l'œil qui l'obligeait de le couvrir d'un taffetas noir. Dans le temps de sa splendeur, c'était le plus noble et le plus magnifique seigneur de la cour. Personne ne fit mieux valoir son opulence et l'antique dignité de sa race.

Dans les fâcheuses affaires dont je viens de parler tout à l'heure, le cardinal fut mal servi par quelques-uns de ses amis. On sait, en effet, que leur sotte méchanceté fit sortir de l'hôtel des monnaies de Strasbourg, en 1788, des louis d'or où l'effigie du monarque avait au front une petite protubérance qui semblait vouloir assimiler le roi aux maris trompés. La police s'empressa de faire disparaître cette scandaleuse monnaie. Mais il en a échappé plusieurs pièces qui ont trouvé un asile dans les cabinets des curieux. Moi-même, en 1794, j'en ai vu une entre les mains d'un négociant de Valenciennes, grand amateur de médailles, que je rencontrai à Anvers.

CHAPITRE VIII

LA CÈNE

> *Si ergo ego lavi pedes vestros, Dominus et Magister : et vos debetis alter alterius lavare pedes. Exemplum enim dedi vobis.*
> Si donc moi, qui suis votre Seigneur et votre Maître, je vous ai lavé les pieds, vous devez aussi vous les laver les uns aux autres, car je vous ai donné l'exemple.
> *Évangile selon S. Jean.*

Cette cérémonie, consacrée par un usage ancien et par l'exemple de Dieu même, offrait un spectacle bien touchant dans ce contraste de la puissance et de l'humilité, du maître servant les sujets. Les grâces naïves de l'enfance auprès de la majesté du trône, les rites mystérieux de la religion qui présidait à cette solennité, tout y devenait matière à réflexions aussi attendrissantes que profondes.

C'était dans la grande salle des gardes du corps que

l'on rangeait, le matin du jeudi saint, douze petits enfants dont la fraîcheur égalait celle de l'énorme bouquet des fleurs les plus rares qu'ils tenaient à la main. Ces enfants étaient choisis avec beaucoup de soin parmi ceux des bourgeois de Versailles, et la Faculté, longtemps avant la cérémonie, veillait à ce qu'ils fussent sains et propres. On les couvrait d'une petite robe d'étoffe rougeâtre, et trois aunes de toile fine leur étaient passées autour du cou. Au milieu de la salle s'élevait une chaire portative.

La cérémonie commençait à neuf heures par un sermon. Le prédicateur pouvait, ce jour-là, se livrer à la véhémence de son zèle et tonner avec force contre les abus et les scandales de la cour. C'était à pareil jour que l'évêque de Senez avait fulminé sa sinistre prophétie et prononcé la condamnation de Louis XVI, en s'écriant avec Jonas : *Adhuc quadraginta dies, et Ninive subvertetur*. Et l'on sait que cette prédiction s'était réalisée par la mort du monarque. Après le sermon, un évêque faisait l'absoute, et la cérémonie commençait.

Chaque enfant plaçait son pied droit au-dessus d'un bassin de vermeil que tenait un aumônier; M. le comte d'Artois y versait un peu d'eau ; Monsieur l'essuyait avec la serviette que l'enfant avait au cou, et le roi baisait le pied. Alors le grand aumônier donnait à l'enfant une petite bourse contenant douze écus; celui qui avait le triste honneur de représenter Judas en avait treize.

Après le lavement des pieds commençait le service.

Tous les plats étaient rangés dans la salle des Cent Suisses, et les princes de la famille royale allaient les chercher. Le cortége était conduit par M. le prince de Condé, grand maître de la maison du roi, ayant en main son bâton enrichi de diamants et un superbe bouquet. Venaient ensuite le premier maître de l'hôtel et tous les maîtres d'hôtel, avec leurs grands bâtons garnis de velours et de fleurs de lis d'or, portant également des bouquets. Après venait Monsieur portant des petits pains sur un plat de terre. M. le comte d'Artois portait une petite cruche de grès pleine de vin et une petite tasse. Les autres princes portaient chacun un plat en terre contenant les mets les plus recherchés en poissons et en légumes, mais froids. Il y en avait douze pour chaque enfant; et si les princes n'étaient point assez nombreux pour les porter, les gentilshommes ordinaires y suppléaient. Le roi prenait chaque plat, le remettait au grand aumônier, qui le donnait aux parents de l'enfant. Ceux-ci avaient de grands paniers exprès, et en sortant ils vendaient ce repas à qui le leur voulait acheter. Comme les poissons étaient très-beaux, les légumes apprêtés avec soin, chacun s'empressait de se procurer une part d'apôtre, invitant ses amis à venir la manger. Le bouquet y était toujours compris, et ce n'était pas ce qu'il y avait de moins précieux. Il est même difficile de comprendre comment on pouvait, dans une pareille saison, se procurer une aussi grande quantité de jacinthes, de narcisses, de jonquilles, même de roses et de lilas.

Toutes les personnes employées à cette cérémonie et au service des apôtres avaient un de ces bouquets et une belle serviette.

Comme chaque apôtre avait douze plats, la procession recommençait douze fois.

La reine et les princesses faisaient la même chose l'après-midi pour douze petites filles.

C'était un jour de plaisir pour les jeunes princes, qui se divertissaient beaucoup à porter tous ces plats. Une année, l'infortuné duc d'Enghien, chargé du plat d'écrevisses, m'en fourra une poignée dans mon chapeau en riant de tout son cœur.

Je noterai ici que l'usage était de servir au roi un plat de petits pois le jour du vendredi saint, quelle que fût la rigueur de la saison ou l'époque du temps pascal. Ces pois ne venaient pas des potagers du roi, mais de Vincennes, où un jardinier était abonné pour les fournir, et les faisait croître sur couches à force de patience et de soins.

CHAPITRE IX

CÉRÉMONIES

> Il est un luxe utile et décent, j'en conviens,
> Permis aux grands États.....
> J. Delille.

Les cérémonies sont un des plus forts remparts de l'autorité royale. Dépouillez le prince de l'éclat qui l'environne, il ne sera plus, aux yeux de la multitude, qu'un homme ordinaire; car le peuple respecte son souverain moins pour ses vertus et son rang que pour l'or qui le couvre et la pompe qui l'environne. Je ne veux point laisser toujours les princes dans une représentation fatigante; ils sont hommes, l'obscurité les délasse, quand elle n'est pas pour eux l'occasion d'exercer plus facilement leur bienfaisance; mais, en public, on ne saurait trop les environner de cette majesté qui commande le respect et persuade vraiment au peuple que le souverain est, sur la terre, le représentant du Dieu de l'univers. Et quel frein donner à une formidable multitude, si ce n'est la crainte de Dieu, source du respect et de l'amour que l'on doit au dépositaire de son autorité?

Dans ces derniers temps, on n'agissait plus d'après ces principes à la cour de Versailles. Par une économie mal conçue ou pour des motifs tirés d'un autre ordre d'idées, en bien des circonstances on dépouillait le trône de sa splendeur. Point d'ordre au milieu d'une cérémonie publique. A peine le spectateur, accouru du fond de la province, pouvait-il, au milieu d'une troupe d'officiers, reconnaître le roi. L'éclat de ses pierreries brillait seul un instant; tandis qu'on aurait dû laisser le prince seul, l'entourer à distance, et laisser aux sujets le temps de l'examiner, de se pénétrer de son image et de la graver pour longtemps dans leurs souvenirs.

En d'autres circonstances, à peine le monarque prenait-il un costume au-dessus de celui des courtisans; et cette simplicité, d'ailleurs si bien en harmonie avec les goûts de Louis XVI, le rendait souvent invisible au milieu de sa cour. L'antique manteau royal avait disparu, et la couronne, après s'être placée un instant sur le front du monarque, le jour de son sacre, ne paraissait plus que sur son cercueil.

Je suis bien loin de penser que le retranchement d'un costume, d'une cérémonie pompeuse, puisse faire une révolution; mais ceux qui ont médité dans le silence sur les causes de notre bouleversement général, ont pu voir là une atteinte au prestige de la royauté, qu'il n'aurait pas fallu favoriser; et M. de Saint-Germain, en retranchant une grande partie de la maison militaire du roi, a peut-être contribué à la ruine de la monarchie, non-seulement parce qu'il ôtait au prince une troupe aussi brave qu'incorruptible, mais encore en enlevant un de ses rayons à la majesté du trône.

Je parlerai ici de quelques cérémonies dont les détails, sans avoir assez d'importance pour former des chapitres particuliers, ne laissent pas que de présenter quelque intérêt.

Louis XVI, prince religieux, fidèle à ses devoirs personnels aussi bien qu'à l'exemple qu'il devait à ses sujets et à sa famille, ne manquait pas de se rendre, une fois par an, à la paroisse Notre-Dame pour y remplir l'obligation de la communion pascale. C'était toujours le lundi de Pâques, à huit heures du matin.

Le monarque s'y rendait en pompe dans une voiture qui, d'après l'usage, ne devait être attelée que de deux chevaux. Malgré le poids de cette voiture surchargée d'ornements et le nombre de personnes qu'elle portait, ces colosses frisons bondissaient sous la main qui les retenait, et, pour plus de sûreté, un palefrenier les maintenait de chaque côté avec une longe. Ce n'était que le jour des pâques du roi et de la Fête-Dieu qu'on se servait de ces chevaux; le reste du temps ils ne sortaient que pour leur santé. Il y en avait cinq — tous cinq noirs — à la petite écurie, à cause de la voiture de suite. Leur nom seul indiquait leur vigueur. L'un s'appelait l'Éléphant, un autre le Samson, un troisième le Géant, etc. Quand l'équipage marchait, deux pages de la chambre et deux des écuries se plaçaient entre le cocher et la voiture, en faisant face à cette dernière, un pied seulement posé sur une petite plaque du ressort nommée porte-pages. Douze pages de la grande écurie étaient montés derrière, ce qui, avec les personnes placées dans la voiture, formait vingt à vingt-cinq individus que ces deux chevaux avaient à traîner.

Les princes étaient aussi dans l'usage, quand ils allaient faire leurs dévotions, de ne prendre que deux chevaux. M. le comte d'Artois était le seul de toute la famille royale qui s'abstînt de ce devoir religieux.

Les voitures du roi se rendaient à la paroisse entourées des gardes, des valets de pied, précédées des pages, des écuyers, des officiers des gardes à cheval, en bas de soie blanche.

Arrivé à l'église, le roi, couvert d'un manteau de la couleur de son habit, sans épée, se plaçait sur un simple prie-dieu, et entendait une messe basse célébrée par le grand aumônier. Avant la consécration, un aumônier présentait au roi un plat couvert d'hosties, dont il avalait une devant lui, ensuite le roi en désignait une seconde qui devait être consacrée pour sa communion. C'était une suite de l'usage que l'on avait de goûter tous les mets des souverains pour les garantir du poison. La nappe était tenue, d'un côté, par les deux aumôniers de quartier, de l'autre, par deux des premiers officiers de la couronne. Si un prince du sang était présent, il remplaçait seul les deux officiers. Ce n'était que le jour de son sacre que le roi communiait sous les deux espèces. Après la communion on célébrait une seconde messe, et le cortége retournait au château.

C'était avec encore plus de pompe que toute la cour se rendait à la paroisse le jour de la Fête-Dieu. Après son arrivée, la procession commençait.

Un nombreux clergé revêtu d'ornements magnifiques, de tuniques de lin d'une blancheur éclatante, précédait le dais, les uns chantant les louanges de Dieu et les cantiques sacrés, d'autres lançant dans les airs, au signal du maître des cérémonies, leurs encensoirs et leurs parfums. Un nuage odorant montait vers le ciel, tandis que des monceaux de fleurs répandues par de jeunes lévites jonchaient la route que suivait le Dieu des chrétiens porté sous un dais somptueux garni de plumes et de crépines éclatantes. Le Saint Sacrement était suivi de toute la cour portant des cierges.

Ce cortége imposant marchait entre deux haies de gardes et deux files de pages portant des flambeaux.

Après une station à un reposoir placé dans un bâtiment construit exprès, à l'entrée de la rue Dauphine, on traversait la place d'armes entre deux murailles formées avec les tapisseries de la couronne. A l'approche de la cour des Ministres, une musique militaire annonçait la présence des deux régiments des gardes

Suisses et Françaises. Dès que paraissait le dais, tous ces guerriers fléchissaient le genou et les drapeaux s'inclinaient. Le spectacle de ces braves, fermes devant une batterie, et s'humiliant à la vue du Dieu de la France, faisait naître dans toutes les âmes un respect religieux.

Après une station à la chapelle, on revenait, dans le même ordre, entendre la grand'messe à la paroisse.

Cette longue cérémonie était pénible pour tous ; l'extrême lenteur de la marche la rendait fatigante, le soleil dardant ses rayons sur toutes ces têtes nues, et les prêtres succombant sous le poids de leurs riches ornements.

Le jour du dimanche des Rameaux la cour sortait aussi avec le clergé, portant de longues branches de palmier desséchées. On s'approchait de la porte de la chapelle pour entendre la voix tonnante d'un chapelain, l'abbé de Ganderatz, qui ébranlait les voûtes en chantant, pour se faire ouvrir les portes, ce verset de la liturgie : *Attollite portas*, etc. Il est fort difficile de rencontrer une voix aussi puissante ; elle faisait vibrer les vitres de l'édifice.

La présentation des dames se faisait tous les dimanches, après vêpres, dans le cabinet du roi. La dame qui en présentait une autre la nommait au roi ; la dame présentée faisait alors le geste de vouloir lui baiser la main, mais le monarque la relevait et lui baisait la joue.

Le costume, pour les femmes de la cour, consistait en un énorme panier de plus de trois aunes de tour. La queue de la robe était aussi d'une longueur démesurée; on la roulait comme un petit porte-manteau pour les dames qui, dans les appartements, ne pouvaient se faire suivre de leurs laquais. Cependant, les grands jours on la laissait de toute son étendue; et ce n'était pas chose aisée que de savoir manœuvrer avec adresse cette quantité d'étoffe, de la soustraire aux pieds des passants et de ne pas s'embarrasser dedans, surtout quand il s'agissait de quêter. Mais les dames de la cour avaient en tout cela une adresse admirable. Le costume n'eût point été complet si deux longues bandes de dentelle noire ne se fussent détachées de la coiffure. Cet habillement n'était de rigueur que les dimanches et jours de fête; dans la semaine, les dames qui accompagnaient les princesses étaient, comme elles, vêtues très-simplement.

La présentation des ambassadrices qui se mariaient en France exigeait un autre cérémonial. Les voitures de la cour allaient les chercher. Les introducteurs des ambassadeurs les conduisaient chez la reine, où le roi arrivait par une porte dérobée, et la reine lui présentait elle-même la dame. Ces usages, au premier abord, nous paraissent puérils et ridicules; mais, en y réfléchissant un instant, il faut bien reconnaître que la moitié de notre vie se passe de même en démonstrations et en compliments consacrés, comme l'étiquette de la cour, par un antique usage. « L'usage, a dit

Horace, est le souverain qui gouverne le monde. » Vingt fois, dans une conversation, nous demandons pardon à un homme que nous n'avons point offensé ; dans nos lettres nous nous déclarons le très-humble serviteur de gens que nous méprisons ; dans mille circonstances, enfin, nous trouvons, en vertu d'un usage établi, nos paroles en contradiction avec notre cœur.

Le roi donnait à souper, en grande cérémonie, à la nouvelle ambassadrice ; mais le fauteuil seul y était, car ni le roi ni sa famille n'y paraissaient. C'était la seule occasion où les pages servaient le grand écuyer et le premier gentilhomme de la chambre, qui représentaient le souverain. Ce service, toutefois, ne se faisait pas comme dans les cours étrangères. Là, en effet, j'ai vu les pages servir, la serviette sous le bras, avec les laquais ; il est vrai qu'ils ne faisaient attention qu'à leur prince, et que s'ils offraient quelques plats à la personne placée à côté, on ne les recevait qu'avec beaucoup de politesse. A Versailles, au contraire, dans les repas dont je parle, le page, le chapeau sous le bras, se plaçait derrière le grand officier, suivi de deux laquais. Quand l'officier demandait une assiette, le page la recevait des mains de l'un des valets, tandis que l'autre prenait celle qu'on renvoyait ; mais la première une fois reçue, le page était prié, avec beaucoup de remercîments, de se retirer. Je n'ai vu que deux de ces soupers : l'un pour la comtesse de Cordon, ambassadrice de Sardaigne, l'autre pour celle de Suède, fille de madame Necker, qui n'avait pas la pruderie de sa mère, madame de Staël. Après le souper on joua un petit opéra intitulé : *Syncope;* c'était une parodie très-spirituelle d'un grand opéra de *Pénélope.*

Le roi dînait tous les dimanches en public, avec la reine, dans l'antichambre de l'appartement de celle-ci. Ce dîner n'était, pour la reine, qu'une représentation ; elle dînait ensuite chez elle. Mais le roi y mangeait, si je puis me servir de cette expression, avec toute la franchise de son caractère. Son tempérament sain et vigoureux, soutenu par un exercice continu, lui donnait un appétit qu'il satisfaisait avec une bonne humeur qui faisait plaisir à voir.

Le grand couvert n'avait lieu que les jours de cérémonies, c'était aussi chez la reine. La famille royale seule y était admise, et les princes du sang n'y prenaient part que le jour de leur mariage. Une musique brillante se faisait entendre pendant le repas, servi dans la plus belle vaisselle de la couronne. Le roi et la reine avaient près d'eux leurs *nefs* ou *cadenas,* c'est-à-dire des cassettes en vermeil contenant le sel, le poivre, les couverts et les couteaux.

On se rappelle qu'un jour que Louis XIV était à son grand couvert, on lui jeta sur la table un paquet de galons qui avaient été volés dans la tribune de la chapelle. De mon temps, un miroitier qui nettoyait les glaces de la galerie dégalonna en plein jour environ quarante rideaux de fenêtres. Peut-être eût-il restitué son vol de la même manière si, le lendemain, on ne l'eût pris sur le fait, comme il revenait pour achever son larcin.

Quand le roi recevait quelque députation, soit des cours souveraines, soit du clergé, ou des pays d'états, c'était dans sa chambre à coucher, assis sur son fauteuil, le chapeau sur la tête. Souvent même il restait debout, et presque toutes les députations haranguaient à genoux. Quand c'était une députation extraordinaire, on faisait jouer les eaux du parc et on promenait les députés dans de petites carrioles à deux places, en damas cramoisi galonné d'or, traînées par les suisses des jardins, revêtus de casaques de livrée du temps de Louis XIV, ce qui leur donnait la tournure la plus grotesque.

Le grand maître des cérémonies était M. de Dreux, marquis de Brézé. Il portait dans les cérémonies un manteau de la couleur de son habit; mais habituellement il avait, pour marque de sa dignité, un petit bâton couvert de velours noir avec une pomme d'ivoire. Il avait la charge de régler toutes les cérémonies et d'en tenir des procès-verbaux exacts et détaillés, et ses registres étaient souvent consultés dans les circonstances imprévues ou les disputes de préséance. La charge de maître des cérémonies fut créée par Henri III en 1585.

CHAPITRE X

CORDONS-BLEUS

> Comme la noblesse est la plus glorieuse récompense que les rois ayent accoustumé de donner aux hommes vertueux, l'ordre de chevalerie est un degré plus éminent.
> La Colombière, *Théâtre d'honneur*.

Le timide et voluptueux Henri III, passant successivement de la débauche aux pratiques de dévotion, institua l'ordre du Saint-Esprit pour calmer les remords qui, souvent, s'élevaient dans son âme. Cet ordre, le premier en dignité de l'ancienne monarchie, s'est soutenu dans toute sa splendeur jusqu'aux dernières années de la troisième race. Toujours composé des plus grands seigneurs du royaume, il était plus honorifique que lucratif; néanmoins, il était si recherché que toutes les places vacantes étaient aussitôt remplies. Le roi tenait par an trois chapitres de cet ordre, et recevait ensuite les chevaliers promus au chapitre précédent. Ces trois époques étaient les jours de l'an, de la Purification et de la Pentecôte. Tous les chevaliers, dont le nombre n'excédait jamais cent, se rendaient au lever du roi en habit de cérémonie. Cet habit était de velours noir avec une veste et des parements de satin vert brodé de flammes d'or, le cordon bleu par dessus. Le manteau était pareil à l'habit et s'attachait sur le grand collier de l'ordre, composé de trophées en émail et des chiffres de Henri III; au bas pendait l'étoile à huit pointes qui, sur le manteau, était brodée en argent.

Après le lever du roi, le chapitre se tenait dans la salle du conseil, et l'huissier de l'ordre proclamait les noms des nouveaux chevaliers. La procession commençait ensuite, et se rendait à la chapelle en traversant les grands appartements. Là marche s'ouvrait par les huissiers et les officiers de l'ordre. Ensuite arrivaient les novices, dans le costume du temps du fondateur, c'est-à-dire avec les chausses retroussées, le pantalon de soie blanche, les souliers de velours noir, le pourpoint en moire d'argent garni de dentelles, le petit manteau de damas noir et la toque retroussée par un diamant avec une plume de héron. Ce costume de mignon, qui pouvait aller à des jeunes gens, était souvent ridicule sur le dos des vieillards; madame de Sévigné nous a conservé des détails très-plaisants sur l'embarras des récipiendaires à la fameuse et nombreuse promotion de 1688, et surtout sur celui de

MM. de Montchevreuil et de Villars, dont les dentelles d'argent se trouvèrent tellement mêlées qu'on ne put jamais les séparer, ce qui compromit quelque peu la gravité de la cérémonie, aussi bien que le peu d'ampleur des chausses du maréchal d'Hocquincourt [1].

Après les novices venaient tous les chevaliers, deux à deux, par ordre de réception. La marche était terminée par les princes et le roi suivi de toute sa maison.

La famille des Rohan, d'après ses prétentions à vouloir être traitée comme souveraine, refusait le cordon bleu, parce que les seigneurs de ce nom voulaient marcher avec les princes du sang, et non à leur rang de réception.

Après la messe, célébrée par un prélat, commandeur de l'ordre, le roi montait sur un trône de velours vert semé de flammes d'or, et placé du côté de l'évangile. Le récipiendaire était amené par les maîtres de cérémonies entre deux parrains choisis parmi les anciens chevaliers. Après de nombreuses révérences, faites non pas en s'inclinant, mais en ployant les genoux, comme les femmes, ils s'approchaient du trône. Le novice, aux pieds du roi, prononçait le serment prescrit par les statuts de l'ordre, et recevait ensuite le collier et le grand manteau de velours noir semé de flammes d'or, avec la doublure et le chaperon de satin orange. On lui remettait également le chapelet et un

---

[1]. Madame de Sévigné, Lettre du 3 janvier 1689.

livre du petit office du Saint-Esprit, avec injonction de le réciter tous les jours. Je crois que bien des chevaliers oubliaient facilement cette obligation ; mais Louis XVI était très-exact à remplir ce devoir, qui, du reste, ne demandait pas plus d'un quart d'heure chaque jour.

Après la cérémonie, le roi était reconduit dans son appartement dans le même ordre qu'il en était sorti.

Il fallait avoir trente ans pour être reçu chevalier de l'ordre. Les princes du sang l'étaient après leur première communion, et les fils du roi le jour de leur naissance. J'ai vu recevoir les enfants de M. le comte d'Artois, ceux du duc d'Orléans et le duc d'Enghien.

L'ancien ordre de Saint-Michel, institué par Louis XI et répandu à profusion, fut, après l'institution de celui du Saint-Esprit, destiné aux artistes et aux savants. La distinction était un large ruban noir, et c'était un chevalier du Saint-Esprit qui faisait la réception dans l'église du grand couvent des Cordeliers, à Paris. Mais tous les cordons-bleus recevaient aussi celui de Saint-Michel, d'où ils étaient qualifiés chevaliers des ordres du roi.

L'ordre de Saint-Louis, destiné à récompenser la bravoure militaire, tenait son chapitre le jour de la saint-Louis. Tous les chevaliers, les grand'croix et les commandeurs assistaient à la messe avec l'habit de leurs grades militaires. La distinction était, pour les grand'croix, un large ruban rouge et la plaque en or brodée sur l'habit, et pour les commandeurs le ruban sans la plaque. Les princes du sang ne recevaient cette croix qu'après avoir fait une campagne.

Le roi portait habituellement, outre le cordon bleu, la petite croix de Saint-Louis et la Toison d'or que le roi d'Espagne lui envoyait en échange du cordon bleu.

Il y avait encore en France l'ordre de Saint-Lazare ou de Notre-Dame-du-Mont-Carmel, ordres d'abord distincts, qui avaient été réunis. Le premier fut créé par Henri IV, tandis que l'autre remontait au temps des croisades. Le roi en nommait le grand maître, et de mon temps c'était Monsieur qui possédait cette charge. Il allait, trois fois par an, en tenir un chapitre à l'École militaire, à Paris. La marque de l'ordre était une croix d'émail suspendue au col par un ruban moiré vert, et la même croix brodée sur l'habit. La petite croix se donnait seulement aux élèves de l'École militaire qui se distinguaient par leur conduite et leur application. Ils la portaient à la boutonnière, attachée par un ruban lie de vin.

L'ordre du Saint-Esprit fut supprimé en 1791 par un décret de l'Assemblée nationale, qui ne conserva que la croix de Saint-Louis.

CHAPITRE XI

LITS DE JUSTICE

> ..... Les voici !
> Que je lis sur leur front de dépit et de haine
> VOLTAIRE, *Mort de César*.

J'ai été témoin deux fois de ces imposantes cérémonies où l'on voyait le premier corps de l'État aux prises avec l'autorité royale. Dans les derniers temps de la monarchie, les parlements avaient cherché à se transformer en un corps délibérant et un pouvoir législatif, changeant ainsi l'essence de notre antique gouvernement, et le rendant aristocratique, puisque la puissance n'eût plus été dans les mains d'un seul.

Pour dire un mot ici des attributions et de l'autorité du parlement, j'emprunterai les lumières de Ferrand, parlementaire lui-même, et aussi judicieux écrivain que magistrat distingué, s'inspirant d'ailleurs de l'opinion du célèbre président de Harlay.

Le parlement, autrefois simple conseil du roi, s'en vit séparé quand, déclaré stable, il cessa de le suivre à l'armée ou dans ses voyages. Mais il resta toujours le conseiller du monarque, et donnait son avis sur les lois que le conseil privé avait présentées ou que le roi lui-même avait conçues. « Le souverain le consulte, dit Ferrand ; éclairé par son avis, il donne le sien, et le sien fait la loi... Si, après avoir pesé les observations, le souverain juge que la loi doit être donnée, il sera obéi, parce qu'il ne doit y avoir qu'une autorité dans l'État. » Ce passage fait assez comprendre, je crois, l'institution du lit de justice ; ce n'était qu'une assemblée où le roi déclarait au parlement que son intention était de promulguer sa loi, et où il ordonnait qu'elle fût enregistrée, pour qu'elle eût toute sa force. « L'opposition passive à cette dernière mesure est la seule qu'ils se permettront, et ils n'élèveront jamais une autorité rivale de celle dont ils ne sont que les dépositaires... Ce n'est pas que par une résistance passive et raisonnée il (le parlement) ne cherchât et ne parvînt même souvent à l'éclairer (le roi) ; quelquefois, par sa respectueuse fermeté, il obtenait un triomphe complet. »

Tels étaient à peu près les devoirs et la conduite de ces compagnies dans des temps plus reculés. Quel contraste de ce rôle si sage avec celui que nous leur avons vu ambitionner de nos jours ! Qu'il y avait loin de cette opposition passive à ces tentatives multipliées d'élever leur puissance au niveau si ce n'est au-dessus de celle du roi ; à ces refus factieux d'enregistrer des lois dont, chaque jour, nous pouvions reconnaître la sagesse, dans un besoin urgent de nouveaux impôts ; à ces protestations fougueuses, à cette opiniâtre résistance qui appelait la sévérité du monarque ; enfin, à ces sourdes intrigues qui excitaient le peuple à prendre la défense de magistrats qu'on lui apprenait à regarder comme des tribuns. C'est ainsi que le parlement creusait, avec autant d'imprudence que d'aveuglement, l'abîme qui devait l'engloutir avec la monarchie.

Le premier lit de justice dont je fus témoin eut lieu en 1787, sous le ministère de M. de Calonne, pour enregistrer un édit sur l'augmentation des vingtièmes ; et ce fut la résistance du parlement qui engagea le roi à convoquer une première assemblée de notables ; ce qui amena la chute de M. de Calonne.

Le second fut provoqué par le cardinal de Brienne, par suite du refus du parlement d'enregistrer plusieurs édits, notamment celui qui instituait cette fameuse cour plénière que le parlement appréhendait d'autant plus qu'elle semblait établir une puissance législative au-dessus de lui. Cette fois la résistance fut très-prononcée : les représentations prirent un caractère factieux et violent, au point qu'avant de renvoyer l'assemblée, le roi se leva de son trône et s'écria d'une voix forte et pénétrée d'indignation : « Vous avez entendu mes volontés ; je prétends qu'elles soient exécutées. »

Voici à peu près le cérémonial de ces sortes d'assemblées :

A Versailles elles avaient toujours lieu dans la grande

salle des gardes du corps. Le trône était placé dans l'angle où est située la porte donnant sur l'escalier de marbre. Les rois siégeaient autrefois sur un trône d'or, comme il est dit dans les anciens historiens, parce que les parlements se tenaient en rase campagne. Depuis qu'on les assemblait dans l'intérieur du palais, on y avait substitué un trône ou dais avec des coussins, et comme un dais se nommait autrefois un lit, on appela lit de justice le trône où le roi siégeait en cour de parlement. Cinq coussins formaient le siége. Le roi était assis sur l'un, un autre tenait lieu de dossier, deux servaient d'appuis, et le cinquième était sous les pieds. Charles V renouvela ces ornements. Dans la suite, Louis XII les fit refaire à neuf, et l'on croit que c'est le même trône qui subsistait encore dans les derniers temps. Il était en velours violet, semé de fleurs de lis d'or, et toute la salle était tendue de même étoffe.

Le parlement déjà rassemblé attendait le roi dans cette salle; le monarque arrivait, précédé de sa maison et d'une députation de présidents à mortier qui allaient le recevoir au haut de l'escalier. Son habit était de velours violet avec le manteau pareil et un chapeau garni de plumes, et tous les officiers avaient, sous d'autres couleurs, le même costume.

Assis sur son trône, le roi avait à ses pieds le grand chambellan ou celui qui le représentait. Comme M. le duc de Bouillon était exilé de la cour, le duc de Villequier en fit les fonctions au lit de justice du 8 mai 1788. A côté du roi était le grand écuyer, avec l'épée royale pendue au cou; cette épée était autrefois portée par le connétable, avant la suppression de cette charge sous Louis XIII. Dans une chaise à bras était le chancelier ou le garde des sceaux, revêtu de la simarre de pourpre. Au bas du trône se plaçaient les huissiers de la chambre avec leurs masses de vermeil; c'était un reste de l'ancienne armure des sergents d'armes qui accompagnaient les rois, depuis que le Vieux de la Montagne avait menacé les jours de Philippe-Auguste. Les huissiers ont succédé aux sergents, et la masse qui servait de défense à ces derniers est devenue, dans la main de leurs remplaçants, un objet de parade. Au milieu du parquet, les hérauts d'armes, revêtus de leurs tuniques ou cottes d'armes de velours violet, étaient à genoux. De chaque côté du trône, sur différents bancs, étaient les princes du sang, les pairs laïques et ecclésiastiques, les maréchaux de France, les chevaliers de l'ordre, etc.

Le roi, assis, se couvrait, prononçait un discours assez bref, et laissait ensuite au chancelier le soin de développer les idées qu'il renfermait. Alors, selon les circonstances, les membres du parlement, les gens du roi parlaient et donnaient leurs conclusions. Le chancelier prenait les ordres du monarque, et la cérémonie se terminait ordinairement par l'injonction faite au greffier d'enregistrer l'édit discuté ou de biffer des registres des protestations injurieuses à l'autorité du roi.

Afin d'éviter au roi un très-long circuit pour se rendre à la salle du lit de justice, on le fit passer, en 1788, par l'appartement du maréchal de Duras, situé au haut de l'escalier de marbre, et qui, par un dégagement, donnait dans la salle des Cent Suisses. Le maréchal, malade alors, fut obligé de se retirer dans une petite garde-robe.

Je n'aurais point parlé de cette circonstance si je ne croyais que cet appartement fut celui de madame de Maintenon. J'ai toujours vainement demandé quelles étaient les pièces qu'elle avait occupées ; je n'ai rien pu découvrir, et les mémoires du temps ne s'expliquent pas d'une manière précise. Je n'ignore pas qu'une lettre, datée de Fontainebleau, le 16 mars 1688, et adressée à madame de Saint-Géran, nous apprend qu'elle y occupait l'appartement de la reine. « Toutes vos nouvelles, lui écrit-elle, grossissent à plaisir les objets ; ce n'est que par occasion, et en attendant, que j'occupe l'appartement de la reine, aussi n'y ai-je mis que des meubles très-simples. » Mais, comme elle le dit elle-même, ce n'était que temporairement, et à Fontainebleau ; et rien ne prouve que dans les autres maisons royales, et spécialement à Versailles, elle ait eu la même habitude. Le contraire paraît à peu près certain. Or, les appartements de la reine exceptés, ceux au-dessous des cabinets du roi ne pouvaient lui convenir. Nous lisons, en effet, que la foule des courtisans se rendait sur son passage ou dans son antichambre pour solliciter sa faveur ou obtenir un regard du monarque lorsqu'ils sortaient l'un ou l'autre ; et cette foule aurait à peine trouvé place dans les couloirs étroits et les escaliers obscurs qui mènent à ces appartements, occupés successivement par madame de Pompadour et madame Du Barry sous le règne de Louis XV, et par le duc de Villequier sous celui de Louis XVI. D'ailleurs, Voltaire, presque contemporain, dit que l'appartement de madame de Maintenon « était de plain-pied à celui du roi. » Je ne vois donc que celui du maréchal de Duras qu'elle ait pu occuper avec décence. Vaste et commode, il était de plus à portée de celui du roi, qui pouvait s'y rendre à toute heure et y recevoir la cour lorsque ses liens avec madame de Maintenon furent, sinon entièrement connus, du moins généralement soupçonnés.

CHAPITRE XII

PORTE-CHAISE D'AFFAIRES

Pour grands que soient les rois, ils sont ce que nous sommes.
CORNEILLE, *le Cid*.

Il me faudrait la plume caustique et féconde du curé de Meudon pour écrire avec succès ce burlesque chapitre. La muse, si c'en était une, qui inspira à Rabelais certaines pages des plus joviales de son *Gargantua*, pourrait seule me suggérer les expressions qui conviendraient pour dire à mes lecteurs ce que c'était que le porte-chaise d'affaires.

Pour grands que soient les rois, ils sont ce que nous sommes; ils sont, comme nous, soumis aux besoins de la nature. On les voit manger en public, et l'on devine qu'après ces fonctions dont il est de bon ton de s'acquitter au grand jour, il en est d'autres que le roi seul de je ne sais plus quel empire a conservé l'habitude de faire également en public.

Eh bien, le porte-chaise d'affaires était celui qui, le chapeau bas, en habit de velours, l'épée au flanc, était chargé de dissimuler ces dernières misères auxquelles il a plu à la mère Nature de nous assujétir. La Faculté était sa plus déplaisante ennemie; elle lui faisait passer parfois de fort mauvais quarts d'heure. Il est vrai qu'il s'en trouvait bien dédommagé par les vingt mille livres que lui valait sa charge; avec cela, qu'il pouvait signer le contrat de mariage de sa fille du titre d'officier du roi, et traiter ses amis avec de fort beau linge dont on pouvait, en admirant la beauté du tissu, oublier la destination première.

Les réformes du cardinal de Brienne firent disparaître les porte-chaise d'affaires, comme les cravatiers, les pousse-fauteuil, etc. Les porte-chaise étaient au nombre de deux et servaient six mois. L'un était un petit tailleur, d'une figure tout aussi burlesque que sa charge, achetée du produit d'un terne gagné à la loterie; l'autre était un marchand de faïence de la rue du Vieux-Versailles.

Le porte-chaise entrait au lever du roi, quand on appelait la première entrée; il passait alors, — car enfin, puisque j'ai commencé ce chapitre, il faut bien que je dise quelque chose des fonctions qu'il avait à remplir, — il passait dans la garde-robe, près du lit du roi, pour voir s'il n'y avait rien, dans son petit mobilier, qui réclamât sa vigilance et sa sollicitude. C'était là son seul service. Ailleurs, et à tout autre moment, on n'avait pas besoin de lui. Il se trouvait, en effet, dans les petits appartements, un cabinet plus somptueux, construit à l'anglaise, en marbre, porcelaine et acajou, où sa présence était inutile. Le roi éprouva là un jour une aventure très-comique, que je tiens du garçon du château qui courut à son secours, et dont la vraie place, je crois, ne peut être que dans ce chapitre, absolument étranger à la politique.

Le roi s'assit un jour sur son trône, non pas sur ce trône du haut duquel il recevait une solennelle ambassade ou tançait un parlement rebelle, mais sur ce trône dont le porte-chaise avait la direction. Dans sa précipitation, il ne s'était point aperçu qu'un énorme angora s'était enroulé dans la conque de faïence pour y goûter en paix l'isolement et la fraîcheur. Pendant un certain temps, tout alla bien du côté de l'animal; la privation d'air n'avait point interrompu ses ron-ron. Mais à un moment donné, qu'il n'est point facile de désigner et que l'on devine, le matou se fâcha bel et bien, et témoigna son mécontentement par des efforts extraordinaires pour sortir de sa malencontreuse position. Le roi, aussi effrayé que surpris de cette véritable attaque à main armée, prit aussitôt la fuite, le haut de chausses à la main, et courut se pendre à toutes les sonnettes, tandis que de son côté, le captif, dans un piteux accoutrement, brisait porcelaines et vases, cherchant partout une issue qu'on se hâta de lui offrir.

Cette anecdote, que je garantis, ne pouvait amuser Louis XVI, qui n'aimait pas les chats. En cela, comme en bien d'autres choses, il différait de Louis XV, qui en avait toujours un sur sa cheminée, où, pour le garantir d'une trop grande fraîcheur, on garnissait le marbre d'un coussin de velours.

Pour en revenir au porte-chaise, cette charge existait sous Louis XIV, et date sûrement de bien plus loin. En 1698, ceux qui possédaient cette dignité étaient le sieur Philippe Sennelier, et Jean, son fils, en survivance; et pour le second semestre, le sieur Charles Hallier, sieur des Châteaux, et François Cornu de Sainte-Marthe, son gendre, en survivance. Ils avaient chacun six cents livres de gages et deux cents livres de récompense, mais ils n'avaient point bouche à la cour. Sans doute que la seigneurie des Châteaux provenait aux Hallier du produit des fameuses serviettes; à moins toutefois que — s'il est vrai, comme l'ont avancé quelques mauvais auteurs protestants ou jansénistes, que les jésuites achetassent très-cher la chaise royale, pour découvrir dans les papiers quelques importants secrets — le fief des Châteaux n'eût été le produit de cet étrange commerce.

Le duc de Saint-Simon, si je ne me trompe, nous dit dans ses *Mémoires* que Louis XIV, dans son jeune âge, donnait audience à ses favoris dans l'attitude où nous avons surpris tout à l'heure le bon roi Louis XVI. Si le fait est vrai, cela devait donner une certaine importance à la charge du porte-chaise, puisqu'il devait se trouver admis à des entretiens fort secrets. Mais Louis XVI, moins familier, n'avait, pour remplir cette charge, que des tailleurs dont je n'ai pu retenir les noms. Si je les retrouve un jour, je ne manquerai pas de les consigner ici.

En voilà assez, je crois, sur le porte-chaise d'affaires. Ce chapitre paraîtra peut-être même long pour une pareille matière; en tous cas, au milieu des sérieuses réflexions que doivent inspirer les événements que j'ai à décrire, ce n'était pas le plus aisé à traiter. Mais la chose fait partie des usages du temps. Ce sera, pour les amateurs de l'égalité, un texte à moraliser; et il paraîtra d'autant plus curieux que je doute fort de voir cette charge rétablie à la nouvelle cour, qu'elle n'existe peut-être plus en Europe, et que, pour la retrouver, il faudrait l'aller chercher au royaume de Cocagne, où le porte-coton est un des grands officiers de l'empire.

CHAPITRE XIII

SPECTACLES

La Fable ingénieuse, ouvrant ses galeries,
Vous offre le trésor de ses allégories.
C'est là que la Raison, prenant des traits nouveaux,
Du fard des fictions embellit ses tableaux.
Dorat, *Déclamation*.

Pendant l'hiver, depuis le mois de décembre jusqu'à Pâques, les divers spectacles de Paris venaient à Versailles faire le service de la cour. Le mardi était consacré à la tragédie, le jeudi à la Comédie-Française, et le vendredi à l'Opéra-Comique. Le grand Opéra ne jouait que cinq à six fois chaque hiver, et c'était le mercredi. Louis XVI préférait généralement la tragédie et la comédie ; il y était très-assidu. Connaissant bien tous les grands poëtes, juste appréciateur de leurs beautés et doué d'une mémoire heureuse, ce prince se trouvait là dans son élément, tandis que son oreille, peu musicale, le disposait mal à goûter l'opéra, où il ne pouvait s'empêcher de bâiller. Je n'ai jamais, en effet, entendu personne chanter plus faux que ce pauvre roi; heureusement que la musique n'est pas nécessaire pour gouverner! En revanche, la sublime mélodie des vers de Racine lui était particulièrement agréable. Je me rappelle qu'un soir, au coucher, à Fontainebleau, on parla d'une tragédie de ce poëte qu'on venait de représenter. Un des courtisans voulut en réciter quelques vers qu'il estropia. Le roi prit la parole et nous débita toute la scène avec une justesse d'expression qui témoignait du goût du prince et de son instruction.

C'est à ce voyage de Fontainebleau que j'ai toujours fait remonter la haine féroce du poëte Chénier pour les rois, et surtout pour Louis XVI.

On y représentait pour la première fois [1] sa première tragédie, intitulée *Azémire*, et dont le sujet était emprunté aux croisades. Peut-être avait-il espéré plus d'indulgence de la cour que de la ville, et pensait-il que le respect, qui empêchait de siffler devant le roi, sauverait sa pièce du naufrage. Jamais, en effet, tragédie ne fut plus ridicule. Un chevalier croisé était retenu, comme Renaud, dans les palais d'Armide, par les charmes d'une jeune musulmane. Vainement, tous ses frères d'armes essayaient de le faire rougir de sa faiblesse; aucun des beaux sermons qui lui étaient adressés ne pouvait dissiper son aveuglement, et il

---

1. Le 4 novembre 1786. (*Note des éditeurs.*)

restait insensible à tout, même à cette belle apostrophe :

Que diront les Français, que dira ton vieux père ?

Un acteur, nommé Dorival, chargé de débiter ces mauvais vers, avait une prononciation gênée, ce qui ne l'empêchait pas d'être très-bon dans les rôles de raisonnements, où il ne commettait jamais un contre-sens. Mais ce jour-là sa langue s'embarrassa tellement, qu'on entendit :

Que diront les Français, que dira Dieu le Père ?

Un immense éclat de rire, qui gagna les acteurs eux-mêmes, accueillit cette étrange interprétation. Mais à la fin du quatrième acte, un sifflement aussi aigu que prolongé partit du haut de la salle. C'était, je l'ai dit, chose inouïe aux spectacles de la cour. Ce manque de respect, la position de la loge grillée où se plaçait le roi, tout persuada que le monarque avait pu lui seul pousser cette note malheureuse qui perça sûrement le tympan de M. Chénier, fit éclore sa monstrueuse tragédie de Charles IX, et le rendit l'ennemi irréconciliable des rois.

Voici comment La Harpe juge la malheureuse tragédie d'*Azémire* dans une lettre au grand-duc de Russie, depuis empereur Paul Ier : « Un M. Chénier, jeune aspirant, qui fait profession d'un grand mépris pour nos meilleurs écrivains, a fait jouer à Fontainebleau une tragédie d'*Azémire*, qui a été sifflée outrageusement depuis le commencement jusqu'à la fin. »

La salle de spectacle, au château de Versailles, était située dans l'aile à droite de la cour royale. Ce côté du château avait été rebâti après coup, et la nouvelle architecture s'accordait mal avec le goût sévère et la teinte sombre des travaux de Louis XIV. Cette salle contenait peu de monde ; mais le théâtre était vaste et pouvait se prêter à la représentation des opéras les plus embarrassés de machines et d'acteurs. Toutes les dépendances de la salle étaient commodes, et la décoration intérieure magnifique. Les loges étaient garnies de draperies en moire bleue ; celles où se plaçait la famille royale étaient grillées et situées au rez-de-chaussée. Toutes les personnes à qui leurs charges ne donnaient point entrée au spectacle, se faisaient inscrire pour avoir des billets chez le capitaine des gardes, lequel, à raison de sa place, devait répondre de toutes les personnes qui approchaient le roi. Les pages de la chambre avaient leurs places dans la loge des premiers gentilshommes, d'où, par un petit escalier, nous portions leurs ordres sur le théâtre. Le vieux maréchal de Duras, toujours galant, nous envoyait souvent chercher les actrices, qui venaient dans sa loge recevoir un compliment, parfois une accolade ; il nous recommandait de leur baiser la main en les reconduisant, et la vertueuse Idamé, la fière Aménaïde redescendaient par l'escalier tortueux, appuyées, non sur le bras d'un mandarin ou d'un chevalier syracusain, mais sur celui d'un page, le chapeau sous le bras.

C'était le roi qui fixait l'heure du spectacle, d'après la durée qu'il devait avoir; car ce prince, ne voulant point faire attendre les officiers qui venaient prendre l'ordre, sortait toujours à neuf heures précises, pour aller de là souper chez Madame. Le matin, M. Desentelles, intendant des menus plaisirs, lui présentait le programme contenant la liste des rôles, le nom des acteurs qui devaient les remplir et la durée du spectacle. Chaque représentation était assez dispendieuse, car on fournissait les voitures aux acteurs pour venir de Paris, et toute la salle, même le théâtre, était éclairée en bougies.

C'était la musique de la chapelle qui composait l'orchestre, et quoiqu'on y entendît les Kreutzer, les Bezozzi et les Salentin, on aurait pu avoir une meilleure exécution, parce que les chanteurs n'étaient point accoutumés aux musiciens, et que les musiciens étaient plus habitués à exécuter des motets que des opéras.

Outre la salle de spectacle dont je viens de parler, il y en avait une autre à l'extrémité du château, du côté du nord, qui était peut-être la plus belle de l'Europe, si l'on excepte celles d'Italie. On y jouait rarement, à cause de son étendue et de la dépense qu'elle nécessitait. Pendant quatre ans que j'ai vu la cour à Versailles, on n'y donna pas une seule fête. Le théâtre était plus vaste qu'aucun de ceux de Paris, et la hauteur totale du bâtiment était de cent vingt pieds.

Quand la cour y était rassemblée, le coup d'œil était magnifique. La multiplicité des lustres, l'éclat des parures se réfléchissaient dans les glaces dont les loges étaient remplies. Quand on examinait, par toutes les trappes ouvertes, le fond du théâtre, on était effrayé de la profondeur, et ce n'était point sans raison; car le fils du machiniste, Boulet, ayant eu le malheur d'y tomber, y fut misérablement écrasé.

Quand on voulait donner une fête à la cour, on montait sur le théâtre plusieurs rangs de loges qui formaient, avec les loges permanentes, un ovale parfait. La décoration de ces loges donnait comme un reflet de pierres précieuses, tant l'éclat de toutes ces dorures était éblouissant. La dernière de ces fêtes fut donnée pour le comte du Nord, l'empereur de Russie Paul Ier; on ne fit qu'illuminer la salle. Quant aux ambassadeurs indiens, dont je parlerai plus loin, ce furent eux qui firent la beauté ou plutôt l'étrangeté du spectacle, en traversant le théâtre et en s'extasiant devant tous ces objets que la perspective leur présentait en relief sur une surface plane. J'ajouterai que ce fut dans cette salle que se donna le fameux repas des gardes du corps, quelques jours avant le 5 octobre; ce qui servit de prétexte à cette mémorable journée.

Il y avait encore dans la ville une salle de spectacle pour le public. Le fond en était occupé par cinq ou six loges toujours remplies d'une partie des cent cinquante-huit pages qu'il y avait alors à Versailles. Ils exerçaient une police sévère sur les pièces, sur les acteurs, et même sur le parterre, quoiqu'ils donnassent lieu à des querelles fréquentes. J'en ai vu éclater plusieurs. Un jour, un page de la grande écurie, nommé Frébois, prenait une bavaroise chaude sur le bord de la loge, lorsqu'un mauvais plaisant du parterre cria : « A bas la bavaroise ! » M. de Frébois se lève avec le plus grand calme, prend sa carafe et en arrose le parterre qui se culbutait, en riant beaucoup, pour éviter le brûlant liquide.

C'est dans cette salle que j'ai entendu un bon mot qui, montrant déjà le peu de respect qu'on portait à la famille royale, en ce moment présente dans une loge qu'elle s'était réservée, faisait presque prévoir le sort qui l'attendait. A une représentation de l'opéra de Paësiello, intitulé : *Le roi Théodore à Venise*, laquelle eut lieu en 1788, lors de la scène où le valet du roi confiant à Thadéo, l'hôte de la maison, l'embarras pécuniaire de son maître, répète plusieurs fois : « Que ferons-nous ? » une voix du parterre répondit : « Assemblez les notables ! »

Je remarquerai encore ici que tout Versailles vivait des bienfaits de la cour, et que cependant pas une ville en France ne se montra aussi acharnée contre la royauté. L'ingratitude des hommes ne parut jamais sous un aspect aussi révoltant. Mais le sort actuel de cette ville nous montre combien le bon La Fontaine a eu raison de dire :

> Quant aux ingrats, il n'en est point
> Qui ne meure enfin misérable.

CHAPITRE XIV

BALS DE LA REINE

> Mettons des couronnes de roses sur nos têtes; livrons-nous à une aimable gaîté. Une jeune bergère tenant un thyrse garni de feuilles de lierre, danse d'un pied léger...
> ANACRÉON.

J'ai déjà parlé de certaines réformes qui avaient eu pour effet d'amoindrir le respect que la magnificence et l'appareil des fêtes et des cérémonies entretiennent naturellement dans le cœur des sujets pour la majesté royale. Les fêtes charmantes dont je vais parler ici semblaient avoir échappé à la proscription. On y voyait toujours briller cette noblesse et cette magnificence, dignes d'un grand roi, et cette galanterie, digne de la France. On ne les vit disparaître qu'après M. de Calonne, ce ministre célèbre, plus capable encore que calomnié, qui ne laissa point s'éteindre les derniers rayons de la majesté royale. Si, par l'augmentation du déficit, il creusa davantage le précipice, il sut du moins, d'un bras vigoureux, retenir sur ses bords la monarchie prête à y tomber, et il l'aurait sauvée si le courage et le désintéressement de chacun avaient voulu appuyer ses projets.

Les bals finirent en 1787; je ne les vis que deux hivers. C'était le roi qui les donnait à la reine les mercredis de chaque semaine, depuis le commencement de l'année jusqu'au carême.

Les pages de la chambre étaient chargés d'en faire les honneurs. Arrivés les premiers, ils attendaient les dames pour les conduire à leurs places, leur offrir des rafraîchissements et les reconduire au souper ou à leurs voitures. Habitués au grand monde, ils mettaient dans ces fonctions la désinvolture de leur âge et la politesse de leur rang. Les étrangers étaient toujours frappés de voir ces petits bons régents, dont la plupart portaient encore sur leurs visages les roses de l'enfance, se démener, courir, appeler, presser les gens du buffet, reconduire les dames, sans paraître étonnés de ces grandeurs, ni fatigués du poids de leurs superbes habits.

Dans la partie du château située à gauche de la cour royale, était une ancienne salle de spectacle que ses étroites dimensions avaient fait abandonner. C'était là que se donnait la fête. On y ajoutait plusieurs de ces pavillons de bois conservés à l'hôtel des Menus-Plaisirs, et qui, dressés en peu d'instants, décorés en quelques heures, formaient des palais ambulants. La distribution changeait souvent, et la salle de 1786 se fit surtout remarquer par son élégance.

On entrait d'abord dans un bosquet de verdure garni de statues et de buissons de roses, et terminé par un temple ouvert où était le billard. La verdure un peu sombre du bosquet rendait plus éclatante l'illumination du billard. A droite, de petites allées conduisaient dans la salle de danse et dans celle du jeu; et pour conserver aux joueurs le tableau de la danse sans laisser évaporer la chaleur de ce beau salon, on avait clos une des portes par une énorme glace sans tain, transparente au point qu'il fallait y placer un suisse en sentinelle pour empêcher quelques maladroits de vouloir passer à travers.

La salle du bal était un carré long dans lequel on descendait par quelques marches. Tout autour régnait une galerie qui laissait la liberté de circuler sans nuire à la danse, qu'on pouvait examiner entre les colonnes; c'était même de là que les personnes non présentées et admises dans les loges qui entouraient la salle en avaient la vue, et les pages avaient soin de leur y faire porter des rafraîchissements. A l'autre extrémité de la salle de danse était le buffet, qui terminait la perspective de la salle de jeu. Il était placé dans une demi-rotonde. D'énormes corbeilles de fruits et de pâtisseries séparaient de grandes urnes antiques remplies de liqueurs, dont les couleurs s'apercevaient au reflet des lumières. Quatre coquilles de marbre contenaient des jets d'eau, qui jaillissaient toute la nuit et répandaient une douce fraîcheur dans la salle de danse, tandis que de nombreux tuyaux de calorifères échauffaient les autres appartements.

Rien n'était oublié. Deux femmes de chambre se tenaient dans un cabinet de toilette pour réparer le désordre que la vivacité de la danse pouvait amener dans le costume. Et comme la disposition de la salle n'avait pu laisser pour ce cabinet qu'une demi-circonférence, on y avait adapté des glaces qui rendaient l'illusion parfaite et lui donnaient la forme d'une rotonde.

Les costumes étaient élégants, mais simples. Les hommes étaient en habits habillés et dansaient avec leurs chapeaux à plumet sur la tête, usage extrêmement noble et gracieux, que je n'ai vu pratiquer qu'à la cour de France. Plusieurs hommes y portaient des habits noirs brodés en jais, et le reflet des lumières sur cette broderie rendait ce costume très-brillant.

Il fallait monter dans les carrosses, c'est-à-dire être présenté, pour avoir l'entrée de ces bals et y danser. Tout ce qui était de service y entrait sans pouvoir y danser ni se mettre à table. Il n'y avait même pas d'exceptions pour les officiers des gardes; aussi plusieurs nous faisaient-ils la cour pour venir souper à la table qu'on nous préparait dans une salle particulière.

A minuit, on servait le souper dans l'ancienne salle de spectacle. Chaque table était d'une douzaine de couverts, et l'on s'y réunissait avec sa société. Les valets de pied du roi et de la reine servaient. Les mets les plus recherchés et les plus délicats y étaient offerts avec profusion. La famille royale soupait souvent au bal, le roi n'y arrivait qu'après avoir soupé à neuf heures, dans ses appartements. Il y restait jusqu'à une heure, et allait se coucher, après avoir fait un tric-trac dans un petit salon destiné à ce jeu. Ce prince, ami des mœurs et de toute régularité, n'aimait pas qu'on jouât gros jeu. Rarement s'exposait-il à perdre plus de deux louis dans une soirée. A un de ces bals, quatre jeunes gens dont j'ai oublié les noms, excepté celui du jeune Belzunce, massacré à Caen durant la Révolution, firent une partie un peu forte au billard. Le roi entra dans la salle et leur demanda pourquoi ils ne dansaient pas; ils répondirent qu'ils se délassaient un instant, et assurèrent le roi qu'ils jouaient petit jeu. On apprit le lendemain que la perte s'était élevée à quinze ou dix-huit cents louis, et le roi exila les quatre jeunes gens à leur régiment.

Malgré la simplicité et la bonhomie de Louis XVI, son rang et ses vertus en imposaient toujours un peu. Il se retirait de bonne heure parce qu'il savait qu'une fois parti le bal s'égayerait et s'animerait davantage. L'étiquette devenait moins sévère; les vieux jeunes gens qui se trouvaient trop âgés pour se mêler à ces plaisirs, se permettaient alors une contredanse ou une colonne anglaise. On les reconnaissait à leur tête nue; car ils étaient censés ne pas être venus pour se livrer à la danse, et ne s'étaient point habillés en conséquence.

La reine, Madame Élisabeth, M. le comte d'Artois, le duc de Bourbon, qui déjà ne dansaient plus, le faisaient alors une fois par extraordinaire, et jamais, à la cour, on ne vit régner plus de décence, et en même temps plus de franche gaieté.

Les meilleurs danseurs de ce temps étaient MM. de l'Aigle, qui se sont vu surpasser depuis, parce que cet art frivole est devenu l'objet d'une étude suivie, qu'il demande de la jeunesse et de l'exercice, et qu'il s'était écoulé plus de vingt ans depuis leurs premiers succès. La danseuse par excellence était madame d'Agoult, ou mademoiselle de Bellemont, qui, depuis, abandonna son mari pour le conventionnel Rovère, qu'elle voulut aller retrouver jusque dans les marais de la Guyane; mais n'y ayant pu recueillir que ses cendres, elle le remplaça bien vite, non pas par M. d'Agoult, mais par le capitaine du vaisseau anglais qui la portait... O mœurs!...

Le point du jour mettait fin à ces nuits brillantes. Nous reconduisions les dames à leurs voitures, après leur avoir présenté des bouillons et des restaurants, et nous, les poches pleines de bonbons et d'oranges, débris du magnifique souper qu'on nous servait, nous allions chercher le repos que nous avions bien gagné. Il arrivait même parfois que le bruit et le plaisir ne suffisaient point à empêcher plusieurs pages de succomber au sommeil.

CHAPITRE XV

AMBASSADE INDIENNE

> Il venait des gens de tous les pays pour entendre la sagesse de Salomon; et tous les rois de la terre envoyaient vers lui pour être instruits de sa sagesse.
>
> *Les Rois*, III, iv, 34.

Ces ambassades extraordinaires qui arrivent des extrémités de la terre excitent toujours la curiosité, et souvent elles font époque dans l'histoire, plutôt par la rareté de l'événement que par l'importance de la négociation.

Celle qui fut envoyée à Louis XVI, en 1788, par le successeur de Hyder-Ali, le sultan Typoo-Saëb, roi de Mysore, excita vivement l'attention de toute la France. Les mœurs, les habitudes, les costumes de ces Indiens furent longtemps le sujet de nos conversations, le type de nos modes. Soit que le ministère ne jugeât pas leurs demandes très-intéressantes, soit qu'on se ressentît déjà du malheur des temps, on les traita assez lestement et sans beaucoup de cérémonies. Le but de leur long voyage était d'obtenir la protection de la France pour tâcher de contrebalancer, dans l'Inde, la formidable puissance des Anglais. Il est à croire que, sans la Révolution, le gouvernement eût été assez sage pour seconder les vues du sultan, qui prévoyait dès lors la chute de son empire, et se voyait enseveli sous les ruines de Séringapatam. Plus tard, le Directoire, et avant lui le Comité de salut public, se contentèrent d'envoyer dans ces contrées quelques révolutionnaires enragés qui traitaient Typoo-Saëb de citoyen sultan, et voulaient faire comprendre les droits de l'homme à un despote asiatique.

Cette ambassade, débarquée à Toulon, arriva à Paris le 16 juillet 1788, et fut logée rue Bergère, à l'hôtel des *Menus-Plaisirs*, qui avait été arrangé en conséquence. Tout le long de la route elle avait été défrayée au compte de l'État. Elle se composait de trois ambassadeurs, de deux jeunes gens, parents du sultan, et de trente et quelques domestiques. Les ambassadeurs se nommaient Mouhammed-Derviche-Khan, beau-frère du sultan et chef de la religion, Mouhammed-Osman-Khan et Akbar-Ali-Khan, général de la cavalerie, remarquable par sa haute stature, son air de fierté et sa barbe blanche.

Le 12 août, l'ambassade arriva le soir au grand Trianon, qui avait été préparé pour la recevoir, et dont les avenues étaient remplies d'une foule innombrable de curieux. Les trois ambassadeurs et les interprètes étaient dans trois voitures à la livrée du roi. On les conduisit dans les appartements de l'aile droite où j'entrai avec eux. Ils parurent beaucoup admirer la beauté du jardin et du palais. Le derviche se mit ensuite en prières, demanda qu'on ôtât le tapis où étaient quelques figures d'hommes, et le général nous raconta la chasse du tigre, vantant son courage et son adresse à braver les fureurs de ce terrible animal.

Le lendemain était le jour de l'audience solennelle. On avait dressé le trône dans le salon d'Hercule, et tout autour, des fauteuils étaient disposés pour la famille royale et pour la cour dans la plus élégante toilette.

Les ambassadeurs entrèrent au château par le grand escalier de marbre, traversèrent les appartements de la reine, la grande galerie et tous les salons, où l'on avait élevé des amphithéâtres remplis de tous les curieux accourus de la capitale. Après la messe, le roi se plaça sur son trône, et les maîtres des cérémonies allèrent chercher l'ambassade, qui attendait dans une salle de la cour royale.

Le cortége traversa cette suite de quatorze appartements remplis de femmes élégantes dont l'aspect paraissait frapper beaucoup ces étrangers. Les trois envoyés, précédés des maîtres des cérémonies et des interprètes, étaient suivis de leur suite, dont une partie formait leur garde et n'avait conservé que la coiffure du pays, et une espèce d'uniforme européen, en maroquin vert et rouge, qui devait servir de modèle pour équiper un corps de cypaies.

Arrivé dans la salle, le chef de l'ambassade prononça un discours qui fut interprété, ainsi que la réponse du roi. Ensuite il présenta ses lettres de créance enveloppées dans un morceau d'étoffe d'or, et vingt et une pièces de monnaie comme hommage de respect.

L'audience terminée, ils demandèrent à jouir un instant du superbe coup d'œil que présentait la réunion de la cour, et furent ensuite reconduits, dans le même ordre, chez M. de la Luzerne, ministre de la marine, où ils dînèrent.

L'après-midi, on les promena dans les jardins où toutes les eaux jouaient. Ils étaient traînés dans ces petites carrioles dont j'ai déjà parlé, au milieu d'une foule immense attirée par la nouveauté du spectacle. J'ai remarqué que, en général, tous ces Indiens, soit par indolence, soit par tout autre motif, paraissaient très-peu frappés de ce qu'ils voyaient aussi bien que de la magnificence du palais de Versailles. J'étais à côté de la calèche qui portait le chef de l'ambassade et le ministre, au moment où celui-ci lui fit remarquer le bassin de Neptune où, par une seule clef, plus de cent cinquante jets d'eau s'élèvent dans les airs au même instant. L'Indien était alors très-occupé à se gratter le bas des jambes; il jeta un instant les yeux sur ce beau spectacle et se hâta de les reporter sur sa babouche.

Les ambassadeurs retournèrent ensuite à Paris. Peu de temps avant leur départ, au mois d'octobre, ils revinrent à Versailles chasser avec le roi, et allèrent ensuite s'embarquer à Brest pour retourner chez eux sur une frégate commandée par le capitaine Macnamara, qui, à son retour, fut massacré par son équipage insurgé.

Pendant le séjour des ambassadeurs à Trianon, ils reçurent quelques personnes. J'allai les voir plusieurs fois pour avoir une idée de leurs mœurs et de leurs usages. Chaque fois que je les vis dans leur salon, en cérémonie, un esclave apportait leurs pipes et nous versait de l'eau de senteur sur les mains. Les pipes étaient formées de longs tuyaux de cuir terminés par un bout d'ambre et adaptés à un même foyer placé dans une grande cassolette, fabriquée de manière que la fumée du tabac sortait par un tuyau plongé dans de l'eau parfumée, où elle se dépurait avant de parvenir au tuyau aspirant.

Le royaume de Mysore est situé dans la presqu'île en deçà du Gange; les habitants en sont donc très-basanés et ont le teint cuivré. Leur costume, comme celui de la plupart des peuples de l'Asie méridionale, est composé de larges caleçons et de robes de mousseline ou de toile de coton plus ou moins fine. Je ne leur ai vu de broderies en or que sur leurs shalls, dont ils s'enveloppaient plus ou moins, suivant l'élévation de la température. Leurs turbans n'ont point l'élévation de ceux des Turcs, mais ils sont beaucoup plus larges. Les esclaves en portaient qui avaient la forme de nos chapeaux ronds et qui, placés sur le côté de la tête, coiffaient très-bien. Plusieurs de ces esclaves avaient habité Pondichéry et parlaient un peu le français, ainsi qu'un des deux jeunes gens, dont l'intelligence dépassait de beaucoup ce qu'on devait en attendre.

Ces Indiens ne mangeaient d'animaux qu'après les avoir tués eux-mêmes avec de certains rites purificatoires ; aussi avaient-ils eu la précaution d'amener leurs cuisiniers, et ce n'était point un des objets les moins intéressants pour la curiosité publique que d'aller voir, dans les souterrains de Trianon, la préparation de leurs repas. La quantité d'épices, de piment, de kari, et surtout d'ail qu'ils y mettaient, rendaient leurs ragoûts, dont je goûtai une fois, intolérables à un palais européen.

Je me représente toujours un de leurs cuisiniers, assis sur le coin d'une table, les jambes croisées, pétrissant avec les mains des boules de riz et de viandes. La reine avait aussi voulu goûter de cette cuisine indienne, mais il lui fut impossible de supporter la force de son assaisonnement.

Les ambassadeurs vinrent un jour visiter le manége des pages, et les deux jeunes gens essayèrent de monter nos chevaux, mais leur manière de se tenir à cheval avec des étriers très-courts, et les genoux fort hauts, ne pouvait convenir à des chevaux accoutumés à être conduits avec toute la recherche et la finesse de l'art.

Ils eurent plus de succès à la chasse, et menèrent

leurs chevaux avec beaucoup de hardiesse. Les ambassadeurs suivirent la chasse en calèche, s'enveloppant de leurs shalls pour éviter le froid d'un brouillard d'octobre qui leur faisait sentir la différence du climat de Paris avec celui de Séringapatam.

Les présents de cette ambassade n'étaient point considérables. Ils consistaient en quelques pièces de mousseline fort belle, des armes indiennes bien travaillées, et une petite boîte de perles précieuses; la seule pièce remarquable était un gros rubis que le roi fit monter au bout d'une épaulette de diamants. Ils emportèrent en échange beaucoup d'étoffes de Lyon, des pendules et des porcelaines de Sèvres. La reine fit faire leurs portraits en cire et les plaça, groupés avec l'interprète et un esclave, fumant leurs pipes, dans une des chaumières de Trianon. La ressemblance était parfaite.

On a assuré dans le temps que Typoo-Saëb, mécontent de l'insuccès de ses ambassadeurs, les avait fait mourir à leur retour. Il est certain que, sans la Révolution et les malheurs de la France, on aurait pu tirer un excellent parti de l'alliance de Typoo, dont les forces, déjà augmentées par les succès d'Hyder-Ali, auraient, avec l'aide des Français, entraîné tous les nababs que les Anglais écrasent ou tyrannisent, et qu'on aurait pu ainsi balancer la puissance colossale de nos voisins dans les Indes orientales.

A peu près à la même époque on reçut encore à Versailles, mais avec beaucoup moins de cérémonie, le fils d'un roi de la Cochinchine, âgé de huit ans, et amené par un missionnaire pour demander le secours de la France en faveur de son père, chassé de ses États par un usurpateur. Ce missionnaire, Mgr Pierre-Georges Pigneau, évêque d'Adran, s'était attaché au souverain de la Cochinchine lorsque sa dynastie s'était trouvée renversée par une rébellion. Il avait alors offert un asile chez lui au frère cadet du dernier roi jusqu'en 1779 environ, que le monarque évincé était parvenu à reconquérir une partie de ses États. Le retour de celui-ci au pouvoir ne fut que momentané, car il fut de nouveau expulsé, ainsi que l'évêque, en 1782, et obligé de se réfugier dans une île du golfe de Siam. C'est de là qu'après tant de vicissitudes le prélat, muni du sceau royal, partit avec le jeune héritier pour solliciter la protection de la France.

Il arriva à Pondichéry le 27 février 1785 et, avec l'aide des négociants français, qui comprenaient les avantages et les conséquences des projets de l'évêque d'Adran, il parvint à Lorient au mois de février 1787. En France, on fit peu d'attention aux demandes de l'évêque, tant les esprits étaient déjà préoccupés des nuages qui s'amoncelaient à l'horizon. Ce ne fut qu'après bien des objections et des difficultés qu'un traité fut signé, en novembre, par le comte de Montmorin, ministre des affaires étrangères, traité en vertu duquel on accordait, moyennant certaines concessions, un secours en vaisseaux et en hommes. Mais à l'arrivée de Mgr Pigneau dans l'Inde, en mars 1788, de nouveaux obstacles, suscités tant par la mauvaise volonté et la jalousie des chefs français que par les événements qui se multipliaient d'une manière inquiétante, vinrent entraver encore les desseins du missionnaire, qui avait reçu le titre de ministre plénipotentiaire du roi de France. Il parvint cependant à procurer quelques secours, et surtout des officiers français, au monarque détrôné, et le rejoignit à la fin d'octobre 1789, avec son pupille, sur la frégate la *Méduse*, commandée par M. de Rasilly. Avec ces faibles secours, et à la faveur d'avantages obtenus pendant l'absence de son fils, le roi parvint à reconquérir sa couronne en 1792. Tel était l'état du pays lorsque le lord Macartney y relâcha en 1793. Grâce à la confiance que, malgré les intrigues et la jalousie des grands, le souverain, Nguyen-Anh, secondé d'ailleurs des officiers français, continua à accorder à l'évêque, il maintint ses avantages. Mais son estimable ministre ne vécut pas assez longtemps pour le voir paisible possesseur de ses États. Une dyssenterie l'enleva en octobre 1799. Son pupille ne lui survécut que deux ans, et mourut de la petite vérole en 1801. Mais le roi Nguyen-Anh, qui fit rendre les plus grands honneurs au corps du missionnaire, fit passer à sa famille des marques de sa reconnaissance.

Ce roi, qui fut un des plus grands souverains de l'Asie pendant ces derniers temps, ne mourut que le 25 janvier 1820.

CHAPITRE XVI

TRIANON

> Semblable à son auguste et jeune déité,
> Trianon joint la grâce avec la majesté.
> Pour elle il s'embellit, et s'embellit par elle.
>   Delille, *les Jardins.*

C'est surtout dans les séjours ou, suivant l'expression consacrée, les *voyages* que l'infortunée Marie-Antoinette faisait au petit Trianon, que ses ennemis ont été chercher la matière de leurs plus sottes calomnies. A entendre ces hobereaux, il y avait là un écueil pour ses mœurs, une ruine pour la France. N'est-il pas cependant bien naturel qu'il semble doux à un souverain, toujours en représentation, au milieu des chaînes de l'étiquette la plus rigoureuse, de pouvoir se retirer dans quelque habitation solitaire pour s'y délasser du poids de la grandeur? De tout temps nos rois ont eu leurs petits lieux de retraite. Isabeau de Bavière méditait la reine de la France au petit hôtel Barbette. François 1er oubliait au Petit-Bourbon, rue Git-le-Cœur, les désastres de la bataille de Pavie, aux pieds de la duchesse d'Étampes. Et nous-mêmes, combien, au milieu de la gêne d'un emploi important, au sein des villes, ne soupirons-nous pas après un asile champêtre pour y goûter les charmes de la solitude? Dans ces lieux écartés, loin de toute représentation, les souverains, il est vrai, trouveraient, s'ils le voulaient, plus de facilités pour se livrer à leurs passions. Mais ils auraient alors à prendre certaines précautions que la reine ne connaissait point, parce qu'elle ne songeait point aux turpitudes que la sale imagination de ses détracteurs devait imaginer pour elle.

Elle ne couchait à Trianon que dans les voyages, et ces voyages étaient si rares que, pendant quatre ans, je ne les ai vus se renouveler que deux fois; et alors toute la maison de la reine l'y suivait. Le roi y passait la journée, et Madame Élisabeth, ce modèle parfait de toutes les vertus, y établissait sa demeure. Sous une pareille égide, la reine n'était-elle pas à l'abri de tout soupçon?

C'est assez m'appesantir sur ce sujet. Nous avons vécu dans des temps si malheureux que, même au milieu des bocages de Trianon, parmi les parfums et les roses, toutes les idées riantes nous échappent pour nous laisser plongés malgré nous dans les plus tristes souvenirs, et nous rappeler « que les reines ont été vues pleurant comme de simples femmes, et que l'on s'est étonné de la quantité de larmes que contiennent les yeux des rois [1]. »

Le prix de ce château, qu'on a tant exagéré, n'avait point, tant s'en faut, dépassé les bornes des dépenses permises à un grand roi. D'ailleurs, il avait été construit par Louis XV, et les embellissements que les changements de goûts et d'idées avaient amenés pouvaient seuls être attribués au dernier règne. Il est facile de se convaincre encore aujourd'hui que cette maison n'était pas si magnifique que bien des financiers n'en eussent de plus somptueuses; et la beauté du jardin provenait moins de sa richesse que du goût avec lequel il avait été tracé.

Le château est un pavillon carré, décoré d'un ordre corinthien, et trop exigu pour qu'on ait pu y trouver plus de logement qu'il n'en fallait à une reine de France. Une salle à manger, un salon, un billard, une chambre à coucher et quelques cabinets, telle était la distribution du premier étage; à peine le second contenait-il quelques petits appartements pour Madame Élisabeth et les dames du palais.

L'ameublement se distinguait plutôt par l'élégance que par la magnificence, et bien des hôtels de Paris étaient plus remarquables. Le salon était orné de peintures, la chambre à coucher, meublée en mousseline, où la broderie et la vivacité des couleurs défiaient en quelque sorte le pinceau le plus exercé. Quelques por-

---

1. Châteaubriand, *Atala*.

traits des enfants de Marie-Thérèse reportaient la reine au sein de sa famille où, avec moins d'éclat, elle eût trouvé plus de bonheur. Mais en faisant naître de douces émotions dans son cœur, ces tableaux devaient lui inspirer aussi les réflexions les plus sérieuses, car tous ces princes et toutes ces princesses étaient représentés en religieux creusant leurs tombeaux. Le seul luxe du cabinet voisin consistait en deux glaces qui, par un ressort, sortaient du parquet et venaient interrompre le jour en masquant les croisées. Mais nous ne vivons plus au temps où un petit miroir de Venise était un présent digne d'un roi; toutes nos actrices, et les plus simples bourgeoises n'ont-elles pas aujourd'hui des glaces de la plus belle dimension?

Dans la salle à manger on avait adapté cette fameuse table placée autrefois au château de Choisy, qui, au moyen de contrepoids et d'autres secrets de la mécanique, descendait à l'étage inférieur se faire charger d'un nouveau service.

Les trois faces du pavillon de Trianon présentaient trois aspects différents qui se liaient l'un à l'autre avec un art merveilleux. Par une de ces façades, qui symbolisait la France, il dominait sur un jardin dans le goût de Le Nôtre et de ses contemporains. Des orangers, entremêlés de statues placées dans des niches de verdure, embellissaient un parterre terminé par une salle de comédie qui, malgré son exiguïté, avait une scène assez vaste pour qu'on pût y représenter les opéras les plus compliqués. J'ai entendu dire que la reine y avait joué la comédie plus d'une fois. Ce qu'il y a de certain, c'est qu'au mois de septembre 1785 on y joua, en fort petit comité, le *Barbier de Séville*. La reine joua Rosine avec toute la grâce et la vérité possibles; M. le comte d'Artois jouait Figaro, M. de Vaudreuil faisait le rôle du comte Almaviva; ceux de Bartholo et de Bazile furent remplis par MM. de Guiche et de Crussol. La pièce fut représentée avec un accord et un ensemble rares dans ces réunions de société [1].

Quant à Louis XVI, il n'a jamais pris part, comme acteur, à aucune de ces représentations. Ce prince avait de plus importantes occupations, et on peut dire avec le poëte que jamais on ne le vit

> Se donner...... en spectacle aux Romains,
> Et venir prodiguer sa voix sur un théâtre.

En face du château, une pelouse où, pour me servir d'une naïve expression d'un vieux poëte,

> Le clair ruisselet,
> Doucelet, mignardelet,
> De son onde jaseresse,
> La verte rive caresse.

se terminait par une roche ombragée de pins, de thuyas, de mélèzes, et surmontée d'un pont rustique, comme on en rencontre dans les montagnes de la Suisse et les précipices du Valais. Cette perspective

---

1. Voyez *Corresp. de Grimm*, 2ᵉ partie, t. III, p. 307.

agreste et sauvage rendait plus douce celle dont on jouissait de la troisième façade du château et où, comme en Italie, l'œil découvrait, parmi les fleurs et les lauriers, le temple de l'Amour. Une magnifique statue du sculpteur Bouchardon représentait ce dieu dans toute la beauté de l'adolescence, taillant dans une pièce de bois l'arc qui lui sert à percer les cœurs. Le Sénat possède aujourd'hui cet élégant morceau.

Les autres endroits remarquables de cette charmante habitation étaient un salon octogone en marbre, aussi élégant que commode pour l'exécution d'un concert, et une grotte dont la disposition a fourni trop de matière à la méchanceté pour que je puisse me dispenser d'en dire un mot ici.

Au fond d'un petit vallon ombragé d'arbres épais s'élevait une masse de rochers agrestes où se perdait, en bouillonnant, un ruisseau qui faisait mille détours dans une prairie émaillée de fleurs. C'était en suivant les sinuosités de son cours et par plusieurs détours qu'on parvenait à l'entrée d'une grotte si obscure que les yeux, d'abord éblouis, avaient besoin d'un certain temps pour découvrir les objets. Cette grotte, toute tapissée de mousse, était rafraîchie par le ruisseau qui la traversait. Un lit, également en mousse, invitait au repos. Mais, soit par l'effet du hasard, soit par une disposition volontaire de l'architecte, une crevasse, qui s'ouvrait à la tête du lit, laissait apercevoir toute la prairie, et permettait de découvrir au loin tous ceux qui auraient voulu s'approcher de ce réduit mystérieux, tandis qu'un escalier obscur conduisait au sommet de la roche, dans un bocage touffu, et pouvait dérober à la vue de l'importun un objet qu'on aurait voulu lui cacher.

Ce but était-il bien dans les idées des architectes? L'imagination dévergondée de quelque stupide calomniateur ne leur a-t-elle pas plutôt prêté des pensées qu'ils n'avaient point, et supposé dans une disposition d'elle-même innocente un dessein réfléchi d'iniquité? Toujours est-il que cette grotte a formé la base de mille atrocités, débitées sur le compte de l'infortunée Marie-Antoinette par une faction régicide, décidée à la déshonorer avant de l'envoyer à l'échafaud, et que, chose plus déplorable encore! ces indignes propos étaient répétés et même propagés par ceux qui auraient dû être les premiers à les réfuter. Je me souviendrai toujours que cette grotte me fut montrée par un noble, député aux États généraux, qui siégeait parmi les défenseurs de la monarchie, et qui, en défendant le trône, accusait la reine et cherchait à rendre le roi ridicule. Tant était grand l'aveuglement des Français, et tant ils étaient dignes du sort malheureux qu'ils ont éprouvé pendant plusieurs années!

Au bout du jardin de Trianon, la rivière était bordée d'une infinité de chaumières qui, en offrant au dehors l'aspect le plus champêtre, présentaient à l'intérieur l'élégance et quelquefois la recherche.

Au milieu de ce petit hameau, une haute tour, nommée la tour de Marlborough, dominait les environs. Ses escaliers extérieurs, garnis de giroflées, de géraniums, figuraient un parterre aérien. Une des chaumières renfermait la laiterie, et la crème, contenue dans des vases de porcelaine superposés sur des tables de marbre blanc, était rafraîchie par le ruisseau qui traversait la pièce. Auprès se trouvait la véritable ferme où la reine avait un superbe troupeau de vaches suisses qui pâturaient dans les prairies environnantes.

Près du château, un grand pavillon chinois où l'or et l'azur reflétaient avec éclat les rayons du soleil, contenait un jeu de bagues. Trois figures chinoises semblaient donner le mouvement à la machine, qui était mue par des gens invisibles placés dans un souterrain.

Trianon est encore plus remarquable aujourd'hui par la beauté des arbres exotiques qui y ont pris un accroissement prodigieux et y répandent une ombre impénétrable. On y remarque surtout un beau tulipier qui a près d'un mètre de diamètre, et une multitude d'autres arbres aussi rares que précieux.

Ce Trianon était appelé le petit, pour le distinguer du grand Trianon, situé à peu de distance et construit par Louis XIV, selon le goût italien et sur le modèle des nombreux palais qui bordent la Brenta. Il est composé d'un seul rez-de-chaussée surmonté de balustrades et de statues, et formant deux ailes jointes par un grand péristyle de colonnes en marbre rouge et vert campan. Quoique ce château fût abandonné, il ne laissait pas que d'être très-bien entretenu. Je ne l'ai vu habité que deux fois. La première fois on y déposa le corps de la dernière fille de Louis XVI ; la deuxième fois on y logea l'ambassage de Typoo-Saëb.

Les jardins, assez grands, ne présentaient de remarquable qu'un amphithéâtre de gazon, avec les bustes des empereurs romains ; une belle copie du Laocoon, par Tuby, et une Minerve antique en granit.

Louis XIV avait fait bâtir ce château sur les dessins de Mansart pour terminer le bras droit du canal de Versailles et servir de pendant à la Ménagerie.

Trianon ou *Triarnum* était un fief possédé en 1225 par les seigneurs de Versailles. Ils le vendirent aux religieux de Sainte-Geneviève, qui, en 1663, le cédèrent à Louis XIV.

CHAPITRE XVII

LA MÉNAGERIE

> Mais, dans cet autre lieu, quel peuple renfermé
> De ses cris inconnus a frappé mes oreilles ?
> Là, sont des animaux, étrangères merveilles,
> Là, dans un doux exil, vivent emprisonnés
> Quadrupèdes, oiseaux, l'un de l'autre étonnés.
> 			Delille, *les Jardins*.

C'était un usage ancien, plutôt que le plaisir et l'agrément, qui portait tous les souverains à rassembler tant d'animaux extraordinaires. Les empereurs romains, les grands généraux de la république amenaient, des pays qu'ils avaient subjugués, les bêtes les plus rares pour orner leurs triomphes et servir aux combats du cirque. La barbarie continua longtemps ce sanglant plaisir; et Pépin, tout bref qu'il était, trancha la tête d'un lion, en présence de toute sa cour. Charlemagne, son fils, fit succéder aux ours et aux tigres d'immenses bergeries, des troupeaux nombreux et un nombre prodigieux de volatiles dont il ne dédaignait point de tirer un grand profit. Ses descendants, laissant à leurs sujets ces détails champêtres, continuèrent de former auprès d'eux une réunion des tributs que tous les voyageurs leur apportaient. Outre qu'ils suivaient en cela un vieil usage, il était agréable, et de plus intéressant pour les progrès de l'histoire naturelle, de voir réunis tant d'animaux divers, de rencontrer sous un même toit l'ours des régions hyperboréennes et le lion des sables brûlants de l'Afrique, de pouvoir étudier, dans une même volière, les mœurs de tant de petits oiseaux de langage et de parure si divers.

La ménagerie de Versailles était un petit château sur la route de Saint-Cyr. Mansart, qui l'avait construit, l'avait placé à l'extrémité d'un des bras du canal, pour faire, comme je l'ai dit, le parallèle du grand Trianon. Dans le même endroit, était une ferme considérable, dont le tenancier exploitait toutes les terres situées dans cette partie du parc de Versailles, et dont les troupeaux superbes, qui broutaient pêle-mêle avec les daims et les chevreuils, en animant ces beaux lieux fournissaient à la cour le laitage dont on avait besoin.

Le pavillon de la Ménagerie contenait de jolis appartements; mais on les avait négligés depuis qu'on avait cessé d'y aller. Au rez-de-chaussée se trouvait un de ces salons de coquillages et de rocailles qui faisaient autrefois la beauté des jardins, et les délices de nos aïeux, parce qu'un robinet, adroitement tourné, lâchait plusieurs petits jets d'eau qui inondaient les curieux et divertissaient les spectateurs.

Ce pavillon était isolé et entouré de cours où passaient tranquillement les animaux à qui leur naturel paisible permettait de bondir en liberté. Dans d'autres étaient les grandes loges où rugissaient les lions, les tigres et les panthères. La Ménagerie était toutefois peu garnie d'animaux. On y voyait quelques tigres, un rhinocéros, des singes et ce beau lion amené des forêts du Sénégal avec un chien, compagnon de son enfance, consolateur de son exil, qui est mort au Jardin des Plantes, à Paris. L'éléphant était mort depuis longtemps. Ce colosse, qui aurait traversé facilement le Gange, se noya dans une petite mare où il se baignait.

La volière était très-agréable, parce que, au moyen d'un petit ruisseau qui la traversait, on y avait réuni toute la gent volatile qui gazouille dans les buissons et les espèces boiteuses des marais et des bords de l'Océan. Le chant de la fauvette accompagnait le petit cri aigu de l'hirondelle de mer, tandis que le faisan de la Chine promenait gravement sa robe et son aigrette dorées.

On m'a raconté, et j'avoue que j'ignore si l'histoire est vraie, qu'un suisse de la Ménagerie avait demandé à Louis XIV la survivance d'un éléphant à qui on donnait chaque jour un certain nombre de bouteilles de vin. Je n'ai point, cela va sans dire, connu cet original ; mais je lui ai connu un pendant dans un certain capitaine Laroche, concierge de la Ménagerie.

On peut dire que, sans en avoir tout l'esprit, ce capitaine remplaçait à la cour les anciens fous de nos rois. De tout temps, quelques originaux ont servi aux amusements des princes. Nous voyons dans les *Mémoires* de Saint-Simon, qu'une certaine dame Panache divertissait toute la cour, emportant les débris des festins qu'on lui fourrait dans les poches, y entassant pêle-mêle entremets, desserts et rôtis, et qu'on mettait en colère le plus que l'on pouvait. Le capitaine Laroche, bien galonné et aussi chargé de bagues et de diamants qu'un financier, était l'être le plus sale qu'on pût rencontrer, et jamais sanglier dans son bouge ne laissa échapper d'odeurs aussi fétides. C'était à qui agacerait le capitaine, et son mot favori : « N'en parlons plus, » faisait rage en ce temps-là, comme aujourd'hui les calembours les plus à la mode. Avant que Louis XVI éprouvât tous les chagrins dont il fut abreuvé, il se divertissait très-souvent avec Laroche, toujours fort exact au coucher. Il s'établissait alors, entre les pages de service et le capitaine, une lutte très-plaisante qui aboutissait à l'enlèvement de sa perruque que l'on jetait sur le ciel du lit ; mais le capitaine, en guerrier prudent, avait toujours dans ses poches de quoi réparer ses pertes. C'était à qui inventerait des niches pour faire enrager ce pauvre diable, qui s'en consolait aisément avec de bonnes places et de bonnes pensions. Enfin, le roi étant devenu plus triste, et le capitaine plus musqué que jamais, on finit par lui interdire l'entrée de la chambre du roi, à son grand regret et à son grand scandale. Je dois dire, à l'honneur de Louis XVI, que toutes ces plaisanteries étaient suspendues quand le duc de Villequier, premier gentilhomme de la Chambre, était présent, le duc étant parent de M. de Laroche, par son second mariage avec mademoiselle de Mazade, fille d'un financier.

CHAPITRE XVIII

ENVIRONS DE VERSAILLES

> Pour embellir encore ces retraites, l'inépuisable main du Créateur fit une multitude d'animaux dont la vie et les amours répandent la vie de toute part.
>
> CHATEAUBRIAND, *Atala*.

Les bois qui environnent Versailles offraient les promenades les plus agréables. Presque tous plantés sur des montagnes, ils sont rafraîchis par des fontaines qui coulent lentement dans les vallons où elles forment de petits ruisseaux. Au coucher du soleil, le cerf venait s'y désaltérer, l'agile chevreuil bondissait sur le penchant des coteaux; et, du fond d'un buisson, s'échappait avec bruit le faisan aux yeux rouges, tandis que la timide perdrix, par son petit cri aigu, chantait ses amours.

La quantité de gibier qui animait ces bois et les

plaines environnantes rendait les chasses agréables. Les défenses les plus sévères, la garde la plus exacte en facilitaient la propagation ; et quoique le roi tuât, chaque fois, avec ses frères, de sept à huit cents pièces, quelquefois même quinze cents, l'étendue du parc était si vaste et le gibier si nombreux qu'on ne s'apercevait d'aucune diminution.

Le parc de Versailles, clos de murailles, dans un circuit de plus de dix lieues, renfermait plusieurs habitations. Il ne recélait point de cerfs. Pour les chasser, le roi allait dans les bois de Meudon, dans ceux des Gouards, dans la forêt de Saint-Germain, et, pendant l'été, dans celle de Rambouillet.

Le château royal de Rambouillet, situé à sept lieues de Versailles, et sur la route de cette ville, a vu mourir François Ier. Sa situation, près d'une forêt de vingt-cinq mille arpents, était très-agréable pour la chasse. Aussi, pendant quatre mois de l'année, Louis XVI y allait deux fois la semaine, et n'en revenait qu'après y avoir soupé, c'est-à-dire à trois heures du matin. Le bel établissement destiné à la propagation de la race des moutons espagnols, dits mérinos, subsistait déjà à cette époque, aussi bien que la ferme de vaches suisses, et une laiterie d'une grande magnificence. C'était au fond de cet établissement qu'était placée la belle statue de M. Julien, à présent dans la galerie du Sénat. Une nymphe, au moment de se baigner, tâte l'eau avec le pied ; mais, croyant entendre du bruit, elle se retourne en rassemblant ses vêtements à la hâte ; une chèvre, à ses côtés, veut boire au ruisseau ; et comme ce groupe était placé sur le bord de celui qui traverse la laiterie, l'illusion était plus frappante.

C'est sur le chemin de Rambouillet, à une demi-lieue de Versailles, qu'est situé Saint-Cyr. Aujourd'hui le magnifique établissement de madame de Maintenon n'existe plus. Un hasard unique m'y a fait entrer une fois et j'ai parcouru cette vaste maison. C'était en 1788, cent ans après sa fondation. Pendant les fêtes de cet anniversaire, qui durèrent trois jours, cette austère maison ouvrit ses portes au public ; et l'on sait que, hors ce temps, les femmes seules pouvaient y entrer ; encore leur fallait-il une permission du supérieur. Quand une princesse allait à Saint-Cyr, elle y entrait de droit, mais sa suite restait dans une des cours extérieures.

On ne pouvait apercevoir les pensionnaires qu'à l'église au moment de l'élévation, parce qu'alors on tirait les rideaux qui masquaient la grille de séparation. En visitant toute la maison, le jour de la fête séculaire je les vis souper publiquement ; et, à l'heure d'un feu d'artifice qu'on tira dans les jardins, on les amena aux fenêtres des corridors, où chacun put les examiner. Le sentiment général fut que leur costume, qui datait d'un autre siècle, ne faisait point assez ressortir leur beauté.

Un autre but de promenade dans les environs de Versailles, était le village de Jouy, appelé Jouy en

Josas. Le duc de Beuvron en était le seigneur et y avait un très-beau château avec un beau parc. Mais ce qui y attirait davantage la curiosité c'était la belle manufacture de M. Oberkampf, d'où provenaient ces étoffes connues sous le nom de toiles de Jouy. Le bâtiment était très-beau, et la quantité d'ouvriers employés donnait beaucoup d'aisance dans le pays. Chaque famille allait à la manufacture chercher des pièces de toile pour remplir, avec de petits pinceaux, les feuilles de fleurs dont l'impression ne marquait que les contours; ce travail minutieux occupait beaucoup de femmes et d'enfants.

Près de Jouy, on trouve le village de Buc, où il y a un superbe aqueduc très-élevé, qui, réunissant les eaux de plusieurs fontaines, remplit à Versailles les bassins de la butte de Montboron et fournit aux besoins de la ville.

On rencontre aux environs de Versailles beaucoup d'étangs, dont quelques-uns, comme ceux de Trappes, sont très-vastes : souvent le cerf aux abois, croyant se sauver en se jetant dans l'eau, y venait par sa mort augmenter le plaisir du chasseur. On construisait, sur divers points, des pavillons appelés rendez-vous de chasse, où les équipages allaient attendre le roi. Ils se composaient simplement de deux petites salles, sans autres meubles que des chaises de paille, pour ne point tenter la cupidité, et d'une enceinte de barrières pour attacher les chevaux. Chaque rendez-vous avait son nom ; il y en avait un au bas de la butte de Picardie, sur le chemin de Saint-Cloud, à l'entrée des bois de Ville-d'Avray.

Ville-d'Avray est un petit village où M. Thierry, premier valet de chambre, avait une charmante campagne; mais il était plus connu par une petite fontaine dont l'eau était si pure et si saine que toute la cour et une partie de Versailles en faisaient usage; aussi plusieurs voitures allaient continuellement en chercher dans de grosses bouteilles d'étain qu'on mettait ensuite dans de la glace.

Il y avait au-delà des bois de Satory un ancien aqueduc ouvert, où une espèce d'ermite s'était retiré. Il avait dans cette voûte étroite construit deux petites cellules; mais l'épaisse fumée qui y séjournait l'avait rendu presque aveugle. Il cultivait un petit jardin et venait en ville acheter sa subsistance avec le produit des aumônes de ceux qui le visitaient.

Je ne promènerai pas le lecteur dans tous les châteaux des environs de Versailles, dont la plupart subsistent encore et qui ne me fourniraient aucune anecdote intéressante. Beaucoup furent le théâtre d'intrigues obscures, de cabales ignorées du public; d'autres furent témoins de quelques événements que l'histoire a déjà recueillis. Je laisse à ceux qui s'en voudront charger le soin de les décrire et de les raconter.

CHAPITRE XIX

FONTAINEBLEAU

> Beaux et grands bâtiments d'éternelle structure,
> Superbes de matière et d'ouvrages divers.
> MALHERBE.

L'antique Fontainebleau a vu tous les rois de la troisième race venir successivement parcourir son enceinte, et jouir des ombrages de sa belle forêt. Depuis Philippe-Auguste, c'est-à-dire depuis six cents ans, ils ont habité son château, qui a été aussi le théâtre presque obligé de quelques-uns des événements les plus mémorables de leur règne. Les grands de la terre et les personnages illustres qui vinrent en France, à différentes époques, y furent presque tous reçus. François Ier y accueillit, en 1539, l'empereur Charles-Quint, qui logea dans l'appartement des Poëles. De nos jours, l'empereur Napoléon y eut sa première entrevue avec le pape Pie VII. Il est probable que chacun des souverains qui habitèrent Fontainebleau, en ajoutant au château un corps de logis conforme à ses goûts et à ceux de son siècle, aura contribué à l'irrégularité qui règne dans les constructions. On y remarque, en effet, une multiplicité fâcheuse de façades et de cours de formes et de dessins divers.

Pendant le temps que je restai à Versailles, on ne fit qu'un seul voyage à Fontainebleau; ce fut au mois d'octobre 1786. Il ne dura que jusqu'au premier novembre, à cause de l'accident arrivé à M. de Tourzel, grand prévôt de l'hôtel, qui, chassant avec le roi, fut emporté par un cheval ombrageux, et atteint à la tête par une branche aiguë qui lui perça le crâne. La blessure fut si grave qu'on ne put le ramener à la ville. On le déposa dans la maison d'un garde de chasse, en attendant qu'on eût monté, dans la forêt, une de ces grandes barraques qui étaient toujours à la suite de la cour. M. de Tourzel survécut encore quelques jours à sa chute, et sa mort, arrivée presque sous les yeux du roi, remplit tous les cœurs de tristesse, et abrégea le voyage.

Cette mort augmenta l'intérêt que Louis XVI portait à la famille de M. de Tourzel, et contribua sans doute au choix qu'il fit, quelques années après, de madame de Tourzel pour succéder à madame de Polignac dans la place importante de gouvernante des enfants de France. Ce choix, bien justifié par les vertus de cette dame, ne le fut pas moins depuis par les preuves d'attachement quelle donna à la famille royale.

Les voyages de Fontainebleau se faisaient à la fin de l'année, pour pouvoir profiter des plaisirs que la chasse offrait en si grande abondance dans cette vaste forêt, où l'on rencontrait les plus beaux arbres, les sites les plus pittoresques, et une multitude de rochers d'autant plus extraordinaires qu'ils se trouvent dans un pays presque plat. Ces paisibles retraites convenaient beaucoup aux cerfs et aux sangliers. Les premiers se faisaient voir par bandes de soixante-dix à quatre-vingts.

Une promenade faite à la fin du jour, dans la forêt de Fontainebleau, offrait un charme indéfinissable. Ces grands arbres qui avaient prêté leur ombre à tant de rois, frémissaient, agités par le vent, et semblaient murmurer leurs anciens souvenirs. Les rochers dessinaient, dans le crépuscule, leurs masses gigantesques ; et le cerf, poursuivant la biche, passait, rapide comme l'éclair, en faisant entendre son cri rauque et effrayant. Sa rencontre, en ces moments de fureur, n'était pas toujours sans dangers.

Tous ces rochers portaient des noms différents, et servaient à désigner les cantons pour la chasse et les routes de la forêt. C'étaient le rocher Bouligny, le rocher des P......, le rocher d'Avon, le rocher de Saint-Germain, etc. Un ermite s'était construit dans ce dernier un jolie habitation en extrayant du rocher, pour faire son excavation, des espèces de pétrifications qu'il vendait aux étrangers. Les vieux historiens disent que le nom de ce roc venait d'un monastère fondé par le roi Robert, en l'honneur de saint Germain, évêque d'Auxerre.

On voyait encore avec intérêt le petit Mont-Chauvet, qui servait de but au bon roi Henri, quand, d'après les usages de ses fidèles Béarnais, il jouait au mail. Un grand nombre de croix, qui avaient aussi leurs noms, servaient de même à se diriger dans ce vaste labyrinthe que Louis XVI connaissait mieux que personne.

Les grands voyages de la cour étaient ceux de Compiègne et de Fontainebleau, parce qu'alors presque toute la maison du roi le suivait, tandis qu'à Marly, Choisy, Rambouillet, il n'y avait qu'un petit nombre de personnes.

A Fontainebleau, le roi logeait dans la partie circulaire de la cour dite du Donjon. On y arrivait de ce même côté, ou par la galerie de François Ier, qui aboutissait à la chapelle et au beau perron de l'escalier du fer à cheval, dans la cour du Cheval-Blanc, où sont à présent les élèves de l'École militaire.

La première pièce de l'appartement du roi était la salle des Gardes, appelée Chambre de saint Louis, parce qu'on prétend que ce monarque l'avait fait bâtir et y couchait; mais il en reste tout au plus les gros murs. On passait de là dans l'antichambre, formée d'un ancien passage où fut arrêté le maréchal de Biron, insensible aux bontés d'Henri IV. Après cette pièce était la salle des Nobles, ce qu'à Versailles on nommait l'Œil-de-Bœuf, qui communiquait à la chambre à coucher du roi et à ses autres cabinets, donnant presque tous sur le jardin de l'Orangerie. On arrivait, de cette même pièce, à l'appartement de la reine, dont la principale entrée était sur l'escalier qui aboutissait à la même cour ovale, près de la galerie des Cerfs.

Je ne me rappelle pas que ces appartements renfermassent rien de curieux. Comme la cour n'allait à Fontainebleau que pour peu de temps, l'ameublement était fort simple. J'ai pourtant conservé le souvenir d'un petit cabinet de la reine, meublé dans le goût oriental, et éclairé, le soir, par des lampes placées dans une garde-robe séparée du cabinet par une grande glace doublée d'un taffetas dont on changeait la couleur à volonté; ce qui donnait une lumière aussi douce que le reflet en était agréable.

C'est dans la galerie des Cerfs, communiquant de la cour ovale à celle des Princes, et ainsi nommée des bois de cerfs qu'on y voyait, que la reine de Suède, Christine, emportée par la jalousie, fit assassiner d'une manière cruelle, le 10 novembre 1657, le marquis de Monaldeschi, son grand écuyer, après l'avoir fait disposer à la mort par un religieux mathurin. Attentat aussi extraordinaire que contraire aux lois du royaume, et à l'abdication qu'elle avait faite de sa puissance en Suède. On n'a jamais su positivement le motif qui avait porté Christine à cette atroce vengeance, qui lui fit perdre la protection de Louis XIV. Le plus probable était l'infidélité ou l'indiscrétion du marquis, qui était regardé comme son amant. J'ai encore vu, dans la galerie, une petite pierre sur laquelle on avait gravé une croix et le monogramme du Christ, et qui avait été posée à l'endroit où ce malheureux avait reçu le coup mortel; car les envoyés de la reine l'assaillirent à plusieurs reprises. Il fut enterré, le soir, à l'église du village d'Avon; et le couvent des Mathurins conservait son épée, sa cotte de mailles et la relation de sa mort, écrite par le père Lebel, qui en fut le témoin.

La cour ovale ou du Donjon était séparée de la cour des Fontaines par un grand portique, surmonté d'un dôme ouvert sous lequel fut baptisé Louis XIII. L'empressement du peuple à voir le rejeton d'un roi chéri, engagea Henri IV à choisir ce lieu découvert de préférence à l'église. L'affluence était si considérable, en effet, que la chronique rapporte que le roi perdit son chapeau en sortant de son appartement, à onze heures du soir, pour aller faire chanter le *Te Deum* en actions de grâces de cet événement.

La reine venait souvent par eau à Fontainebleau. Elle s'embarquait à Choisy et remontait la Seine jusqu'à Melun dans un yacht magnifique, qui présentait, pour elle et sa suite, les commodités d'une grande maison : salons, cuisine et une infinité d'arbres en caisse qui y formaient une espèce de parterre. Je le rencontrai une fois à Corbeil, d'où on le menait à Choisy, et ce fut le seul voyage de Fontainebleau que je vis faire à la cour. Bientôt ce voyage fut supprimé par raison d'économie.

Je ne vis point Compiègne à cette époque. Le roi n'y alla que pour y chasser pendant quelques jours.

CHAPITRE XX

SAINT-GERMAIN ET MARLY

..... Ce riant Marly,
Que Louis, la nature et l'art ont embelli.
C'est là que tout est grand, que l'art n'est point timide.
DELILLE, *les Jardins*.

Je me suis promené souvent sous les voûtes obscures de cet antique château de Saint-Germain, ce berceau de la dernière race de nos rois, le lieu de la naissance de Louis XIV, et, depuis cinq cents ans, la demeure de souverains. Ces galeries longues et étroites, ces escaliers placés dans les tours et d'une montée facile, tout offrait les caractères de l'architecture du temps de Charles V, qui fit construire cette demeure en 1370. Quelques vieilles miladys qu'on rencontrait dans ces corridors rappelaient le séjour qu'y avait fait une cour malheureuse, mais qui, dans son malheur, avait trouvé respect, secours et pitié.

Le château de Saint-Germain, abandonné de la cour pour le superbe Versailles, servait de retraite à quelques familles qui, par une sage économie, et à la faveur du bon marché des vivres, rétablissaient leur fortune. Le seul appartement du roi restait vacant.

Quand je visitai Saint-Germain, je vis avec peine tant de vastes pièces livrées aux rats et aux araignées, sans meubles ni décorations. Les amis que j'allais voir occupaient, au château, l'appartement de la reine et celui où était morte la reine d'Angleterre. La salle des Gardes était changée en cuisine, malgré sa haute et splendide cheminée de marbre où je vis le tourne-broche installé. Le salon était l'ancien cabinet de la reine. On y remarquait encore la même tapisserie qu'elle avait découpée elle-même, et qui représentait, sur un papier de la Chine, tous les détails de la culture du thé. Mon ami couchait dans l'alcôve d'Anne d'Autriche. Un vieux tableau de Bassan, placé sur la cheminée, avait vu la naissance de Louis le Grand. Plusieurs petits cabinets avaient leurs fenêtres grillées avec une élégance et une force extraordinaires. Cette fermeture était un effet de la méfiance de Louis XIII, qui voulait ainsi empêcher sa femme de recevoir chez elle les personnes qui la conseillaient. Ces fenêtres donnant sur une galerie découverte, on apercevait, de cette façade du château, les clochers de Saint-Denis; et ce serait, a-t-on dit, la vue de cette église qui aurait engagé Louis XIV à préférer la marécageuse ville de Versailles au beau plateau de Saint-Germain et à sa magnifique perspective. Les hommes sérieux ne s'arrêteront pas à ce bruit. Louis XIV, dans aucune circonstance n'a paru craindre la mort; d'ailleurs, il n'est pas d'idée à laquelle on s'accoutume plus aisément qu'à celle de déterminer et de contempler le lieu de sa sépulture.

On pourrait plutôt se demander si la position de Saint-Germain était plus favorable que Versailles à l'érection d'un grand palais. Rien n'est comparable, c'est vrai, à la vue dont on jouit du haut de la terrasse de ce premier endroit; mais, placé sur le sommet d'une montagne, il eût été impossible de donner à ce château, surtout du côté de Paris, la magnifique entrée qu'on admire à Versailles. Le voisinage de la Seine eût été d'un faible secours pour les eaux; il eût toujours fallu une machine hydraulique très-compliquée pour les amener au haut de la montagne.

Ce qu'on peut encore admirer à Saint-Germain, c'est cette magnifique terrasse de douze cents toises de long, qui borde le parc du côté de la Seine, et qui offre, dans la multitude de bourgs et de villages qu'on aperçoit à l'entour de Paris, dans la fertilité du sol et les bords sinueux de la rivière, le plus beau spectacle qu'il soit possible de rencontrer.

Au bout de la terrasse était le château du Val, au maréchal de Beauvau, et avant lui au malheureux comte de Lally, qui croyait si bien échapper à sa condamnation que, le jour de sa mort, tous les préparatifs furent faits au Val pour l'y recevoir.

Le maréchal de Noailles, gouverneur de Saint-

Germain, y avait un magnifique hôtel avec un superbe jardin.

Parmi les nombreuses fabriques qu'on rencontrait dans ce jardin, je citerai un petit fort avec son pont-levis et ses batteries, qui présentait en miniature tous les moyens de défense de l'art de Vauban.

Il y avait aussi un chêne si gros qu'on avait pratiqué à l'intérieur un cabinet, très-bien décoré. On pense bien que cet arbre monstrueux était l'ouvrage de l'art; mais il était si bien imité que je ne découvris la vérité qu'en mesurant la circonférence de l'arbre, ce qui me fit apercevoir les ferrures de la porte. Un jeune chêne, adroitement joint à celui-là, formait, dans le haut, une grosse branche qui paraissait conserver un reste de végétation.

Cette famille de Noailles se ressentait encore de la grande protection de madame de Maintenon; elle comptait encore, de mon temps, deux maréchaux de France, cordons bleus, et deux capitaines des gardes décorés de la Toison d'or; l'importance des bienfaits répandus par le roi dans cette maison aurait pu être évaluée à une somme de deux millions. Il est fâcheux que quelques-uns de ses membres, notamment le prince de Poix, aient pu s'entendre reprocher de n'avoir pas toujours répondu comme ils le devaient à cette protection.

A moitié chemin de Saint-Germain à Versailles, on trouvait, dans le fond d'un vallon, le petit château de Marly. Il est aujourd'hui détruit; et ce lieu si brillant, que *Louis avait embelli*, sera rendu sans doute aux oiseaux marécageux auxquels on l'avait enlevé.

En construisant Marly, Louis XIV vainquit la nature et se joua de ses lois ordinaires. Afin de jouir plus tôt, on inventa des machines qui transportaient, avec toutes leurs racines, les arbres les plus gros. On travailla nuit et jour; on voulait réaliser, en les renouvelant, les prodiges des temps fabuleux.

Pour arriver au château, il fallait descendre une montagne assez rapide. En haut, se trouvaient deux bâtiments circulaires avec les écuries. Le château était un grand pavillon carré entouré d'un perron. Louis XIV, fidèle à sa devise, avait voulu que ce pavillon fût considéré comme le palais du Dieu du jour; et douze autres pavillons plus petits, placés de chaque côté du parterre, représentaient les douze signes du zodiaque et servaient de demeure aux personnes admises à l'honneur, si recherché sous le grand roi, d'être des voyages de Marly. Les peintures à fresque dont tous ces pavillons étaient revêtus présentaient des allégories en rapport avec cette idée.

Au milieu du grand pavillon était ce fameux salon de Marly, si célèbre dans tous les mémoires du temps de Louis XIV, où se rassemblaient tous ceux qui étaient admis à ces bienheureux voyages. La cour, moins gênée là par le cérémonial, vivait comme les particuliers. On voyait le roi et les princes à toute heure; on intriguait plus aisément; on sollicitait avec plus de facilité; que de motifs pour désirer le voyage de Marly ! Mais bien des fortunes s'y dérangeaient par le jeu excessif qu'on y jouait. Madame de Maintenon, qui s'en plaint dans ses lettres, aussi bien que de l'ennui que lui faisait éprouver le salon de Marly, avait plusieurs fois essayé d'empêcher ces excès et n'avait pu y réussir ; elle y régentait les princesses et la cour.

Sous Louis XVI, Marly avait moins de faveur. D'autres palais s'étaient élevés et avaient obtenu la préférence. Je ne me rappelle qu'un seul voyage à cette maison, mais il fera époque dans l'histoire.

Louis XVI méditait un coup d'éclat. Pour préparer cet acte de vigueur avec plus de secret, il se retira à Marly, sous le prétexte de pleurer son fils. Il emmena sa famille, qui se trouvait ainsi à l'abri des suites de la fameuse séance royale du 21 juin et de la déclaration qu'on y devait faire, pour mettre un terme aux projets subversifs des États généraux. Cette résolution montre combien Louis XVI avait l'esprit juste ; il ne lui manquait que les moyens d'exécution, et, au lieu de faibles et perfides conseillers, des hommes hardis et résolus. Le tiers-état, la minorité de la noblesse et le bas clergé virent, par cette déclaration, leurs desseins avorter. Il fallait une opposition énergique pour échapper à l'insuccès et à la ruine du parti ; aussi la résistance fut-elle ouverte ; la conspiration se laissa voir à nu ; le monarque faiblit et la France se vit entraînée à sa perte.

A quelque distance de Marly, était cette fameuse machine hydraulique, conception du chevalier de Ville, exécutée par Rennequin Sualem, laquelle, par une complication de rouages, de pompes et une multitude de tuyaux et d'aqueducs, élevait l'eau à cinq cents pieds de hauteur, aux arcades de Marly, et alimentait les fontaines de la ville de Versailles ainsi que ces bassins du parc qui font l'admiration des étrangers. La mécanique, qui se perfectionne tous les jours, obtiendrait sans doute aujourd'hui les mêmes résultats par des moyens moins compliqués; mais pour l'époque de sa construction, en 1682, cet ouvrage n'en était pas moins extraordinaire.

Marly fut longtemps le chef-lieu de la première baronnie de France. Le premier baron chrétien, Mathieu de Montmorency, en était seigneur en 1204. Sa forêt était une des plus agréables pour la chasse, étant entourée de murs. En fermant les portes, on était sûr que les cerfs ne s'éloigneraient pas. Aussi c'était là que le roi donnait le plaisir de la chasse aux dames et aux princes étrangers. Près de la forêt était une grande plaine nommée le Trou-d'Enfer, où le roi, tous les quatre ans, passait la revue de sa garde à cheval et des gardes du corps qui arrivaient de leurs garnisons.

Les jardins de Marly où la pluie ne mouillait pas, selon le mot d'un courtisan de Louis XIV, étaient l'ouvrage du génie de Mansard et du crayon de Lebrun. Ils étaient remplis de statues et de fontaines. Au bout du parterre, un grand balcon dominait un abreuvoir et la route de Saint-Germain. On y voyait ces deux beaux chevaux de marbre, travail admirable de Guillaume Coustou, et qu'on a transportés à Paris, à l'entrée des Champs-Elysées. Tous ces bosquets enchantés sont détruits. Ils ont disparu en peu de temps ; mais le souvenir en sera immortel, car ils sont consacrés par ces beaux vers du Virgile français :

..... Ce riant Marly,
Que Louis, la nature et l'art ont embelli.
C'est là que tout est grand, que l'art n'est point timide ;
Là tout est enchanté ; c'est le palais d'Armide ;
C'est le jardin d'Alcine, ou plutôt d'un héros
Noble dans sa retraite, et grand dans son repos,
Qui cherche encore à vaincre, à dompter les obstacles,
Et ne marche jamais qu'entouré de miracles.
Voyez-vous et les eaux, et la terre, et les bois,
Subjugués à leur tour, obéir à ses lois?
A ces douze palais, d'élégante structure,
Ces arbres marier leur verte architecture ?
Ces bronzes respirer ? ces fleuves suspendus,
En gros bouillons d'écume à grand bruit descendus,
Tomber, se prolonger dans des canaux superbes,
Là s'épancher en nappe, ici monter en gerbes,
Et dans l'air s'enflammant aux feux d'un soleil pur,
Pleuvoir en gouttes d'or, d'émeraude et d'azur ?
Si j'égare mes pas dans ces bocages sombres,
Des Faunes, des Sylvains en ont peuplé les ombres ;
Et Diane, et Vénus enchantent ces beaux lieux.
Tout bosquet est un temple, et tout marbre est un dieu ;
Et Louis, respirant du fracas des conquêtes,
Semble avoir invité tout l'Olympe à ses fêtes.
     DELILLE, *les Jardins*, chant I.

III

LES CHOSES

CHAPITRE PREMIER

MINISTRES

> Pour bien juger les hommes publics, il ne faut jamais les séparer de la position politique dans laquelle ils se sont trouvés. On peut, en eux, blâmer isolément telle ou telle action, mais leur conduite ne peut être jugée que sur son ensemble.
>
> FERRAND, *Esprit de l'histoire*.

On pourrait juger de la situation d'un empire par ses changements de ministères. Lorsque la marche d'un gouvernement n'est point entravée, ceux qui la dirigent, n'ayant point d'obstacles à surmonter, restent plus constamment à leur poste.

Les dernières années de la monarchie offrent une preuve de ce que j'avance. En fort peu de temps, on vit dans le ministère des changements si brusques et si multipliés qu'ils démontraient tout à la fois la perplexité du chef de l'État et le peu d'aptitude de ceux qu'on y appelait.

En 1786, les quatre ministres étaient les maréchaux de Ségur et de Castries, le baron de Breteuil et le comte de Vergennes.

Le premier, chargé du département de la guerre, y avait succédé à M. de Montbarey en 1780. Brave dans les rangs de l'armée, il avait perdu un bras à la bataille de Laufeld et s'y était distingué. Son esprit était assez pénétrant pour bien administrer le contentieux de son département et le diriger dans des temps ordinaires; mais sa tête n'eût point été assez forte pour des moments orageux, aussi le renvoya-t-on un des premiers quand les troubles commencèrent à agiter la France, et sa conduite, pendant la révolution, fut loin de montrer une âme forte et à la hauteur de ces époques de troubles.

Le maréchal de Castries, à qui l'on confia le ministère de la marine en 1780, succéda à M. de Sartines. On retombait, en le plaçant dans ce poste important, dans la même faute qu'on avait déjà faite en ôtant à M. de Sartines la direction de la police pour lui donner celles de nos flottes; car M. de Castries, toujours officier de terre, n'avait vu de ports et de vaisseaux que comme curieux et ignorait tout ce qui avait rapport à l'importante partie dont il était chargé.

M. de Vergennes justifiait la confiance de son maître par les bonnes relations qu'il avait conservées avec les puissances. C'était à lui qu'on devait le traité de paix de 1783. Cependant, s'il faut en croire un officier général célèbre dans cette guerre, M. de Vergennes, d'un naturel timide, avait une crainte exagérée de déplaire à la cour et aux grands. Doué d'un sens droit et d'un esprit éclairé, il était pourtant sans vigueur et sans génie [1]. La mort seule l'enleva à l'amitié de son souverain. Il mourut dans l'hiver de 1787. L'usage ne voulant pas qu'un cadavre restât dans la maison du souverain, on l'avait transporté à sa petite campagne, dans l'avenue de Paris, où tous les corps se rendirent pour le conduire au cimetière; puis, en sortant de là, on se rendit au bal de la cour. J'ai cru devoir faire mention de ce contraste, autant parce qu'il peint les mœurs et les usages de la cour, que parce que j'ai lu dans un ouvrage moderne, qu'à la mort de M. de Vergennes tous les plaisirs furent suspendus.

Le baron de Breteuil avait toute la capacité nécessaire pour occuper longtemps le ministère de l'intérieur, car il ne fallait pas de grands talents pour diriger les affaires de la maison du roi et les intendances du royaume; sans cela le baron aurait succombé sous le poids de sa besogne. Jamais, au reste, on ne joignit plus de vanité à une plus grande nullité. J'ai vu une caricature qui représentait ce ministre, et qui, pour toute inscription, portait un air noté de l'opéra du *Magnifique*, dont les paroles sont: « Oh! c'est un beau cheval! »

Le chef de la justice était alors le chancelier Maupeou. Exilé dans sa terre depuis plusieurs années, il

---

[1]. Voyez *Mémoires* de Bouillé.

avait emporté la haine de tous les parlements, qui ne lui pardonnèrent jamais ses tentatives pour abattre leur puissance. La manière dont ces cours ont travaillé elles-mêmes à leur dissolution et aux malheurs de la France justifient aujourd'hui les efforts du chancelier. Lors de sa disgrâce, les sceaux furent confiés à Hue de Miromesnil, vieillard faible, maladif et trembleur. La charge de chancelier, en France, était inamovible ; la volonté du souverain ne pouvait l'ôter à ceux qu'il en avait revêtus ; une condamnation juridique seule pouvait l'en priver, et c'était une belle pensée de faire ainsi respecter la justice dans son chef, en la mettant en quelque sorte au-dessus du caprice des hommes. Le chancelier, comme Thémis, devait être impassible et rester étranger à tous les événements. Toujours enveloppé de sa noire simarre, il ne portait jamais le deuil, et toujours une escorte accompagnait sa chaise ou son carrosse. Aucune de ses actions ne devait être cachée, et c'était une espèce de représentation symbolique du corps dont il était le chef.

Personne ne fut peut-être plus propre à remplir, dans ces temps difficiles, la place de contrôleur général des finances que M. de Calonne. Doué d'un travail facile, d'un génie fécond en expédients, lui seul pouvait trouver les ressources que réclamait la France épuisée moins par les prodigalités de la cour que par des emprunts multipliés. C'est bien vainement qu'on a voulu reprocher à M. de Calonne un luxe et une magnificence.

presque toujours inséparables d'un grand génie, qui sait rarement se plier aux petits calculs de l'économie. Nous répéterons, avec le savant et judicieux Ferrand, qu'on peut blâmer telle ou telle action d'un grand homme, mais que sa conduite ne peut être jugée que sur son ensemble. L'infatigable Calonne travaillait jour et nuit. Ses fréquents voyages à Paris n'étaient qu'une suite d'occupations, car la route ne les interrompait même pas et sa voiture devenait un cabinet. Rentré chez lui, les volets fermés, les jambes dans un bain à la clarté des bougies, il trouvait dans les ressources fécondes de son esprit les moyens de sauver la France. Mais l'orgueil parlementaire, la ténacité du clergé, étaient des barrières trop fortes, contre lesquelles se brisèrent ses projets vraiment philanthropiques, car les charges devaient porter moins sur le peuple que sur les gros propriétaires. Après avoir montré en France ses capacités, M. de Calonne alla prouver en Allemagne son attachement à la maison de Bourbon, en sacrifiant aux princes, ingrats pour lui, son repos, sa fortune et ses précieuses collections. Je n'ai point connu M. de Calonne, je ne lui ai jamais été attaché par aucun lien, mon jugement n'en est donc que plus impartial; et s'il fallait une caution de ce que j'avance, je rappellerais qu'au moment de sa mort à Paris, en 1804, Bonaparte l'avait consulté sur plusieurs points de finances.

Il est rare qu'un grand homme se voie revivre dans ses descendants. Cette remarque s'est vérifiée pour

M. de Calonne; j'ai connu son fils, il avait à peine l'esprit d'un homme ordinaire.

M. de Calonne, entravé dans ses plans de nouveaux impôts par les remontrances et les oppositions des parlements, sur qui portaient et pesaient ces impôts, crut pouvoir les dompter en assemblant les notables du royaume. Ce fut sa perte et celle de la monarchie. Il fut obligé de leur dévoiler que le déficit du trésor royal allait à cent dix millions, sans pouvoir faire entendre que cet excédant de dépenses provenait moins des dilapidations de la cour que des énormes intérêts payés pour les emprunts contractés par Necker pendant son premier ministère. La retraite de M. de Calonne fut le signal de celle de plusieurs autres ministres. A M. de Ségur succéda le comte de Brienne, et à M. de Castries, M. de la Luzerne. M. de Vergennes, à sa mort, avait été remplacé par M. de Montmorin, diplomate éclairé mais timide, et dont les conseils pusillanimes ont bien nui aux intérêts de Louis XVI; mais ses fautes involontaires et l'espèce d'attachement qu'il montrait, extérieurement du moins, au parti constitutionnel, ont été effacés par sa mort funeste après le 10 août.

Avant sa retraite, M. de Calonne avait fait ôter les sceaux à M. de Miromesnil, pour les donner à M. de Lamoignon, nom célèbre dans la magistrature, mais, personnellement, l'ennemi le plus ardent de son corps; et cette haine particulière entre le ministre et le parlement contribua à amener le parti violent que prirent ces compagnies. M. de Lamoignon avait des vues droites, plus de connaissances judiciaires que d'administratives. On le prit surtout en horreur, parce qu'il devint le confident et le collaborateur du cardinal de Brienne. Après avoir été remplacé par M. de Barentin, il finit tristement sa carrière dans sa terre de Basville. Ses enfants le trouvèrent un matin dans une grotte du jardin, tué d'un coup de fusil. L'arme était encore auprès de lui; mais on ne put découvrir si sa mort était l'effet du désespoir ou d'un accident.

La cour, qui répugnait au rappel de Necker que l'opinion publique, souvent trompée, appelait au ministère, après avoir fait l'essai de plusieurs ministres dont l'existence fut éphémère, appela au conseil Brienne, archevêque de Sens, prélat décrié pour ses mœurs, mais qui s'était acquis une certaine réputation d'économiste, et qui, de plus, était chéri du parti des philosophes. Les honneurs l'accablèrent. Bientôt il fut nommé principal ministre, décoré de la pourpre qu'il souilla par sa conduite envers la cour de Rome et sa mort scandaleuse. Toute son existence ministérielle ne fut qu'une série de fautes et de bévues. Il fit faire au roi quelques actes de vigueur pour le laisser céder quelque temps après. Il avait décrié Calonne et ses projets; il se trouva bientôt tout aise d'y revenir. Enfin le parlement, poussé à bout, jeta son appel sinistre aux États généraux, et ce fut là l'origine des malheurs de la France. Les divers édits soumis à l'enregistrement de cette cour, la séance royale, l'exil du premier prince du sang et le détail des fautes de Brienne sont du domaine de l'histoire. Le cardinal, effrayé, quitta le ministère et alla cacher sa honte dans sa terre de Brienne. Sa retraite entraîna celle de son frère, qui fut remplacé par le marquis de Puységur. Le baron de Breteuil le fut par M. Laurent de Villedeuil, frère du mécanicien célèbre qui, au moyen d'un bras d'argent, rendit à un invalide les facultés qu'il avait perdues. M. de Barentin fut garde des sceaux, et la cour, désespérée, se décida enfin au rappel de M. Necker.

Sorti des emplois obscurs de la banque, ce Genevois, sous un extérieur simple, cachait un immense orgueil, un entêtement à toute épreuve et une étonnante vanité que lui avaient inspirés les éloges dont le parti des économistes ne cessait de l'accabler. Pendant son premier ministère, il avait retardé un instant la ruine de la France par des emprunts qui devaient l'amener infailliblement plus tard; et il vint enfin creuser lui-même l'abîme, par le peu de solidité de ses projet financiers, et surtout par sa funeste idée de la double représentation du tiers-état que, malgré tout le conseil, il fit souscrire au roi dont il avait su captiver l'esprit. Protestant, plébéien, Necker était l'ennemi des deux premiers ordres de l'État et le partisan des ennemis du trône et de la religion. Les siècles futurs se refuseront un jour à croire l'engouement qu'il avait inspiré, l'idolâtrie dont il fut un moment l'objet. Mais lorsqu'une fois son nom eut servi de prétexte aux premiers excès de la révolution, il tomba dans le mépris; et, après avoir lutté un an encore contre l'opinion publique, il retourna en Suisse, à son château de Coppet, pour s'y nourrir de ses remords qui devaient être d'autant plus déchirants que l'ambitieux redoute l'obscurité et que la haine de la France l'y avait condamné.

Je le vis, dans le mois de juillet 1789, revenir à Versailles après en avoir été expulsé. La crainte plutôt qu'une nécessité véritable avait forcé son souverain à le rappeler. La reine ne l'aima jamais; cette infortunée princesse avait une justesse d'esprit qui l'empêcha toujours d'être la dupe du charlatanisme de Necker. De retour à Versailles, il voulut faire une entrée triomphale dans Paris, sous le prétexte d'aller remercier l'assemblée des électeurs de l'intérêt qu'elle lui avait porté. Sa marche fut, en effet, un triomphe populaire; mais le retour en fut plus amer. Vainement demanda-t-il la liberté de son ami et compatriote, le baron de Besenval, arrêté comme conspirateur; il ne put l'obtenir. Je le vis revenir; il était triste et pensif au fond de sa voiture. Il réfléchissait sans doute à sa position, s'apercevant, mais trop tard, qu'il n'était que le prétexte d'un bouleversement général dont il serait peut-être une des victimes. Son renvoi en 1789 avait mis la France en feu; son départ en 1790 fit si peu de sensation qu'il me serait difficile d'en fixer l'époque précise; tant il est vrai que toute idole encensée par le peuple repose sur un pied d'argile, et que le plus léger choc la peut renverser.

La conduite de Necker envers Louis XVI fut une suite d'ingratitudes ; et cet homme, du fond de ses montagnes, a osé élever la voix pour le défendre, pour le soustraire à l'échafaud, lorsqu'il lui en avait ouvert le chemin ! A même d'apprécier mieux que personne les vues droites et les vertus domestiques de ce prince, il fut le premier à se réjouir de son infortune. Le silence effrayant de la nuit du 5 octobre, la douleur des fidèles amis du roi, n'étaient interrompus que par l'affreux ricanement de la fille de Necker, de madame de Staël[1]. Madame Necker elle-même, malgré sa charité, ses fondations et ses œuvres de bienfaisance, partagea les torts de son mari ; et, comme le démon de l'orgueil et de l'écriture agitait toute cette famille, elle a voulu consacrer par ses ouvrages son respect pour les opinions de son mari, son acquiescement à toutes ses idées. Le Ciel avait imprimé dans tout son être l'agitation qui bouleversait la tête de son époux, qui était son idole, car de violentes attaques de nerfs faisaient de sa personne un mouvement perpétuel. A peine assise, elle devait céder à l'impulsion donnée à toutes ses fibres, et se relever pour reprendre son fatigant balancement. Je l'ai vue au spectacle, toujours debout dans une loge grillée, ne cesser de s'agiter pendant trois heures entières. Madame Necker, de son nom mademoiselle Churchod, devait d'abord épouser

---

[1]. Telle est, en effet, l'attitude que les passions du temps prêtèrent à madame de Staël. Combien ces allégations furent injustes, aujourd'hui tout le monde le sait. (*Note des éditeurs.*)

le célèbre historien Gibbon ; avec son esprit, ses vertus, elle eût fait une excellente mère de famille. L'ambition, l'orgueil la rendirent complice de son mari.

L'insurrection du 14 juillet occasionna un grand changement dans le ministère. Le maréchal de Broglie, un instant ministre de la guerre, dut aller en Allemagne mettre sa tête à l'abri du sort funeste qui attendait son successeur, le marquis de La Tour du Pin Gouvernet, qui paya de sa vie, sur l'échafaud, son attachement à sa religion et à son roi. Le maréchal fut suivi, dans sa retraite, du garde des sceaux Barentin et de Laurent de Villedeuil. Le premier fut remplacé par l'archevêque de Bordeaux, Champion de Cicé. Ce prélat remuant et tracassier s'était déclaré l'ennemi de son ordre et de son roi, en se précipitant dans les bras du tiers-état, à la tête de la minorité du clergé. M. de Saint-Priest, connu par ses ambassades en Turquie et en Suède, remplaça M. de Villedeuil.

Je ne dresserai point ici la longue liste de tous les ministres qui se succédèrent rapidement pendant la fin du règne de Louis XVI et dont les mutations devenaient plus fréquentes à mesure que la monarchie penchait davantage vers sa ruine. Le roi ne trouvait plus aucun fidèle sujet qui voulût recevoir le dangereux honneur de lui donner des conseils. Ceux qui se présentaient étaient ses ennemis, et l'affligeaient par leurs trahisons. Le petit nombre de ses amis qui se dévouaient encore se voyaient bientôt renversés par les intrigues de la faction régicide et payaient de leur tête leur fidélité.

Les ministres n'avaient point, sous la monarchie, de marques distinctives de leur emploi. Hors les grandes cérémonies, les officiers de la couronne faisaient leur service en habits de couleur. Quand le roi travaillait avec un ministre pour les affaires de son département, c'était dans un cabinet faisant le premier angle saillant de la cour de marbre avec la cour royale à droite ; mais les conseils se tenaient dans le grand cabinet qui suivait la chambre de parade. Sur une longue table, couverte d'un tapis de velours vert, se discutaient et se signaient les intérêts de la France. Deux bustes antiques, placés dans cette salle, semblaient présider aux délibérations et inspirer les conseillers du monarque. L'un, en porphyre, était celui d'Alexandre ; l'autre, en marbre noir avec les yeux d'argent et la draperie en marbre blanc, était celui de Scipion l'Africain ; il avait été donné à Louis XV, en 1733, par l'abbé Fauvel, célèbre amateur d'antiquités.

Outre les conseils qui se tenaient dans ce cabinet sous les yeux du roi, il y avait encore le conseil d'État qui se rassemblait dans une salle basse du château, à gauche, dans la cour royale, et qui était présidé par le chancelier ou le garde des sceaux.

CHAPITRE II

ÉTATS GÉNÉRAUX

> Bientôt à ces conseils accourent à grand bruit
> Tous ces gens obstinés qu'un fol orgueil conduit.
> VOLTAIRE, *Henriade*.

Je ne puis croire qu'il y ait actuellement un seul souverain qui ne frémirait au seul nom de Diètes et d'États généraux, s'il n'avait la volonté et le pouvoir de présider ses résolutions, et, au besoin, de réprimer leurs écarts par la force des baïonnettes.

C'était un principe reçu dans notre vieille monarchie que le roi seul était souverain, et que son autorité seule faisait les lois. « Si veut le roi, si veut la loi. » Les États généraux du royaume n'avaient que la voie de la remontrance ou de la supplication ; et le roi déférait à leurs doléances ou à leurs prières suivant les règles de la justice et de la prudence, « car, « dit le célèbre président de Blancmesnil, s'il étoit

« obligé de leur accorder toutes leurs demandes, il
« cesseroit d'être roi. » Aussi, Louis XVI perdit sa
couronne dès que ces États généraux firent succéder
à leurs doléances le langage le plus arrogant. « Ja-
« mais, dit encore Ferrand, les États généraux, même
« les plus séditieux, n'ont prétendu participer à la lé-
« gislation. Ils exposoient ce qu'ils croyoient devoir
« demander pour le bien de l'État, ou ce que leur
« suggéroient les intrigues et les factions, dont ils
« étoient toujours remplis ; jamais ils n'ont présenté
« ces doléances qu'à genoux, et cette attitude n'an-
« nonce aucune idée de souveraineté ; jamais on ne
« leur demanda leur avis que sur les impôts... » Voilà
quel était le rôle des États généraux sous la monarchie ;
nous connaissons tous celui qu'ils se sont arrogé aux
premiers jours de la révolution. Le prince malheureux
qui les convoqua était loin de prévoir qu'en appelant
près de lui l'élite de la nation, il s'entourait de factieux et de régicides.

Je ne ferai point ici l'historique de cette assemblée,
de cette lutte effrayante entre les sujets et le souverain.
Sa convocation avait excité un véritable enthousiasme
dans tout le royaume et même à la cour. On en attendait impatiemment l'ouverture ; tout le monde s'agitait pour en faire partie. Mais qu'ils étaient rares ceux
qui entrèrent dans cette enceinte avec des intentions
pures et droites ! Le haut clergé se persuadait que les
subsides demandés à son ordre sous le nom de dons
gratuits seraient réformés. Les curés y arrivaient avec

la haine de l'épiscopat. La noblesse comptait autant de partis que d'individus ; celle des provinces voulait restreindre les faveurs et les grâces accordées avec plus d'abondance à celle de la cour ; celle-ci, sous le prétexte de deux chambres, visait à la pairie, et les pairs eux-mêmes trouvaient leurs attributions trop bornées. Le tiers état nourrissait dans son sein la haine des priviléges des autres ordres, l'esprit d'irreligion, de désorganisation et d'anarchie dont il nous a donné des preuves si sanglantes. En un mot, tous ces députés, qui devaient n'avoir qu'un seul but en accourant, celui de seconder le vertueux monarque dans ses nobles projets, n'apportèrent que leurs haines secrètes, un malheureux esprit de parti, toutes les passions enfin qui peuvent germer au cœur de l'homme.

Il arriva enfin ce 4 mai, ce jour qui devait être l'aurore du bonheur de la France, et qui ne fit qu'annoncer la chute de son antique monarchie. Tous les députés arrivaient en foule à Versailles. Dès le 1er mai, les hérauts d'armes, revêtus de leurs cottes de velours violet parsemées de fleurs de lis d'or, montés sur de superbes chevaux blancs, accompagnés de troupes et de toutes les trompettes de la grande écurie, proclamèrent dans les carrefours de Versailles l'ouverture des États généraux. Le 3 au soir, la pluie tombait avec violence ; le roi, à son coucher, regardait sans cesse le temps, et donna l'ordre que, si à cinq heures du matin il ne pleuvait plus, on tendît les tapisseries sur le passage de la procession. Le lendemain, la journée fut assez belle. Dès le matin le peuple était dans les rues. Les fenêtres, louées à un prix énorme, étaient garnies d'une foule de curieux accourus de toute part. Les députés se rendirent à l'église de Notre-Dame, et y attendirent la cour, qui y vint avec son cortége des plus grandes cérémonies.

Le roi était dans sa voiture à deux chevaux avec toute sa famille, suivi de douze ou quinze autres voitures remplies de dames et des grands officiers de la cour. Les chevaux, magnifiquement harnachés, avaient la tête surmontée de hauts plumets. Toute la maison du roi, les écuyers, les pages, à cheval, la fauconnerie, l'oiseau sur le poing, précédaient le superbe cortége. Quand il fut arrivé à Notre-Dame, la procession commença entre deux haies de troupes et une multitude qui, déjà imbue de l'esprit de faction, applaudissait à la vue du tiers état, et surtout du comte de Mirabeau, député de cet ordre, remarquable par son horrible figure et sa tête monstrueuse, qu'il affectait de porter avec plus d'arrogance encore que de coutume. A la vue de la noblesse les applaudissements cessèrent, pour reprendre avec plus de fureur au passage de M. le duc d'Orléans, qui, dédaignant son rang de prince du sang, s'était placé parmi les députés de son bailliage. Les acclamations s'arrêtaient de nouveau à l'approche du clergé. A peine le roi lui-même reçut-il quelques marques d'affection de cette foule déjà révolutionnaire.

Le tiers état ouvrait la marche, habillé de noir avec le petit manteau et le rabat affecté aux gens de justice.

Ce simple costume paraissait humilier son orgueil par le contraste des habits de la noblesse qui, quoique noirs, étaient relevés par des parements de drap d'or sur l'habit et le manteau, et par des chapeaux garnis de plumes.

Après cet ordre venaient les curés ; mais ceux qu'on remarquait davantage avaient, en général, oublié les douces fonctions de leur ministère de paix pour apporter à Versailles l'esprit d'intrigue et les dispositions les plus perverses. Les évêques les suivaient en rochet et en camail, et ce noble cortége était terminé par un prélat encore plus respectable par ses vertus et son âge que par la pourpre romaine dont seul il était revêtu. C'était le cardinal de La Rochefoucauld, archevêque de Rouen.

Après les députés, venait le clergé des paroisses précédant l'archevêque de Paris, qui portait le Saint des saints sous un dais somptueux, dont les glands étaient tenus par les frères du roi et ses neveux, les ducs d'Angoulême et de Berry.

Il avait été question de donner aussi un dais au roi ; mais ce prince religieux le refusa, et ne voulut aucune distinction devant ce Dieu dont il attendait toute sa force pour son pénible règne. Il portait simplement un flambeau derrière le Saint-Sacrement. Son habit et son manteau étaient de drap d'or, et ses pierreries brillaient du plus vif éclat. A côté de lui marchait la reine, non moins magnifiquement vêtue : son port majestueux était encore relevé par une coiffure garnie de ces fleurs connues sous le nom de couronnes impériales. Les princes et toute la cour, dans le plus grand éclat, suivaient la famille royale.

Cette procession à jamais célèbre défila devant la petite écurie, où, sur un balcon et presque expirant, était couché sur un monceau de coussins l'héritier présomptif du trône. C'était bien le symbole de la monarchie qui, comme lui, avait déjà un pied dans l'abîme. Ce bel enfant, si précoce, si doux, laissait, au milieu de ses douleurs, échapper parfois un sourire à la vue de sa tendre mère et de son père, dont les yeux se remplissaient de larmes en pensant aux souffrances de leur enfant. Ah! si l'avenir se fût déroulé devant toi, prince infortuné, au lieu de pleurer, tu te serais prosterné devant ce Dieu que tu suivais si pieusement, pour le remercier d'appeler à lui ce précieux rejeton, et de le soustraire ainsi aux malheurs qui attendaient sa famille et aux tortures de la prison du Temple!

On arriva à l'église de Saint-Louis où l'on chanta la messe. L'évêque de Nancy, l'abbé de la Fare, prononça un discours rempli de passages éloquents, de mouvements oratoires. Chose inouïe! des battements de mains, jusque-là réservés à nos salles de spectacle, lui témoignèrent la satisfaction de l'assemblée. Ce manque de respect à la Divinité fut le premier coup de hache contre l'autel et le signal de la destruction du culte.

Le 5, eut lieu l'ouverture des États généraux. La

salle des séances avait été construite dans l'avenue de Paris, à l'hôtel des *Menus-Plaisirs*, où déjà avaient siégé les Notables. Cette salle, qui devait ensuite servir aux délibérations du troisième ordre, recevait son jour de la voûte. Tout autour régnait un rang de colonnes qui formaient une galerie et supportaient les tribunes des étrangers. Dans le fond s'élevait le trône, sous un énorme ciel de velours violet semé de fleurs de lis d'or. Au bas des marches était le bureau des ministres, et en face, les places destinées au tiers état; les deux autres ordres étant placés sur les côtés de ce vaste carré.

Le 5, les députés arrivèrent par l'entrée de la rue des Chantiers et prirent leurs places, non sans quelques rumeurs causées par l'esprit de jalousie du tiers et par la mort subite d'un des leurs, frappé d'apoplexie. Bientôt la cour, sortie du château en même pompe que la veille, arriva par l'avenue de Paris. Le roi parut sur son trône, entouré de sa famille et dans tout l'éclat de la royauté. Tandis que les officiers de la couronne prenaient leurs places, le roi, apercevant le duc d'Orléans parmi les députés, lui fit dire de ne point se séparer de sa famille, mais ce prince factieux persista dans sa résolution. Quand le tumulte causé par l'arrivée du monarque fut apaisé, le roi se leva, ainsi que toute l'assemblée. Il invita la reine, par un signe, à se rasseoir, ce qu'elle refusa par une profonde révérence. Un silence religieux régnait dans la salle. Louis XVI, qui avait une tenue noble et majestueuse, surtout quand il ne marchait pas, magnifiquement vêtu, étincelant de pierreries, dominait, du haut de son trône, cette fameuse réunion ; et, comme si toute la pompe de la terre n'eût pas suffi pour inspirer le respect et le recueillement, le ciel parut vouloir y contribuer. Au moment où le roi prononça son discours, un rayon lumineux perça le taffetas qui masquait l'ouverture de la voûte, et vint luire sur le front majestueux du monarque. Cette circonstance inspira un sentiment de vénération profonde à tous les cœurs généreux et aurait dû arrêter ceux qui déjà méditaient leurs sinistres complots. Le discours du roi achevé au bruit des plus vives acclamations, que cette fois on n'osa lui refuser, le garde des sceaux Barentin, revêtu de la simarre de pourpre, monta lentement les marches du trône pour prendre les ordres du souverain. Le prince s'étant assis, toute l'assemblée suivit son exemple, et la noblesse, d'après son privilége, se couvrit, et la réunion de tous ces plumets offrit un coup d'œil unique. Le garde des sceaux ayant exposé les intentions du roi, M. Necker, toujours mu par le génie de l'orgueil, tira de sa poche un énorme cahier et, dans ce jour consacré à la pompe et aux cérémonies, il ne rougit pas d'occuper l'assemblée pendant une heure et demie de lui-même, de sa conduite et de ses plans ; comme la nature lui avait refusé un organe pur et sonore, il remit son mémoire à un médecin nommé Broussonnet, qui, pendant une heure, fatigua l'assemblée d'une lecture faite plutôt pour un lit de justice que pour un jour aussi solennel.

Comme je n'entends pas écrire l'histoire des États généraux de 1789, je ne les suivrai point dans leurs innovations et leurs rébellions. Jusqu'à la séance royale du 21 juin l'engouement continua. Les plus fidèles serviteurs du roi ne se lassaient point d'aller entendre à la salle du tiers état, seule assez grande pour admettre le public, les motions et les discours des orateurs les plus célèbres. Chacun admirait la véhémence de Mirabeau, l'éloquence de Barnave ; on s'arrachait tous les pamphlets que chaque jour voyait éclore. Les laquais eux-mêmes les dévoraient à la porte des hôtels, et tous ces affreux papiers prêchaient plus ou moins ouvertement l'impiété, la désobéissance aux lois et le mépris de l'autorité royale. On ne commença à ouvrir les yeux qu'à la journée du 14 juillet ; encore bien des personnes persistèrent-elles dans leur aveuglement jusqu'au massacre des 5 et 6 octobre. La séance royale du 23 juin fut le dernier effort de la monarchie expirante. Ce ne fut qu'une occasion pour les factieux de jeter le masque et de montrer leurs projets anarchiques. Il aurait fallu montrer de la sévérité ; mais au lieu d'un Richelieu, Louis XVI n'avait à écouter qu'un lâche et perfide ministre. Il faiblit, et dès lors il se vit détrôner. La réunion des trois ordres eut lieu parce que la noblesse craignait pour les jours du roi, et le roi pour le sang de la noblesse. Personne n'écouta ce profond et sage conseil de M. de Cazalès : « Périsse le roi, mais sauvons la monarchie ! » Le roi fit ordonner à la noblesse, par son président, le duc de Luxembourg, de se réunir aux deux autres ordres; au commandement il joignit la prière, toujours si puissante sur le cœur de la noblesse française, et la réunion eut lieu. Le tiers état, plus nombreux que les deux autres ordres, augmenté encore par le grand nombre de curés qui s'étaient mis dans ses rangs, eut la majorité dans toutes les délibérations. Dès lors la révolution était consommée. Il n'eût fallu, avec quelques troupes, qu'un peu d'énergie pour dissoudre ces États; mais on en manqua, et les factions eurent tout le loisir de se rendre maîtresses.

Quoique j'aie été témoin des séances les plus fameuses des États généraux, je ne les analyserai point. Je ne parlerai plus que d'un événement relatif à ces États, c'est-à-dire de la séance du 16 juillet, où le roi, se dépouillant de l'appareil du trône, vint franchement s'expliquer au milieu des représentants de son peuple. Quel ne fut pas notre étonnement, lorsqu'en sortant de la messe, à midi, nous vîmes le roi, au lieu de rentrer dans les grands appartements, descendre les escaliers de la chapelle, traverser les cours et, avec le service ordinaire, se rendre à pied à la salle des États et prononcer ce beau discours que les historiens s'empresseront de transmettre à la postérité. Notre retour fut plus brillant. L'assemblée entière, dans un moment d'enthousiasme, suivit les pas du monarque, de ce prince malheureux qui venait avec confiance réclamer des factieux eux-mêmes, non son pouvoir, mais le bonheur de ses sujets. On rentra à la chapelle, où on chanta le *Te Deum*. A peine put-elle contenir la foule, qui se précipitait à la suite du monarque en le bénissant. Certes, ils furent bien coupables ceux qui, ce jour-là, ne déposèrent pas au pied des autels leur haine, leurs complots et leurs projets homicides !

En effaçant toute distinction d'ordres et de titres, on abolit aussi celle des costumes. On laissa à chaque membre la liberté de se mettre selon son goût : ce qui se fit parfois avec le cynisme le plus dégoûtant. Un seul député s'était refusé à se soumettre à la décision de l'assemblée sur les costumes, se bornant à ajouter à son habit de bure le petit manteau noir du tiers état. C'était un paysan bas-breton, cultivateur aux environs d'Hennebon, et qu'on nommait Gérard. Tout le monde a entendu parler du père Gérard. C'était un très-bon homme dans le fond, très-étonné de se trouver là et d'avoir vingt-cinq louis à dépenser par mois. Il se jeta dans le parti démocratique parce qu'il trouva charmant de pouvoir tuer les lapins et les pigeons de son seigneur quand ils viendraient manger ses blés.

Il est difficile qu'il ne se trouve point, dans une assemblée nombreuse, quelques têtes exaltées et quelques originaux. Le baron de Lupé, député de la sénéchaussée d'Auch, montra jusqu'où peut aller l'entêtement. C'était un petit homme atrabilaire, haut de moins de cinq pieds ; il fut le seul de toute la noblesse qui refusa de se réunir au tiers état. Quand cette réunion eut été effectuée, il n'en continua pas moins à aller siéger tous les jours, seul et pendant plusieurs heures, sur les bancs de la noblesse. Et quand le local fut fermé, il se promenait dans le corridor, sans jamais vouloir mettre le pied dans l'assemblée. Ce ne fut qu'au départ des députés pour Paris qu'il abandonna son poste et retourna vers ses commettants leur rendre compte de son exactitude à remplir ses devoirs de gentilhomme. Cette idée, isolée, était ridicule; mais si tous les membres de la noblesse avaient partagé les sentiments de leur collègue, les événements auraient pu prendre une autre direction.

J'allais souvent dîner dans une réunion de membres de la droite, où se trouvaient les plus fameux soutiens du parti : l'abbé Maury, Foucaut, Cazalès, Guilhermy, Montlosier et le facétieux vicomte de Mirabeau, surnommé avec raison Mirabeau-Tonneau. Jamais homme, en effet, ne fut plus remarquable par son obésité. Je l'ai revu depuis, en grand uniforme de la légion qu'il forma sur le Rhin, c'est-à-dire en habit de hussard noir avec une barbe et des moustaches épaisses. C'était bien la figure la plus grotesque que l'on pût trouver, digne du pinceau de Callot. On lui a reproché, non sans raison, de ne s'être pas toujours trouvé de sang-froid aux séances du soir. En effet, il faisait à son dîner une très-grande consommation de spiritueux, ce qui le conduisit, jeune encore, au tombeau. Sans avoir le génie ni l'éloquence de son frère, qu'il méprisait souverainement, il ne manquait pas d'instruction. Son esprit était tourné à la plaisanterie, et on ne pouvait trouver rien de plus original que sa conversation.

CHAPITRE III

14 JUILLET

J'entends gronder la foudre, et sens trembler la terre.
RACINE, *Iphigénie.*

Le Ciel, courroucé contre la France, semblait avoir annoncé cette date sanglante par un orage effroyable arrivé juste un an auparavant. Le dimanche 13 juillet 1788, le roi, revenant de Rambouillet, où il avait couché, fut assailli d'une grêle épouvantable, comme on n'en voit presque jamais. Tout le cortége fut obligé de se réfugier sous des hangars au village de Trappes, mais pas assez tôt pour que plusieurs cavaliers ne fussent blessés. Les campagnes étaient couvertes d'arbres renversés, d'oiseaux et de gibier écrasés. Je ne dirai pas le poids de plusieurs de ces glaçons ramassés longtemps après l'orage; on ne le croirait peut-être pas Les moissons furent détruites; mais tous ces maux réunis ne pouvaient se comparer à ceux que Dieu nous réservait dans sa colère. C'était sur la terre même qu'il voulait prendre les instruments de sa vengeance.

Les événements qui préparèrent cette fameuse journée du 14 juillet sont assez connus. On sait combien la cour avait de moyens pour réprimer les excès des États généraux et les mouvements populaires. Versailles était rempli de troupes encore fidèles. Les régiments de Bouillon et de Nassau occupaient les routes de l'Orangerie ; nos manéges étaient remplis de troupes suisses ; les cours des écuries, de hussards au bivouac ; à Paris, à Saint-Denis, dans tous les environs se trouvaient également des forces considérables, animées du même esprit. Il n'y avait qu'un mot à dire, et bientôt les factieux eussent été dispersés et la révolte apaisée. Mais les perfides conseillers du malheureux monarque, loin de provoquer cette résolution, lui représentèrent la France baignée dans le sang de ses enfants et livrée à toutes les horreurs de la guerre civile. Au lieu de montrer à ses troupes aussi fidèles que braves leur monarque chéri, on le tenait renfermé dans son palais, dont l'accès était interdit même aux officiers.

Tous les soirs, une société nombreuse se rendait à l'Orangerie ; le bruit de la musique militaire, le parfum des orangers, plus suave encore dans le calme d'une belle soirée d'été, ce contraste, en un mot, d'un camp au milieu d'un palais, tout y attirait les curieux. J'y vis un soir le maréchal de Broglie avec sa famille ; il venait d'être nommé général de toutes ces troupes,

L'enthousiasme qu'excita la présence du vieux guerrier ne laissait pas de doute sur celui qu'eût produit la présence du roi. Mais on l'attendit en vain; et ces braves gens partirent sans avoir vu leur souverain. On peut dire que, dès lors, leur fidélité fut ébranlée par l'espèce de mépris qu'il semblait leur témoigner. Je ne blâme point Louis XVI ; je rejette toutes ces fautes sur ceux qui l'entouraient et qui, abusant de sa confiance parce qu'ils connaissaient son âme, amenaient sa déchéance en l'entretenant dans la crainte qu'il avait de rendre son peuple malheureux et de verser le sang de ses sujets. Et c'est ainsi qu'on peut expliquer comment le roi qui a prononcé ces sublimes paroles, comparables à tout ce que l'antiquité nous offre de plus touchant : « Qu'on le consolait de ses peines en lui disant qu'il était aimé de son peuple, » a pu être traîné par ce peuple à l'échafaud.

Louis XVI s'était décidé, le 11 juillet, à renvoyer Necker du ministère; mais cette mesure sage et prudente devait être appuyée elle-même par des mesures énergiques, au besoin par les baïonnettes. Necker, il faut le dire, se conduisit sagement. Il était certain du mouvement que son départ ferait éclater; il monta en voiture sans préparatifs, et gagna Bruxelles. Ce ne fut que le dimanche 12, que le bruit de sa disgrâce devint public. Je conduisis, ce jour-là, un honnête homme de ma province au dîner du roi. Il était partisan outré de Necker et des réformes, erreur dont il revint bien vite et qu'il expia par une détention de dix-sept mois sous le règne de la Terreur ; il me dit qu'il avait lu sur le visage de la reine le contentement qu'elle éprouvait du renvoi du ministre. Je n'en sais rien ; mais il me semble que cette princesse avait trop de perspicacité pour ne pas s'inquiéter, au contraire, d'une demi-mesure qui pouvait amener des malheurs. Le soir, en effet, on apprit l'insurrection de Paris. Peu de personnes osèrent y retourner. Le mardi, au bruit des canons de la Bastille, aux cris des victimes égorgées, toutes les troupes avaient pris les armes, restant en bataille sur la place d'armes. Mais le roi, cédant à la demande des États, les éloigna dans la nuit. Bientôt les gardes françaises imitèrent la lâche conduite de leurs camarades de Paris ; ils abandonnèrent leurs postes et furent remplacés par quelques gardes nationaux d'une contenance aussi ridicule que pittoresque.

Si le roi, en se rendant, le 16, aux États, prouva son amour pour le bien et la concorde, il donna, le 17, le plus grand exemple de courage et de sang-froid en allant se livrer aux Parisiens. Il en a donné depuis de supérieurs à celui-ci. mais on peut dire que ceux-là sont au-dessus de l'humanité. Le voyage de Paris était un piége tendu au malheureux roi par la faction d'Orléans. Elle espérait bien qu'amené sans gardes dans Paris, au milieu d'une populace furieuse, encore émue des excès de la veille, il n'en sortirait pas vivant. M. le comte d'Artois était parti dans le plus grand secret, la frayeur faisait disparaître Monsieur ; le trône restait donc à l'odieux Philippe, car la santé chancelante du dauphin, jointe à son jeune âge, ne le fit jamais considérer comme un obstacle à ses desseins. La moindre crainte de la cour était de voir le monarque prisonnier dans Paris, on craignait surtout pour ses jours. Lui-même ne partit qu'après avoir éprouvé toutes les angoisses de l'incertitude. En me rendant, de bon matin, au lever, je l'aperçus, par une fenêtre opposée à son cabinet, se promenant, tout agité, entre le maréchal de Duras et le duc de Villequier. Le trouble de son âme se manifestait dans ses mouvements. Si ces deux confidents n'étaient pas capables de donner au roi des conseils salutaires, leurs cœurs du moins étaient à lui, et jamais Louis XVI n'avait eu d'amis plus sincères. Enfin, après avoir pressé dans ses bras sa famille éplorée, qui croyait le voir pour la dernière fois, le roi monta dans sa voiture, accompagné du duc de Villequier, du maréchal de Beauvau et du comte d'Estaing, commandant la garde nationale de Versailles.

On se mit en route au milieu d'une foule de peuple armé, depuis deux jours, de tout ce qui lui était tombé sous la main. L'Assemblée nationale donna pour égide au monarque une députation nombreuse, composée de ses membres les plus factieux et plutôt faite pour attirer le danger sur la tête du malheureux prince que pour l'en écarter. On sait, en effet, qu'on tira sur lui, et que la Providence détourna le coup, qui, partant derrière la voiture du roi, alla frapper une femme attirée par la curiosité.

Arrivé à l'Hôtel-de-Ville, le roi passa sous une voûte

d'épées, et le maire de Paris, l'astronome Bailly, ne sut que lui débiter une plate antithèse et lui offrir une cocarde nationale. Au moins on ne tenta point de le retenir. Aussitôt qu'il eut la certitude qu'il pourrait retourner le soir à Versailles, Louis XVI envoya un page de la grande écurie, M. de Lastours, en porter la nouvelle à la reine. Les larmes, les transports de cette princesse témoignèrent des alarmes qu'elle avait éprouvées.

Louis XVI fut de retour sur les neuf heures. Accablé de fatigue, il se mit au lit sur-le-champ. Il n'y eut point de coucher. Je ne puis donc dire s'il est vrai, comme plusieurs historiens l'ont avancé, qu'en le déshabillant, ses valets de chambre auraient aperçu à son bras une blessure assez grave, provenant d'un coup d'épée qui lui aurait été donné par accident ou par une main criminelle. Je suis peu porté à croire cette anecdote, parce que pendant les deux ans que je restai encore à la cour je n'en entendis jamais parler. C'est la seule lecture de quelques relations qui m'apprit, bien longtemps après, une circonstance qu'on aurait eu, je crois, bien de la peine à cacher.

CHAPITRE IV

5 OCTOBRE

> O réveil plein d'horreur !.....
> Racine, *Athalie*.

De toutes les horreurs qui ensanglantèrent notre révolution, il n'en est point qui aient causé plus d'effroi ni qui aient affecté davantage les amis de l'ordre et de la monarchie que les excès du 5 octobre. Les divers massacres qui déjà avaient eu lieu avaient porté sur des magistrats, toujours plus exposés dans les temps de trouble. Mais cette fois c'était la personne du souverain qui se trouvait menacée avec le reste de sa famille. Le sang ne rougissait plus seulement les places publiques, mais les marches du trône; et le résultat de cette journée horrible fut la royauté, sinon détruite, du moins enchaînée et forcée de travailler elle-même à miner sa base, à opérer sa destruction de ses propres mains.

Depuis longtemps les chefs de la Révolution, ou plutôt d'un des partis qui se réunissaient pour renverser le trône, ne différant que sur leurs projets ultérieurs, voyaient avec peine le roi à Versailles. D'un instant à l'autre le monarque pouvait leur échapper, et les orléanistes ne croyaient point leur besogne assez avancée ni la France assez corrompue pour espérer que la nomination de leur chef à une régence ne donnât pas lieu à quelque soulèvement dans les provinces. L'imbécile La Fayette, qui se berçait avec complaisance de l'idée d'une lieutenance générale, d'un protectorat, voulait sa victime à Paris, et les deux partis pensaient que plus les mouvements populaires se multiplieraient, plus la vie du prince serait en danger. Il fallait un prétexte pour opérer une nouvelle insurrection qui mettrait le roi dans la tombe ou dans les fers; il fut bientôt trouvé.

D'Orléans commença à resserrer davantage les immenses provisions de grains qu'il avait amassées. Or, la disette à Paris est le moyen le plus infaillible d'exciter les esprits; aussi de tout temps le gouvernement s'est-il appliqué à maintenir l'abondance dans cette grande cité. La désertion des gardes françaises avait nécessité la formation d'une autre garnison pour le service extérieur. On fit venir du nord le régiment de Flandres. Je ne sais qui décida ou provoqua ce choix, mais il était malheureux; car si le régiment était animé d'un bon esprit, le colonel était vendu au parti d'Orléans et figurait au côté gauche de l'assemblée où siégeaient, comme on sait, les ennemis de la royauté. C'était le comte de Lusignan, qui prétendait à l'honneur de descendre des rois de Jérusalem et qui, en effet, était comblé à la cour des distinctions dues à une telle origine, tandis que les véritables rejetons de cette race antique vivaient obscurément au fond de nos provinces méridionales et végétaient dans les rangs subalternes de l'armée.

La discipline sévère que le comte de Valfons, lieutenant-colonel de ce régiment, y avait maintenue à son arrivée à Versailles, fut bientôt détruite par un ordre supérieur. Les vivres furent prodigués par la municipalité. Des inconnus distribuaient l'argent dans les casernes, inondées des prostituées de Paris. Ces soldats qui, à leur arrivée, avaient accueilli par des cris de : Vive le roi! la proposition qui leur avait été faite par un municipal de prendre la cocarde nationale, se trouvèrent bientôt vendus au parti de l'anarchie. Il était rare que les corps de l'armée se rencontrassent sans se donner de ces repas où les égards entretenaient entre les guerriers ces liaisons de fraternité qui faisaient comme une famille de l'armée tout entière. Les gardes du corps voulurent, selon l'usage, recevoir à un banquet la garnison de Versailles; on en prit occasion de les rendre odieux au peuple, en lui persuadant que, dans une orgie, ils avaient, en présence du roi, foulé aux pieds la cocarde tricolore et prononcé les serments les plus anticiviques.

Le roi permit que ce repas eût lieu dans la grande

salle de l'Opéra, le jeudi 1er octobre. Toute la ville se porta dans les loges pour voir cette réunion des députations de tous les corps en garnison à Versailles, et jouir du coup d'œil de cette foule de guerriers se livrant à une joie pure, augmentée par les sons d'une belle musique militaire et par la magnificence du local, qui était splendidement éclairé.

Au retour de la chasse, le roi voulut être le témoin de cette fête; il fit appeler sa famille et se rendit à l'Opéra. La présence du monarque et de son auguste famille y excita cette joie et cet enthousiasme que la vue de leur souverain causait toujours à des Français. Après avoir fait le tour de la table et salué les convives, le roi retourna dans ses appartements, où il fut suivi de tout ce qui se trouvait dans la salle. Rentré chez lui, ce prince, pour congédier la foule rassemblée sous ses fenêtres, dans la cour de marbre, parut sur le balcon. Les militaires, animés par la musique, escaladèrent le balcon aux cris de : Vive le roi! et portèrent de nouveau, par ce singulier chemin, l'hommage de leur dévouement à leur souverain. Mais le roi retiré, chacun se dispersa, et à neuf heures tout était calme dans les cours du château. Tel est l'événement sur lequel on a bâti tant de calomnies, à Paris et au Palais-Royal, ce foyer de toutes les insurrections, comme le repaire de tous les vices. Les esprits s'échauffèrent; on parla d'aller à Versailles chasser les gardes du corps, qui portaient encore la cocarde blanche et méprisaient la nation; le 5 octobre, tous les bandits des faubourgs et la garde nationale parisienne, entraînant le général La Fayette, arrivèrent à Versailles.

Cet événement est trop lié aux actes odieux du duc d'Orléans pour que son historien Montjoye, l'un des auteurs les plus véridiques de notre temps, ne lui ait pas consacré une place importante dans son travail. On peut donc y recourir pour en voir tous les détails ; à quelques faits près, j'en garantis l'exactitude. Pour moi, sans entrer dans la discussion de tous ces faits, je ne rapporterai que ceux dont j'ai été le témoin.

Le 5, le roi, qui chassait au delà de Meudon, ne fut averti de ce qui se passait qu'après l'arrivée d'un détachement de femmes dans l'avenue de Paris. Ce prince, très-inquiet au sujet de sa famille et craignant de ne pouvoir regagner lui-même son palais que par de longs détours, revint si vite que, sans attendre sa voiture, il descendit au galop une des montées les plus roides du bois de Meudon. Les femmes, dans l'avenue, étonnées de la rapidité de sa course, le laissèrent passer. Mais un page, M. de Lastours, envoyé sur la route de Sèvres en reconnaissance, fut arrêté par elles à son retour, et ne dut la liberté qu'à une diversion opérée par la présence de quelques gardes du corps qui cherchaient à gagner leurs écuries.

Successivement, toutes les hordes des faubourgs de Paris arrivèrent. Le temps était humide et pluvieux, l'inquiétude générale, et la consternation dans tous les cœurs. Quelques gens officieux avaient voulu, en cas de besoin, faire sortir les voitures du roi par la grille de l'Orangerie, et celles de la reine par la porte du Dragon, mais la garde nationale de Versailles, la plus factieuse du royaume, quoique formée de tous les serviteurs du roi, s'y opposa. Ce fut un des chefs d'accusation qui fit condamner le malheureux Favras.

Vers les neuf heures du soir, un bruit extraordinaire, dans la rue de l'Orangerie, où était notre hôtel, nous fit courir aux fenêtres. C'était la colonne des gardes du corps qui gagnait à toute bride, par la rue de la Surintendance, la cour des Ministres, et abandonnait la Place d'Armes où des décharges multipliées, dont plusieurs partaient des rangs de la garde nationale de Versailles, les mettaient dans le plus grand danger.

Vers dix heures, je me rendis au château pour mon service. Toute cette partie de la ville était calme; le silence des rues n'était interrompu que par les hurlements que poussaient, de temps à autre, les bandits rassemblés sur la Place d'Armes. Je trouvai les gardes du corps en bataille, dans les jardins, sous les fenêtres de la reine. Le poste de la cour des Ministres présentait encore trop de dangers; et bientôt le roi leur envoya l'ordre de se rendre à Rambouillet. Il ne resta pour la défense du palais des rois qu'environ cent cinquante gardes fidèles; toutes les autres troupes avaient vendu leur honneur.

L'Œil-de-Bœuf était rempli d'une foule de gens amenés par mille motifs différents, et qui portaient sur leur figure la trace des sentiments qui les animaient.

A onze heures, parut enfin le général La Fayette, le sourire sur les lèvres, la perfidie dans le cœur. Il entra chez le roi; dans un entretien d'une demi-heure, il persuada, ou plutôt crut avoir persuadé le monarque par les assurances qu'il lui donna, qu'il devait être en parfaite sécurité, et vint répéter aux personnes rassemblées dans l'antichambre ses astucieuses promesses. Le roi congédia son service, espérant sauver quelques victimes. Chacun se retirait; et, l'inquiétude dans le cœur, on attendit la fin de cette nuit, dont le réveil horrible devait se faire aux cris amers d'une reine menacée, au râlement de la garde égorgée, et aux hurlements des assassins.

Dans le silence de cette nuit ténébreuse, le roi, s'il l'eût voulu, pouvait encore s'échapper. Les gardes du corps l'escortaient dans sa route; les premiers châteaux auraient fourni les voitures et les relais dont on manquait. A la vérité, les dangers de la fuite étaient grands; les malheurs qui pouvaient en résulter pour Versailles, incalculables; mais, pouvaient-ils entrer en comparaison avec ceux qui menaçaient, dans son palais, la famille royale? Si le roi put concevoir ce projet, le traître Necker, le pusillanime Montmorin le lui firent bientôt abandonner.

Les événements de cette horrible nuit ont été vus de bien peu de personnes. La Fayette dormait du sommeil du tigre; il fermait l'œil en guettant sa proie; et le comte d'Estaing, oubliant les victoires de la Grenade, la gloire de ses aïeux, et son écusson qui devait les lui rappeler, croyait, dans son lit, échapper aux reproches du parti qui devait rester le plus faible, et attendait, pour se déclarer, que le plus fort l'eût emporté.

Quel affreux réveil pour les habitants de Versailles, lorsque, après une nuit agitée, l'aurore leur montra les rues inondées de brigands, revêtus ou munis d'armes plus ou moins bizarres, pillées dans les magasins de Paris! Portant presque tous des lambeaux de chair au bout de leurs piques, ils marchaient à la suite d'une espèce de bête brute, dont la longue barbe était souillée de sang comme sa hache, et qui traînait après lui les têtes des gardes du corps égorgés dans cette nuit. Vers le point du jour, les bandits, qui avaient passé la nuit sur la place d'armes et dans la cour des Ministres, pénétrèrent dans la petite cour des Princes, dont la grille, par une négligence bien impardonnable, si elle n'était pas coupable, était restée ouverte; et de là, par le passage ménagé sous le petit péristyle, à droite, ils arrivèrent dans la cour Royale. Un garde du corps était en faction à la grille. Se jeter sur lui, l'égorger et placer sa tête au bout d'une pique, fut l'affaire d'un instant. Ce malheureux se nommait Deshuttes; il était d'un âge déjà avancé et père d'une nombreuse famille. Bientôt la grille brisée donna entrée à cette multitude d'assassins conduite par des hommes très au courant des lieux et par le duc d'Orléans lui-même. Elle monta l'escalier de marbre, se jeta à droite dans la salle des gardes de la reine, en vomissant les injures les plus atroces contre cette princesse, et en demandant sa tête à grands cris. Les gardes, blessés, assommés, se dérobent dans la grande salle. Varicourt, le frère de madame de Villette, la fameuse Belle-et-Bonne de Voltaire, est entraîné, conduit à l'homme à la grande barbe, et bientôt sa tête est à côté de celle de Deshuttes. Durepaire et Miomandre de Sainte-Marie, après avoir averti par leurs cris les femmes de la reine, donnent le temps, par leur vigoureuse résistance, de barricader la porte. Miomandre reçoit un coup de crosse de fusil sur la tête; le chien pénètre le crâne; et sa tête aurait augmenté les trophées sanglants de cette matinée, si plusieurs de ses camarades, réfugiés dans la grande salle, et revenant sur leurs pas pour se soustraire à une autre bande de brigands montés par l'escalier des Princes, ne l'eussent secouru et ne se fussent fait jour jusqu'à l'autre salle qui précédait les appartements du roi.

Aux cris de sa garde égorgée, la reine, que la fatigue et l'inquiétude avaient forcée de prendre un peu de repos, est réveillée. Son effroi lui permit à peine de prendre un léger vêtement, et de se soustraire au danger, en se réfugiant près de son époux. Marquand, garçon de garde-robe, qui était de service chez le roi, entend frapper à coups précipités à une petite porte placée à l'extrémité de l'Œil-de-Bœuf: il court ouvrir, et quel ne fut pas son étonnement, en voyant sa souveraine à moitié nue, se dérobant aux coups des assassins ! Dans le même moment, le roi, inquiet sur le sort de son épouse, arrivait chez la reine, par une communication secrète des deux appartements.

On a dit, dans le temps, que ces monstres, ayant pénétré jusqu'au lit de la reine, furieux de ne l'y plus trouver, avaient percé les matelas à coups de baïonnettes. Le fait est faux ; il n'allèrent pas plus loin que la salle des gardes. La lutte qui s'y engagea donna le temps d'assurer la porte. J'ai examiné moi-même le lit de la reine, deux jours après, sans y trouver aucune trace de violence.

Il est à remarquer que les gardes du corps, dans l'intérieur du château, n'avaient point leurs armes chargées, et ne purent, par conséquent, se défendre contre les brigands qu'avec leurs épées ; et que bientôt les portes eussent été enfoncées si le général La Fayette, sorti enfin de son sommeil, ne fût arrivé avec la garde soldée de Paris, et n'eût véritablement sauvé la famille royale, en éloignant ces cannibales. M. de La Fayette ne voulait point la mort de Louis XVI, qui eût pu mettre la couronne sur la tête du duc d'Orléans, déjà brouillé avec lui ; mais il voulait entraîner le monarque à Paris, afin d'en être le maître et de diriger les événements. Cet imbécile général, qui se croyait un nouveau Cromwell, ne savait même pas que, dans toutes les révolutions, le peuple n'encense ses idoles que pour les mieux briser ensuite ; et ce héros fameux devait être plongé dans un cachot avant que sa victime n'y fût elle-même.

La Fayette, croyant le roi suffisamment effrayé par

cet horrible réveil, par les dangers qu'avaient courus une épouse adorée et une famille chérie, vint faire cesser le massacre, et fit demander, par ses satellites, le départ du roi pour Paris. Le roi rassembla sa famille, son conseil, et voulut s'entourer de l'Assemblée nationale, « à qui sa dignité, dit Mirabeau, ne permit pas « d'aller délibérer dans le palais des rois. » Le malheureux monarque, livré à lui-même, entouré de traîtres, et encore effrayé des hurlements des assassins, dut se livrer à ses ennemis. A dix heures, il parut sur son balcon et annonça lui-même, à la foule des brigands, sa résolution de se rendre à Paris. Quelle promesse ! Elle était faite pour ainsi dire sur un cadavre ; car un des brigands ayant été tué par le fusil d'un de ses camarades, ces sauvages ne voulurent point laisser enlever cette hideuse figure, qui resta toute la matinée exposée sous les yeux de la famille royale !

Quand le roi se fut retiré, des cris tumultueux demandèrent la reine. Elle parut entre ses deux enfants, non pas, comme sa mère l'avait fait, pour se jeter dans les bras de son peuple, mais pour s'offrir à sa rage. Aussitôt mille voix s'élèvent et font retentir ce cri sinistre : « Point d'enfants ! » La reine rentre, les dépose sur le sein de leur père, et, malgré les prières des courtisans, malgré les larmes de sa famille, elle s'élance sur le balcon. Quel moment ! Chacun crut entendre le coup homicide ; mais, cette fois, son courage, sa noble figure désarmèrent ces tigres altérés de sang. Enfin, vers une heure, le roi, ayant à la hâte vidé ses bureaux, empaqueté ses papiers, rejoignit sa famille, et commença ce pénible voyage, cette longue agonie, prélude des malheurs qui l'attendaient.

La famille royale descendit l'escalier de marbre, et ses marches encore teintes de sang ; elle se plaça dans une voiture suivie du reste de la garde désarmée, escortée de tous les bandits et de toutes les furies vomies par les faubourgs de Paris. A la honte du général La Fayette, qui aurait pu l'écarter, le monstre à la grande barbe était toujours là, tout sanglant et entouré des têtes qu'il avait coupées ; et, chose que la postérité aura de la peine à croire, le cortége fit halte à Sèvres, pendant que des perruquiers, le poignard sur la gorge, étaient contraints de friser et de poudrer ces têtes livides et sanglantes ! Malheur aux voitures que l'on rencontrait sur la route ! il fallait acheter par quelqu'argent l'éloignement de ces trophées qu'on présentait aux portières. Le cortége traversa la Place d'Armes ; des mégères y dévoraient, auprès d'un grand feu, les restes de quelques chevaux tués la veille. L'Assemblée nationale vint se placer sur l'avenue de Paris, pour voir défiler cette armée de factieux entraînant sa victime. La plupart de ses députés pouvaient jouir de leur ouvrage, les autres déplorer leur orgueil et leur ineptie. Enfin, après une pénible marche de six ou sept heures, après avoir écouté, à l'Hôtel de ville, la verbeuse et insolente harangue du maire de Paris, la famille royale, épuisée de fatigue, abreuvée d'amertumes, arriva dans l'antique demeure des Valois, et trouva à peine, au château des Tuileries, les choses les plus indispensables.

Peu de jours après le 5 octobre, j'allai au château de Versailles pour reconnaître les dégâts de cette journée. Je ne vis que quelques portes des salles des gardes brisées, des serrures arrachées ; mais le reste des appartements n'avait éprouvé aucun dommage. C'est alors que, trouvant une petite porte restée ouverte dans le désordre d'un pareil départ, je parcourus tous les petits couloirs de communication, et une infinité de petits cabinets dont je ne soupçonnais même pas l'existence.

Plusieurs années après avoir quitté Versailles, j'y retournai, et l'on me fit voir, à la balustrade de pierre de l'une des croisées des grands appartements situés sur le parterre du nord, la trace d'une main sanglante qu'on prétendait être celle d'un garde du corps, qui avait échappé par la fuite aux massacres de cette journée. Il est évident que cette trace était l'effet du hasard, ou avait été dessinée par quelqu'un, car le château n'ayant pas été envahi de ce côté, s'il s'était trouvé là des gardes du corps, ils n'auraient couru aucun danger ; et ceux des autres appartements, une fois parvenus dans ceux-ci, pouvaient se sauver par l'aile de la chapelle et les nombreux couloirs souterrains qui aboutissent à la salle de spectacle, sans être obligés de s'échapper par la croisée d'un étage très-élevé.

Les gardes du corps perdirent peu de monde dans

cette journée ; MM. Deshuttes et de Varicourt furent les seuls tués. Les registres mortuaires des paroisses de Versailles ont fait foi qu'on n'enterra que ces deux-là. M. de Savonnières, officier des gardes, blessé par un coup de feu parti des rangs de la garde nationale de Versailles, vers les neuf heures du soir, alors que la troupe était en bataille à la grille de la cour des Ministres, mourut, six semaines après, des suites de cette blessure qui était une fracture au bras. Les autres blessés se rétablirent successivement. Je les ai tous revus à Coblentz ; et sans vouloir diminuer l'horreur de cette journée, ni la bravoure et la fidélité des gardes, on doit reconnaître que le carnage ne fut pas si considérable. Il est important pour l'histoire que les mémoires particuliers soient toujours écrits avec vérité.

CHAPITRE V

LA COUR A PARIS

> Les lois étaient sans force, et les droits confondus,
> Ou plutôt, en effet, Valois ne régnait plus.
> VOLTAIRE, *Henriade*.

Ce fut donc le 6 octobre, à dix heures du matin, que Louis XVI, en présence de 40,000 hommes et de vingt pièces de canon, après avoir vu sa garde dispersée ou égorgée, consentit à aller habiter, le jour même, un palais qui, depuis plus d'un siècle, était abandonné.

A dix heures du soir la cour arriva dans cette prison dissimulée sous le nom de palais. On peut penser si en quelques heures de temps on avait eu le loisir de préparer ces vastes appartements, qui n'avaient pas même été chauffés depuis l'enfance de Louis XV, et où l'on trouvait encore les petits vitraux plombés du temps des Médicis. Excepté quelques pièces que la reine avait fait remeubler pour y coucher quand elle venait au spectacle à Paris, le reste était dans le plus affreux délabrement. Par une saison froide et pluvieuse, cette famille infortunée, abreuvée d'outrages et d'opprobres, vint donc, après une route pénible et au milieu de sinistres appréhensions, se reposer un instant dans ces vastes chambres où elle ne trouvait pas même ces petites commodités que le moindre bourgeois peut rencontrer dans sa maison. À peine y avait-il des lits, et si la famille royale n'avait été, ce jour-là, nourrie de ses larmes et de sa douleur, elle y eût à peine trouvé de quoi se sustenter.

Les trois premiers jours ne furent qu'une suite de tumultes et d'embarras. Tous ceux qui, par zèle plus que par ordre, avaient suivi le roi, couchèrent les premières nuits sur des tables ou sur des banquettes répandues dans les antichambres. Le roi passa ces premiers jours à Paris à consoler sa famille et à céder aux cris d'une populace effrénée qui remplissait les cours des Tuileries et qui, sans cesse, appelait aux fenêtres la famille royale obligée de céder à ses caprices. Petit à petit on s'arrangea, on meubla un peu. Chacun, revenu de sa stupeur, reprit ses fonctions ; mais la cour fut toujours très-mal dans ce palais. C'était une préparation aux misères que ces malheureux princes devaient éprouver, aux nuits passées dans les cellules des Feuillants, aux tourments de la tour du Temple, aux horreurs de la Conciergerie.

Je suis loin, on le sait, de blâmer le luxe et la magnificence d'un souverain ; il doit en imposer aux yeux. Mais quelles tristes réflexions ne me suggèrent pas la somptuosité des Tuileries et la richesse des meubles de Bonaparte, quand je les compare à la nudité des appartements de Louis XVI qui, comme lui, gouvernait la France! Mais les vertus de ce dernier, et ses ancêtres, le souvenir de cette arrière-garde de rois, formaient le plus grand éclat de sa couronne.

Le principal ameublement de Louis XVI aux Tuileries, consistait en grandes tapisseries, plutôt destinées, d'après le goût du siècle, à couvrir les marches des autels qu'à servir de tentures. Les dorures étaient celles qu'avaient ordonnées Mignard et Coypel. Pas une glace nulle part. On fut obligé de mettre sur la toilette du roi un petit miroir pour que ce prince pût s'habiller.

La vaste salle du pavillon des Tuileries, aujourd'hui la salle des Maréchaux, servait aux Cent Suisses. Cette poignée d'hommes faibles, déjà gagnés de l'esprit révolutionnaire, se laissèrent écraser par les troupes de La Fayette, qui prirent les postes et le service des gardes du corps et s'établirent dans la seconde salle. Tous les jours un bataillon était relevé par un autre qui, avec le plus grand fracas, traînait toujours après lui ses deux pièces de canon, qu'on plaçait de chaque côté de l'entrée du château, et auprès desquelles on restait, la mèche allumée, moins pour défendre le roi que pour effrayer ses amis et même le peuple imbécile qui, d'un moment à l'autre, aurait pu s'émouvoir en sa faveur. Ces officiers d'un jour faisaient, auprès de la famille royale, le service des officiers des gardes du corps : un jour le banquier de la rue Vivienne remplaçait l'avocat de la rue du Temple, et l'épicier du faubourg Saint-Denis était relevé par le maçon du quartier Saint-Jacques, ou par un brigand de la Bastille qui apportait à la cour sa saleté repoussante et son cynisme grossier. Ces apôtres de l'égalité refusèrent longtemps de recevoir, des mains des pages, la queue des robes des princesses qu'ils devaient prendre, selon l'étiquette, en entrant dans le cabinet ou dans la chapelle. Ce service, dont les premières maisons du royaume se trouvaient honorées, fut dédaigné par des gens qui, six mois auparavant, étaient aux pieds de ceux qu'ils méprisaient ainsi.

La Fayette, surnommé à juste titre, par le feu duc de Choiseul, Gilles 1er, venait tous les jours fortifier ces braves dans leur insolence. Suivi de son état-major, composé en partie de gens tarés dans l'opinion publique, il venait étaler et sa figure blême et ses larges épaulettes. On y voyait moins souvent le maire de Paris, l'académicien Bailly, qui, non content d'une certaine célébrité parmi les astronomes, voulut tout d'un coup devenir homme d'État, et gouverner la capitale de la France. Autant M. Bailly, qu'un journal a surnommé Coco, était savant dans les calculs astronomiques, autant il était inepte dans la politique. Ivre de sa grandeur passagère, il emprisonna, insulta son souverain. Du reste il le suivit de près à l'échafaud, où il supporta, il faut le dire, la mort la plus horrible et l'agonie la plus cruelle avec autant de courage que de fermeté. En effet, un caprice du peuple fit changer trois fois de place l'instrument de son supplice, qui fut transporté de la place Louis XV au Champ-de-Mars, où il avait proclamé la loi martiale et fait tirer sur les patriotes. Glacé par une pluie froide, il attendait la mort, quand, à cette apostrophe d'un de ses bourreaux : « Tu trembles, Bailly ! » il répondit par ces mots dignes d'un sectateur de Zénon : « Il est vrai, je tremble, mais c'est de froid ! » M. Bailly était un grand homme maigre, le nez très-aquilin, la figure jaune et allongée. Il était frère du maître de la poste aux chevaux de Versailles, aussi petit que le maire de Paris était long et efflanqué.

L'appartement de Louis XVI, aux Tuileries, se composait d'une grande partie de celui qu'occupe aujourd'hui l'empereur Bonaparte, sur la cour, et de quelques cabinets sur le jardin où il passait sa vie privée. Le reste de ce premier étage était occupé par les grands appartements de la reine, qui avait abandonné à ses enfants celui du rez-de-chaussée où elle n'avait gardé que plusieurs pièces, formant aujourd'hui le salon et la chambre à coucher de madame Bonaparte. La garde parisienne s'étant établie dans l'antichambre du roi, on avait été obligé d'en faire une petite en prenant une partie de la salle des Nobles; on avait fait de même un retranchement dans la galerie de Diane pour y placer le billard du roi. C'était dans cette galerie que, le dimanche, le roi dînait en public. Pour éviter la foule, on faisait entrer par la chambre du roi, et sortir par l'escalier du pavillon de Flore.

Dans les premiers temps du séjour de la famille royale aux Tuileries, il fallait, pour aller à la tribune de la chapelle, passer sur une de ces terrasses qui règnent au-dessus des arcades. La plus grande partie du service ne trouvant point de place dans la tribune, était obligé d'attendre la fin de la messe à l'injure du temps. Souvent même la cour ne passait qu'avec des parapluies. On finit par bâtir une petite galerie en charpente; mais, avant qu'elle fût faite, chaque fois que le roi et sa famille allaient à la chapelle, ils étaient arrêtés sur cette terrasse par le concours de monde et la foule de curieux rassemblés dans le jardin, et qui témoignaient à cette illustre et malheureuse famille leur joie et leur enthousiasme, par des applaudissements réitérés. En général, les premiers temps du séjour à Paris montrèrent combien le roi était aimé du peuple, qui n'était pas encore exaspéré ni égaré par les intrigues des factieux et des scélérats. Les malheurs de la famille royale, ses vertus, son courage dans les affreuses journées des cinq et six octobre, avaient ramené les imbéciles Parisiens à cet amour pour le souverain qui est naturel aux Français. Partout où la famille royale se montra, elle fut suivie des acclamations du peuple, jusqu'à ce que les menées de tous les partis qui se disputaient la France et la déchiraient, eurent de nouveau changé l'esprit populaire, à force de calomnies et de sourdes atrocités.

Le roi et sa famille profitaient de ces moments de calme pour visiter les monuments et les établissements de Paris, et pour -faire, tous les matins, des promenades dans le jardin des Tuileries. On ne l'ouvrait au public qu'à midi; avant, on n'y entrait qu'avec des cartes de service. Quand l'heure nous y surprenait éloignés du château, le peuple se portait en foule du côté où le roi ou quelques princesses se trouvaient; et je dois dire, non pour faire l'éloge des Parisiens, mais pour montrer combien les révolutionnaires durent avoir de peine à changer l'esprit du peuple français, je dois dire qu'il nous suffisait de faire une haie derrière le prince; le respect qu'on lui portait encore était la plus forte barrière qu'on pût opposer à l'ardente curiosité de la multitude.

Tout cela, néanmoins, ne dura que quelques mois. Bientôt l'esprit changea tellement qu'aucun de ces illustres malheureux ne pouvait paraître, même aux fenêtres, sans être insulté. La curiosité était quelquefois si forte, et les dimanches, seuls jours où l'on entrait aux Tuileries sans billets, la foule était si considérable qu'à peine pouvions-nous pénétrer dans les salles et sur les escaliers pour arriver aux appartements où nous appelait notre service. C'était un vaste champ pour les filous; aussi s'y exerçaient-ils amplement. Je me souviens qu'un particulier, qui, apparemment, avait été plusieurs fois la dupe de leur adresse, leur joua un jour un tour fort curieux. Il avait mis un petit piége dans sa poche; un fripon y fut pris, et, poussant des cris horribles, fut obligé de suivre le particulier qui, d'un grand sang-froid, s'en allait sans se retourner. La garde fit cesser le supplice du filou en le conduisant devant le commissaire de police. J'ai été témoin oculaire de ce fait.

Après son arrivée à Paris, le roi ne retourna plus à Versailles. Une seule fois on fixa le lieu de la chasse dans l'ancien parc de Clagny, situé sous les murs de cette ville, et qui, grâce à sa clôture, avait échappé au braconnage et à la dévastation. Les habitants de Versailles s'empressèrent d'accourir; la garde nationale prit les armes, et arriva tambour battant. Mais Louis XVI, indigné de leur ingratitude, leur tourna le dos, remonta à cheval, et repartit pour Saint-Cloud, où on l'avait, cette fois, laissé passer quelque temps. Ce fut la dernière chasse de ce malheureux prince. Les factieux, devenus plus méfiants, lui laissèrent moins de liberté; et il fallait la force de sa constitution pour que, accoutumé à un exercice si violent, il ne résultât pour lui aucun grave accident d'une vie si sédentaire.

CHAPITRE VI

LA FAYETTE

> Quand il eut quelque temps essayé sa puissance,
> Et du peuple aveuglé cru fixer l'inconstance,
> Il ne se cacha plus, et vint ouvertement
> Du trône de son roi briser le fondement.
> VOLTAIRE, *Henriade.*

Tout ce qui peut flatter l'ambition et contribuer à la satisfaction entoura le berceau et la jeunesse de M. de La Fayette. Admis de bonne heure dans les premiers grades de l'armée, il se reportait avec complaisance sur l'antiquité et l'illustration de son nom. Dès 1421, il voyait un maréchal de La Fayette relever à Beaugé, en Anjou, la gloire des armes françaises, et prouver aux Anglais, en préparant les succès de Charles VII, qu'ils n'étaient point invincibles. Non content de cette gloire militaire, il pouvait se rappeler encore cette comtesse de La Fayette qui, la première en France, offrit le roman dépouillé de l'afféterie des Scudery et des La Calprenède, et posa la base et les bornes de ce genre d'écrits. Une alliance aussi illustre que favorable à l'avancement militaire et aux faveurs de la cour vint, par la maison de Noailles, mettre le comble à la fortune de M. de La Fayette, et développer toute son ambition. Peu satisfait de pouvoir, en France, parvenir, encore jeune, aux plus hautes dignités, son esprit inquiet, remuant, ambitieux, voulut les prévenir. Il saisit avec avidité la carrière que la révolution d'Amérique lui présentait, et, instrument des projets nobles mais imprudents de Louis XVI, il alla, près de Washington, cueillir quelques lauriers et puiser quelques idées, pour venir ensuite bouleverser sa patrie.

Telle était la position de M. de La Fayette en 1786. On le voyait rarement à la cour. Silencieux, modeste, il paraissait jouir en lui-même de sa gloire; mais cette simplicité était plus orgueilleuse que la jactance la plus prononcée. C'était la vanité de Diogène perçant les trous de son manteau. Sa réputation et le zèle qui l'avait fait courir au Nouveau Monde pour témoigner gratuitement son amour de la liberté, le firent nommer successivement à l'assemblée des Notables et aux États généraux, où toujours il se montra factieux, et factieux hypocrite : « Héros de roman, dit M. de Bouillé, « qui, quoique acteur principal dans la plus criminelle « des conspirations, n'en voulait pas moins conserver « les apparences de l'honneur, de la probité et du dé- « sintéressement, se berçait avec complaisance de

« l'idée qu'il traduisait par cette phrase favorite, « qu'ayant fait une révolution en Amérique, il irait en « faire une à Rome après avoir achevé celle de « France. » Toujours louvoyant dans le danger, pâlissant au moindre obstacle, il n'avait nullement l'énergie nécessaire pour se soutenir ; et tout devait faire prévoir sa chute aussitôt qu'il trouverait quelque opposition.

Les divers partis qui se cachaient les uns derrière les autres, et qui, paraissant toujours d'accord, ne s'accordaient pourtant que sur un point, le renversement du trône, jugèrent sans doute bien M. de La Fayette, et ils le poussèrent au commandement général des gardes parisiennes, le jour de l'insurrection du 14 juillet. Mais, craignant les suites d'un pareil mouvement, il ne voulut se décider qu'après que l'impulsion fut établie, et laissa toute la responsabilité des premiers actes à un imbécile nommé le marquis de la Salle qui, bien vite écrasé sous un tel poids, céda la place aussitôt qu'elle lui fut demandée.

Fort de ce premier succès, La Fayette jeta le masque au 5 octobre. Ni l'espèce de violence qu'il éprouva, ce jour-là, à l'hôtel de ville de Paris, ni son sommeil hypocrite, ne purent le préserver du mépris. Alors, sans frein qui pût l'arrêter, tenant le roi à Paris, il crut pouvoir se passer des autres partis, il se brouilla avec les républicains et avec les orléanistes sur qui il obtint quelque avantage, creusant ainsi le précipice qui devait l'engloutir. Mais n'anticipons point.

Une fois le roi à Paris, La Fayette triompha pour quelque temps. Il se montrait partout à la tête d'un nombreux état-major composé de gens tarés ou ruinés et de quelques individus plus jeunes, imbus de principes libéraux qu'ils avaient rapportés d'Amérique, sans avoir assez d'expérience pour en calculer les conséquences.

La Fayette arrivait presque tous les jours au lever du roi, au moment où le bataillon de garde relevait l'autre. Sa mine pâle et sans expression se confondait avec ses cheveux blonds, sans poudre, dont l'échafaudage présentait un désordre étudié, comme pour attester les travaux et les fatigues du héros. Des épaulettes énormes, comme les portent les Américains, le distinguaient du reste de l'armée française, et semblaient indiquer les changements qu'il méditait. Son arrivée aux Tuileries faisait toujours le plus grand bruit parmi ses sots admirateurs, tandis que nous affections un tel mépris qu'on ne se levait même point à son passage, égard que l'on avait pour la personne de la cour la moins marquante. La Fayette répondait à ce mépris par un rire niais qui semblait dire qu'il se croyait trop au-dessus du vulgaire pour ne pas être à l'abri de ces atteintes, et que ce mépris, loin de le toucher, était la marque de sa supériorité. A sa suite, on voyait un prince de Salm, la honte de sa famille, insultant par son luxe à la misère de ses créanciers; un duc d'Aumont, plus connu parmi les filles de Paris que dans les bonnes compagnies; un Courtaumer, un d'Ormesson, égarés par les idées nouvelles. Ces quatre officiers, appelés chefs de division de la garde nationale de Paris, remplaçaient les capitaines des gardes. Parmi les aides de camp étaient Gouvion, Cadignan, Romeuf, Verdière, Julien, etc..., les uns, perdus de réputation, les autres, furieux de ce que leurs richesses ne les égalaient pas aux premières maisons du royaume, et ne voulant culbuter un parti que pour en prendre la place.

Dans les jours de parade, La Fayette montait un grand cheval blanc, réformé de notre manége, où il était monté par les commençants, et appelé l'Engageant. Comme bien d'autres, cette vieille rosse se vit alors tirée de son obscurité et acquit, en portant l'illustre général, une grande célébrité. Elle fut surnommée Jean Leblanc, et fournit le sujet de mille plaisanteries.

Les premiers essais de M. de La Fayette, à l'armée du nord, n'ayant pas été très-heureux, on parodia ce beau morceau de Mithridate :

> Enfin, après deux ans, tu me revois, Arbate,

et le général, après avoir, comme le roi de Pont, raconté sa triste défaite, s'écriait :

> Et je ne dois la vie, en ce commun effroi,
> Qu'au fameux Jean Leblanc qui court bien mieux que moi.

Quand je quittai la cour, M. de La Fayette y était encore. Bientôt, effrayé de la faiblesse de son parti, de la force de ses ennemis, et du peu de succès de ses projets lors de la fuite du roi, il partit pour l'armée.

Mais, loin d'y trouver la sécurité, poursuivi par les jacobins qui voulaient sa tête, il passa la frontière avec son état-major, et, contre tout droit des gens, fut arrêté par les troupes de l'empereur. Il fut d'abord détenu pendant plusieurs années par le roi de Prusse, à Magdebourg; puis quand l'argent trouvé sur ses officiers fut épuisé, ils furent tous remis à l'empereur, qui leur fit subir une captivité rigoureuse à Olmutz. Cette captivité donna à madame de La Fayette l'occasion de montrer son dévouement et son courage. Les cachots d'Olmutz ne l'effrayèrent pas plus que ceux de Magdebourg n'avaient effrayé madame de Lameth. Elles allèrent s'y ensevelir, l'une pour soigner son mari, l'autre son fils; et elles y montrèrent la force du devoir et l'empire de la vertu. Quand M. de La Fayette fut malheureux et opprimé, on oublia ses fautes pour le plaindre et blâmer, en sa personne, une violation manifeste de la confiance et de l'honneur guerrier.

Après que l'influence du général Bonaparte eût fait rendre la liberté à La Fayette, lors du traité de Campo Formio, il se retira à Hambourg, où il arriva dans le mois d'octobre 1797. On mit, le lendemain de son arrivée, un écriteau à sa porte avec l'inscription suivante : « On est prévenu que M. de Lafayette ne recevra aujourd'hui qu'à midi, le général ayant l'habitude de dormir longtemps le 6 octobre. »

Cette plaisanterie dut être accablante pour l'exilé dont les malheurs avait dû réveiller en lui quelques sentiments de sensibilité et d'honneur.

CHAPITRE VII

FÉDÉRATION DE 1790

> On dirait que le ciel, qui se fond tout en eau,
> Veuille inonder ces lieux d'un déluge nouveau.
> BOILEAU, *Satires*.

Il y eut, pendant les premières années de la Révolution, plusieurs époques où Louis XVI aurait pu retrouver son autorité, s'il n'eût encore écouté les faibles conseils qui la lui avaient fait perdre. La fédération de 1790 parut un instant lui avoir ramené tous les esprits et tous les cœurs ; s'il eût profité de cet enthousiasme, il n'est pas douteux qu'il recouvrait sa liberté et sa puissance. Mais, comme dans bien d'autres circonstances, au lieu de profiter de l'occasion, on multiplia les fautes et les gaucheries.

L'Assemblée nationale, sous prétexte de célébrer l'anniversaire de la prise de la Bastille et de la fondation de la liberté, avait rendu un décret qui convoquait à Paris des députations des gardes nationales et de l'armée de terre et de mer, afin de resserrer les liens fraternels qui devaient unir tous les citoyens. Chaque faction espérait, par l'influence qu'elle exerçait sur ces différents corps, avoir les fédérés à sa disposition et s'en servir pour frapper un grand coup à son profit. Le duc d'Orléans, qui était depuis six mois en Angleterre, accourut pour ce grand jour. L'inquiétude et les alarmes étaient si répandues dans Paris, que bien des personnes, effrayées, quittèrent cette ville dans la crainte de voir les diverses factions en venir aux mains. Mais, pour cette fois, les députés furent choisis avec soin parmi la classe aisée, et tous ces fédérés, déjà bien disposés, furent de suite gagnés à la famille royale, à la vue de ses vertus et de ses malheurs.

Les huit jours qui précédèrent la fédération furent marqués par un désordre et une licence dont les temps de troubles peuvent seuls donner un exemple. Trois mille ouvriers travaillaient au champ de Mars à y former un vaste amphithéâtre avec des gradins en terre capables de contenir deux cent mille spectateurs. Sous le prétexte d'aider les ouvriers, une population insolente se répandait dans les rues, forçait les citoyens paisibles à se rendre dans l'amphithéâtre avec des outils. Les moines, les religieuses, voués à la retraite, n'étaient pas à l'abri de ces persécutions. On forçait les couvents au bruit d'une musique guerrière. Les Chartreux, les

Bénédictins arrachés à leurs études, étaient traînés à l'ouvrage, obligés de prendre la pioche, de boire et de trinquer avec les soldats, de troquer leurs frocs contre les bonnets des sapeurs et les plumets des grenadiers, de crier : Vive la nation ! et de chanter le *Ça ira*. Ces fameux couplets, signal du tapage, chant de mort pour tant de malheureux, avaient d'abord été chantés par les filles du Palais-Royal, sur des paroles très-libres ; bientôt on y substitua le refrain : « Les aristocrates à la lanterne ! » et ils devinrent le tocsin du massacre et du pillage.

M. de La Fayette venait tous les soirs au champ de Mars entonner ce refrain [1] et semblait lui-même autoriser et exciter ce désordre. Absent de Paris depuis plusieurs semaines, je fus très-surpris, en y rentrant, de rencontrer dans toutes les rues des groupes de femmes élégantes qui portaient des pics et des pelles pour aller travailler aux préparatifs de la fête. Beaucoup s'y rendaient par esprit de parti ; d'autres y étaient poussées par la crainte.

Enfin, le fameux jour de la fédération arriva. Mais le ciel, contraire à cette cérémonie, faisait depuis trois jours tomber un véritable déluge. Dès l'aurore tout Paris se précipita au champ de Mars. Comme les femmes n'y étaient reçues qu'en blanc garni de rubans tricolores, et que les voitures ne pouvaient cir-

1. Pour ce détail recueilli sur des ouï-dire, et en général pour tout ce qui a rapport à M. de La Fayette, le lecteur de lui-même fera bien la part des préventions du temps. (*Note des éditeurs.*)

culer, elles y arrivaient dans un état impossible à décrire. Tout l'énorme cortége des fédérés, des autorités et de l'Assemblée nationale se réunit à quatre heures du matin, sur l'emplacement de la Bastille, d'où cette interminable procession défila par les boulevards et la place Louis XV, et entra au champ de Mars par un pont de bateaux construit près de l'extrémité des Champs-Élysées. Tout ce cortége, recevant la pluie pendant dix heures consécutives, présentait un spectacle pitoyable, et qui faisait l'amusement du peuple, très-peu respectueux envers ses représentants.

On avait élevé pour le roi, en avant de l'École militaire, un grand pavillon sous lequel était le siége royal, et à côté un fauteuil pour le président de l'Assemblée nationale, qui était alors le marquis de Bonnay. Derrière se trouvait une tribune pour la famille royale, et de chaque côté deux longues galeries pour les députés et le corps diplomatique.

Le roi n'avait point voulu se joindre au cortége, ou on l'en avait empêché. C'était déjà une grande faute ; plus il se serait montré aux fédérés, plus ils se seraient attachés à sa personne. Il avait été arrêté qu'il se rendrait en voiture, par le faubourg Saint-Germain, à l'École militaire, et qu'il se placerait sur son trône au moment où l'Assemblée nationale monterait les hauts degrés qui y conduisaient. En conséquence, un aide de camp de La Fayette devait venir prévenir de l'entrée des députés au champ de Mars. On avait calculé que le temps qu'elle mettrait à le traverser suffirait pour que la cour se rendît des Tuileries à l'École-militaire. A huit heures du matin le roi était prêt avec toute sa suite. Les voitures, au nombre de vingt-deux, étaient réunies dans la cour. Nous attendîmes l'aide de camp jusqu'à près d'une heure, tant la marche fut lente; alors on monta à cheval, et, au milieu des torrents de pluie, on se rendit rapidement au champ de Mars.

Le roi se retira un instant dans un appartement, et, curieux de voir le coup d'œil, je me rendis sous la galerie, peu disposé, je dois l'avouer, à trouver rien de beau à ce spectacle. Mais je ne pus m'empêcher d'être frappé du magnifique tableau qui s'offrait à ma vue. Une immense population faisant retentir cette vaste enceinte d'acclamations réitérées, toutes ces députations rangées en bataille avec leurs drapeaux flottant dans les airs, tout cela était vraiment majestueux. Au milieu s'élevait, sur un tertre, un autel magnifique entouré de vases antiques, qui jetaient des tourbillons de vapeurs odorantes. Un clergé nombreux dominait cette foule de guerriers; à ses pieds cinq cents tambours et autant d'instruments attendaient le signal pour indiquer la célébration des mystères et publier les louanges du dieu des armées, tandis qu'une nombreuse artillerie, disposée sur les bords de la Seine, allait prévenir tout le pays du moment de la cérémonie.

Les fédérés, en attendant qu'elle commence, quittent leurs rangs pour former des rondes immenses au bruit des cris mille fois répétés de : Vive le roi! Bientôt le roi se place sur son trône. Cette foule se précipite pour le voir de plus près ; les cris, les battements de main redoublent avec une nouvelle ardeur, et ne cessent que pour recommencer encore. Jamais, dans les circonstances les plus belles de son règne, le monarque n'avait été l'objet de transports d'amour aussi touchants. Une voix s'élève pour proférer le cri de : Vive la nation ! Ce cri est accueilli par des huées répétées, et l'amant de la nation se dérobe bien vite à la honte qu'on lui prépare. On crie avec un égal enthousiasme : Vive la reine, vive le dauphin ! La reine, alors, élève son fils dans ses bras. Avec cette aimable figure qui portait déjà dans un âge si tendre l'empreinte du malheur, il répond au peuple par des sourires gracieux et des salutations enfantins. Mais l'humidité le pénètre ; sa mère l'enveloppe de son châle, et ce tableau de l'amour maternel, dans la grandeur et la pompe des rois, redouble les transports de la multitude. Les yeux sont baignés de larmes, et tout le peuple est ému. Louis XVI, pendant quelques heures, redevint l'idole de ses sujets, le maître de son empire. Les factieux se dérobaient aux remords qui les poursuivaient ; le côté gauche de l'Assemblée nationale, honteux de voir échouer ses sinistres projets, s'était réfugié avec son chef, le duc d'Orléans, à l'extrémité de la tribune. Necker regardait de derrière un lambeau de tapisserie, tandis que, au pied du trône, se tenaient les plus fidèles amis de la monarchie : Cazalès, l'éloquent abbé Maury, le brave vicomte de Mirabeau, le dernier des chevaliers français.

Pendant ces démonstrations d'amour, les députations des troupes de ligne entraient au champ de Mars. Placées du côté de la rivière, éloignées de leur souverain, elles cherchaient à le voir, mais en vain ; ses perfides conseillers, au lieu de lui faire parcourir à cheval cette vaste étendue, l'avaient relégué sous un pavillon où ces braves guerriers, retenus à leur place par la vieille consigne française, le cherchaient inutilement des yeux ; c'est ainsi que, par une préméditation coupable, l'armée avait été éloignée. Tout l'honneur de la fête devait retomber sur M. de La Fayette, qui, sur son grand cheval blanc, entouré de son brillant état-major, parcourait la plaine et cherchait des hommages qui, ce jour-là, ne lui furent pas prodigués.

Tout à coup, des rangs de l'infanterie de ligne sort un officier très-âgé. Il traverse le champ de Mars ; sur son front chauve le malheur semble avoir imprimé sa trace ; il monte lentement, dans l'attitude du respect, les trente marches du trône, et, un genou en terre, il présente un placet au roi. Le monarque le reçoit, et le vieillard se retire dans la même attitude. On pense bien qu'une demande unique, faite dans une pareille circonstance, ne fut pas refusée. A peine l'officier eut-il regagné son rang qu'un aide de camp part, et porte la réponse favorable. Les spectateurs, qui le comprirent, redoublèrent leurs acclamations. Je n'ai su ni le nom, ni le régiment de cet officier ; mais son uniforme était blanc, avec revers et parements jaunes.

Enfin, tout le cortége étant arrivé et placé, on commence la messe; il était cinq heures. Une foule de lévites, vêtus de lin, se groupent sur les degrés de l'autel. A leur tête se trouve un homme qui fut la honte du clergé français, l'évêque d'Autun, Talleyrand de Périgord. Déjà il a trahi son roi ; bientôt il reniera son Dieu, méconnaîtra ses devoirs hiérarchiques, et presque le seul des évêques de l'antique église gallicane, il rejettera l'autorité pontificale. Funestes effets d'une vocation forcée! Dans les intervalles des salves d'artillerie, un vent impétueux porte à toutes les extrémités du camp les cantiques sacrés. A la voix du ministre de l'Éternel, cent mille soldats fléchissent le genou et rendent hommage au Créateur.

Après l'évangile le pontife se retourne; M. de La Fayette monte à l'autel et y prononce le serment de fidélité à la constitution, à la loi et au roi; toutes les députations sont censées répéter le serment au même instant, et si toutes ne jurent pas, au moins les cris sont effroyables. M. de La Fayette remonte à cheval et arrive près du roi. Alors le président de l'Assemblée nationale prononce son serment, et se retourne vers le roi qui, d'une voix sonore, promet de maintenir une constitution à peine dégagée du cerveau de quelques factieux. Un redoublement de cris de : Vive le roi! annonce cet instant, et donne le signal à l'artillerie de le proclamer dans toute la capitale. La messe terminée, à plus de six heures du soir, les députations défilèrent devant le roi, et à sept heures et demie nous étions rentrés aux Tuileries.

On avait préparé, au château de la Muette, dans le bois de Boulogne, un grand festin pour les fédérés; mais la plupart, après avoir reçu la pluie pendant quinze ou seize heures, préférèrent le repos. Le roi, je ne sais pourquoi, n'y parut point. Ce fut encore M. de La Fayette qui y alla mendier des louanges. La ville de Paris avait eu le soin de faire disposer, à l'École militaire, un très-beau déjeuner pour le roi et des rafraîchissements pour sa maison. Après en avoir profité, je me trouvais à la tribune quand un député de ma connaissance, le marquis de Foucaut de l'Ardimalie, me pria de lui procurer un pain; ils étaient tous à jeun depuis la veille, étant sortis de chez eux à trois heures du matin, et ne pouvaient quitter leur place. Je cours au buffet, je prends une volaille par les pattes, un pain sous le bras, une bouteille de vin dans chaque poche, et je porte à déjeuner à mon ami et à ses voisins, tous royalistes comme lui. A peine me voit-on que chacun demande du pain; j'appelle mes camarades; nous faisons vingt voyages au buffet, et nous sustentons les amis de la royauté, tandis que le côté gauche implorait vainement notre commisération, et n'obtenait tout au plus que des petits pains que nous leur jetions à la tête et qu'ils se disputaient entre eux. Je ne rapporte ceci que pour prouver combien l'esprit de parti était prononcé dans ces temps malheureux.

Tous les fédérés furent fêtés pendant huit jours. Ce n'étaient que bals publics. Les spectacles leur étaient ouverts. Le 18, l'illumination fut générale et très-belle pour un temps où l'on était moins accoutumé à ce genre de magnificence. Enfin, tous les députés fédérés retournèrent dans leur pays et laissèrent de nouveau le champ libre aux factieux. Quelques-uns restèrent à Paris pour protéger le roi; mais, faute d'un point de ralliement, comme dans toutes les circonstances de la Révolution, les meilleures intentions restèrent sans effet.

La veille de la fédération, le roi avait vu défiler, sous le vestibule des Tuileries, toutes les députations. Les chefs lui remettaient la liste nominale de tous les fédérés; et tous ces provinciaux retournèrent chez eux enchantés, bien persuadés qu'ils étaient connus du roi.

Je ne pourrais narrer tous les traits de dévouement à la cause royale, dont nous fûmes témoins pendant cette semaine. Les Bretons, emportés par leur enthousiasme, déposèrent leurs épées aux pieds du roi, en jurant de le défendre, et témoignèrent leur attachement bien plus par leurs larmes que par leurs discours.

La revue de la troupe de ligne se passa au pont de Neuilly. On y voyait des vétérans dont plusieurs portaient la double décoration, ce qui faisait supposer qu'ils avaient au moins quarante-huit ans de service. A une autre époque, je vis présenter au roi le doyen des soldats, et même des militaires français. C'était un soldat de Touraine-infanterie, nommé Jean Thurel, né en 1699. Il s'était engagé en 1716; il avait donc, quand il fut présenté au roi, en 1789, soixante-douze ans de service; aussi avait-il les trois médailles. Son ignorance l'avait empêché de passer le grade de caporal. Il est mort à Tours, en 1807, où il était retiré comme vétéran, décoré de l'aigle de la Légion d'honneur, âgé de cent huit ans, ayant quatre-vingt-douze ans de service.

CHAPITRE VIII

28 FÉVRIER

> On s'assemble, on conspire, on répand des alarmes,
> Tout bourgeois est soldat, tout Paris est en armes.
> Voltaire, *Henriade*.

Aussitôt que les chefs de la Révolution s'apercevaient que le parti monarchique reprenait un peu de son influence, ils cherchaient à former de nouvelles intrigues pour l'avilir ou le comprimer par la terreur.

Depuis la fédération, l'amour du peuple pour le roi avait repris plus de force. Son séjour à Saint-Cloud, pendant l'été, avait habitué les Parisiens à le voir s'éloigner de la capitale, où il ne rentrait que le dimanche. Il pouvait profiter de cette facilité pour fuir et chercher à recouvrer sa puissance. On résolut de le rendre odieux par de nouvelles imputations calomnieuses, de réveiller par là la haine du peuple et d'éloigner nombre de ses fidèles serviteurs.

Depuis plusieurs jours on répandait à dessein le bruit qu'un mouvement populaire s'organisait à Paris ; que le peuple devait se porter aux Tuileries, et que la sûreté du roi y serait compromise. En conséquence, on invitait, par des avis clandestins, tous les amis de la royauté à se rendre, au moindre bruit, au château, bien armés, prêts à mourir pour la bonne cause. On alla même jusqu'à faire distribuer de ces billets, avec le plus grand mystère, dans les cafés et dans les lieux publics. Tout cela n'était qu'un piége tendu à la bonne foi des royalistes.

Le 28 février 1791, le faubourg Saint-Antoine, commandé par le brasseur Santerre, se porta à Vincennes pour en démolir le vieux donjon, ancienne prison d'État que, selon le bruit public, on faisait réparer. M. de La Fayette fait battre la générale, rassemble quelques-uns des bataillons les plus factieux et va, vers le milieu du jour, pour dissiper ce rassemblement, et on répand, avec une nouvelle insistance, le bruit qu'à son retour la populace se rendra aux Tuileries.

Par suite de ce mouvement et conformément aux habitudes qu'on avait prises toutes les fois qu'on s'était trouvé dans les mêmes circonstances, tout ce qui était attaché à la cour par devoir et par inclination se rendit au château l'après-dîner, non point en cheveux roulés et en habits noirs, en signe de ralliement, comme l'ont prétendu les journaux de l'anarchie, mais dans le costume décent avec lequel on se présentait à la cour où, certes, on n'aurait pas osé entrer autrement. Bien des personnes avaient des pistolets de poche, parce que, dans ces moments de troubles et de calamités, on était réduit à ne plus marcher sans cette précaution.

M. de La Fayette ayant dissipé le rassemblement de Vincennes et fait arrêter une soixantaine des plus mutins, revint, à la nuit tombante, aux Tuileries, où, disait-on, une armée de royalistes était réunie. Avec autant d'inutilité que d'imprudence, il y amena ses bataillons et son artillerie. On apprend qu'un individu, d'un nom obscur, avait voulu entrer chez la reine, que sous son habit on avait aperçu un stylet d'une forme extraordinaire, et qu'on l'avait arrêté. Le bruit se sème avec rapidité qu'une conspiration est tramée contre la sûreté du peuple, que le roi est entouré d'une association liberticide, nommée la *Bande des chevaliers du poignard;* les têtes s'échauffent, et c'est prévenu de telles idées que La Fayette arrive au château avec son armée.

L'individu arrêté se nommait La Tombelle. Titulaire d'une charge obscure à la cour, peut-être son esprit exalté lui avait-il fait adopter ce genre d'arme défensive, ou peut-être était-il lui-même l'instrument du mouvement qu'on fomentait, quoiqu'on ait prétendu qu'il portait son poignard depuis longtemps. Toujours est-il qu'il ne fut plus question de cet individu, qui ne fut ni jugé ni justifié.

M. de La Fayette, arrivé chez le roi, y trouva environ deux cents personnes qui s'y rassemblaient tous les dimanches, et même plus souvent. C'étaient là ces conspirateurs dont les projets homicides devaient renverser l'édifice de la liberté et réduire Paris après avoir exterminé sa garnison. Quelle armée, en effet, que ces deux cents gentilshommes de tout âge et n'ayant pour arme que leur épée! Voilà donc l'objet des craintes de M. de La Fayette. Il s'adresse au monarque, et employant son moyen accoutumé pour l'effrayer, il lui dit qu'il ne répond pas de la sûreté du château ni des excès auxquels pourra se porter le peuple s'il n'ordonne pas à ce petit rassemblement de se retirer et de déposer ses armes.

Louis XVI vint dans sa chambre à coucher, remercia tous ses amis du zèle qu'ils montraient pour sa défense, et convaincu, disait-il, qu'il ne courait aucun danger, les pria de déposer leurs armes, avec une marque distinctive, dans sa commode, ajoutant que le lendemain, le peuple étant calmé, M. le duc de Villequier les rendrait aux propriétaires qui les réclameraient. Chacun s'empressa de satisfaire le monarque; on attacha son nom à ses pistolets et on les déposa dans un tiroir de la commode.

Cela arrangé et terminé, le lâche et fourbe La Fayette représenta encore que les bataillons n'ayant point assisté au désarmement, n'en seraient certains qu'en voyant porter les armes chez Gouvion, major général de la garde de Paris; le roi y consentit. On mit les pistolets dans un coffre à son usage; mais arrivé dans la salle des gardes, La Fayette, montant sur un tabouret, harangua les factieux, leur démontra la vérité de la conspiration par les armes qu'il venait de saisir, et, sans dire qu'il les tenait de la bonne foi du monarque, il livra ce dépôt à ses satellites, qui le pillèrent à l'instant.

Après ce grand exploit, La Fayette se retira et laissa une partie de ses troupes dans les cours, occupées à briser ces armes ou à tirailler avec. Ce tapage durait encore quand je retournai au château, vers les onze heures du soir, pour le coucher. Louis XVI, toujours maître de lui-même, y causa à son ordinaire, et ne témoigna d'humeur qu'au duc de Liancourt, bien prononcé pour le côté gauche de l'assemblée, et qui voulut faire remarquer que les bruits provenant des cours duraient encore.

Quand les armes eurent été livrées, plusieurs personnes voulurent se retirer. M. le duc de Piennes et un autre sortirent par la porte de la salle des gardes et par le grand escalier. A peine furent-ils dehors que nous entendîmes des hurlements et un tumulte épouvantables; les portes s'ouvrirent et se refermèrent précipitamment, et nous vîmes rentrer M. de Piennes tout meurtri et tout échevelé. Aussitôt qu'on l'avait aperçu, les gardes nationaux s'étaient jetés sur lui, et l'auraient assommé s'il n'était rentré de suite. On était très-embarrassé. Comment se retirer? toutes les issues étaient gardées par les soldats de La Fayette. Après bien des courses, les chefs de cette troupe obtinrent la permission de nous laisser sortir ; mais, malgré ce sauf-conduit, nous fûmes obligés de traverser cette foule d'enragés, au milieu de bourrades, de coups et d'insultes. Le vieux maréchal de Mailly, peu ingambe, fut, malgré son grand âge, un des plus maltraités. Chacun se retira, indigné de la conduite perfide de M. de La Fayette.

Nous occupions une maison située sur l'emplacement où est aujourd'hui percée la rue ****. A onze heures je retournai au château. Tout était calme à l'intérieur. Mais le lendemain on renouvela les cartes d'entrée, et l'on ne parvenait plus au château qu'avec de grandes difficultés.

Telle fut la fameuse conspiration des chevaliers du poignard. Si quelqu'un s'était proposé là un but et y arriva, ce fut seulement M. de La Fayette. Cet événement ramena les soupçons sur le roi et contribua à resserrer sa prison. Il ne fut plus possible de douter des intentions qu'on avait eues lorsque, le 19 avril suivant, le roi étant au moment de partir pour Saint-Cloud, ces mêmes bataillons l'arrêtèrent dans la cour des Tuileries, et, après l'avoir outragé pendant trois heures dans sa voiture et maltraité tous ceux qui l'entouraient, on le contraignit de rester dans son palais.

L'affaire du 28 février épouvanta nombre de fidèles sujets du roi, qui prirent la fuite. Les plus courageux restèrent, désignés dès lors aux fureurs populaires. La Fayette pouvait prévoir que le roi, outré de tant d'insultes, tenterait de s'enfuir, et c'était un prétexte pour le surveiller de plus près.

C'est la dernière scène dont je fus témoin à la cour, que je quittai six semaines après.

Peu avant mon départ, passant le matin dans la rue Montmartre, près la rue Tiquetonne, un homme me saisit au collet et me tint une infinité de propos sur mon uniforme, sur le roi et la reine. Le peuple s'attroupa. Trop faible pour me débarrasser de cet homme, j'entendais murmurer autour de moi les mots d'aristocrate, de royaliste, et je commençais à être assez embarrassé de ma personne, quand un particulier très-vigoureux me sépara de mon ennemi et me donna le temps d'échapper. Nous étions sans cesse exposés à de pareilles scènes, surtout dans les spectacles. Deux de mes camarades, MM. de Laroque et Swinburn, furent assaillis en sortant du théâtre du Vaudeville, rue de Chartres. Laroque s'esquiva, mais Swinburn fut traîné dans le ruisseau, et reçut des blessures très-graves à la tête. En parlant tout à l'heure du départ du roi, j'aurai l'occasion de faire voir que tous mes camarades coururent les mêmes dangers. Le 10 août, deux seulement restaient au château au moment de l'attaque. C'étaient MM. de Sarazin et Boisfremont. Ils se sauvèrent avec beaucoup de peine, en prenant les habits des marmitons des cuisines. Les autres, dès le commencement de l'affaire, s'étaient retirés chez notre apothicaire, M. Le Houx de Clermont, rue Saint-Honoré, près le Palais-Royal, et ce brave homme les préserva de la fureur populaire, au péril de ses propriétés et de sa vie.

CHAPITRE IX

DÉPART DU ROI

> ..... Sans tumulte et sans bruit ;
> C'était à la faveur des ombres de la nuit.
> Voltaire, *Henriade.*

Sans avoir été le témoin de ce mémorable événement de la Révolution, je l'ai vu préparer, et j'en ai tant ouï parler par des témoins oculaires, que je peux en dire quelque chose avec certitude.

Il y avait déjà bien du temps que Louis XVI projetait de se soustraire, par la fuite, aux outrages et aux dangers auxquels il était tous les jours exposé. Dès la fin de l'année 1790 il avait déjà parlé de cette résolution au marquis de Bouillé, qui commandait en Lorraine, point sur lequel le roi voulait se retirer ; et le dernier hiver que je passai à Paris, je vis souvent le comte Fersen, colonel du régiment Royal Suédois, chez la baronne de Stegleman et chez sa fille, la baronne de Korff, qui prêtèrent leurs noms et leurs passeports aux illustres fugitifs. Et depuis, je me suis rappelé que les visites étaient souvent interrompues par des conférences secrètes entre ces dames et le comte.

On ne peut se dissimuler que ces longs préparatifs et ces précautions multipliées contribuèrent à faire découvrir à M. de La Fayette les projets du roi. Il est certain qu'au moment du départ, — et la reine l'a consigné dans sa déclaration, — La Fayette était sur le Carrousel, et que sa figure hypocrite, où brillait une maligne joie, avait, la veille, frappé Madame Royale, qui l'avait fait observer à sa famille. Baillon, un des aides de camp de La Fayette, était à Châlons avant le roi. Gouvion, major général de la garde parisienne, craignant l'indiscrétion de la sentinelle, resta toute la nuit dans le corps de garde de la porte par où le roi devait sortir, et sa conduite, qui pouvait être examinée, puisqu'il était chargé de la garde des Tuileries, fut justifiée par La Fayette qui, à la barre de l'Assemblée nationale, prit tout sur sa responsabilité. La Fayette était prévenu de tout par une femme de chambre de la reine. Mais il voulait laisser le roi s'éloigner de Paris, afin de rendre son retour plus accablant, et sa prise, due à ses soins, plus éclatante. Quels étaient ses projets ultérieurs? on ne peut le deviner; mais il est à croire qu'il espérait, en faisant prononcer la déchéance, faire couronner le dauphin et se faire nommer lui-même lieutenant général du royaume, car, brouillé depuis longtemps avec le duc d'Orléans, il ne travaillait point pour ce parti. Mais il ignorait que Voidel, président du comité des recherches, dévoué aux orléanistes, avait aussi gagné une femme de la reine, et était également instruit de tout.

Malgré les précautions de M. de La Fayette, sans le peu d'énergie que montra le roi et sans la faute des officiers employés sous M. de Bouillé et celle du général lui-même, qui a cherché à la rejeter sur M. de Choiseul-Stainville, alors colonel du régiment Royal-Dragons, le roi passait, car Baillon n'avait pu, ou n'avait pas cru devoir le faire arrêter à Châlons. Malgré l'arrestation du roi, les projets de La Fayette n'en devaient pas moins être renversés.

Je ne prononcerai pas sur la conduite des officiers de l'armée de M. de Bouillé, d'abord parce que je n'en ai pas été le témoin, ensuite parce que, s'ils ont mal dirigé leurs troupes, c'était faute de connaissances et non par manque de zèle et de courage.

Vers le milieu de juin, le roi, d'accord avec M. de Bouillé, fixa son départ au 19; mais il le remit ensuite pour le lendemain, à minuit. Ce premier retard fut déjà une faute, parce qu'il détruisait les plans et les précautions adoptés. Ensuite les petits intérêts particuliers ne voulurent point céder devant l'intérêt le plus majeur. Madame de Tourzel, qui avait la garde du dauphin, refusa d'abandonner son privilége de ne point quitter le royal enfant. M. de Fersen, l'un des directeurs du projet, et qui fournissait les voitures, n'osait point rester à Paris. La baronne de Korff, dont la reine prenait le nom, devait partir de son côté pour éviter la fureur de la populace. Madame Sullivan, maîtresse du comte Fersen, voulait suivre son amant, sans compter nombre d'autres intérêts; ce qui rendait une foule de personnes dépositaires de cet important secret.

Madame de Korff, née en Russie, avait obtenu, au bureau des affaires étrangères, par son ambassadeur, M. de Simolin, son passeport pour Francfort. Elle l'avait remis au comte Fersen, qui le donna à la reine. Sous le prétexte que le premier était tombé dans le feu, on engagea M. de Simolin à en obtenir un second de M. de Montmorin. La retraite dans laquelle vivaient madame de Stegleman et sa fille ne pouvait laisser soupçonner qu'elles fussent connues de la reine. D'ailleurs le ministre, qui n'aurait sûrement pas approuvé le dessein du roi, eût été bien éloigné de le trahir; car si son esprit manquait de justesse, son cœur était droit. C'était aussi au nom de madame de Korff que la voiture avait été commandée. Sa structure seule aurait pu donner du soupçon, car la famille royale ne voulant pas se séparer du roi et madame de Tourzel persistant à vouloir être du voyage, il fallait une voiture très-grande, et l'on y avait ajouté une recherche et des commodités qui devaient la faire remarquer. Elle était couleur puce, avec un grand siége à l'allemande où se placèrent les trois gardes du corps qui devaient accompagner le roi, et que, par une des fatalités qui poursuivaient ce malheureux voyage, on avait négligé de faire couvrir.

Le lundi 20 juin le coucher eut lieu comme de coutume. Le roi y parla peu. Mais, malgré son calme apparent, il ne fut pas assez maître de son agitation pour s'abstenir d'aller plusieurs fois à la fenêtre observer le temps et l'obscurité, laquelle lui devenait si nécessaire. Ce fut là la seule remarque significative qu'on put relever le lendemain en se rappelant les circonstances. Tout le monde retiré, le roi prit son habit de voyage, fit avertir la reine, éveiller les enfants. On sortit alors, en plusieurs bandes, par un dégagement de l'appartement du roi qui donnait sur un petit escalier placé au bout de la galerie couverte, sur le jardin, du côté de la rivière. Au bas de cet escalier se trouvait une porte de garde-robe de l'appartement de M. de Villequier, déjà absent de Paris. La porte de cet appartement, situé au rez-de-chaussée, sur la cour, donnait dans celle des princes ; car alors la grande cour des Tuileries était divisée en trois et fermée par un mur et des bâtiments, à la place de la grille que l'on voit aujourd'hui, et par trois grandes portes de bois. La famille royale sortit par celle du côté de la galerie.

A cet instant on vit M. de La Fayette traverser deux fois le Carrousel, dans sa voiture, ce qui donna quelques soupçons.

La famille royale, réunie, monta dans une voiture qui attendait sur le quai, prit par la place Louis XV, les boulevards et la rue de Bondy, où attendait la voiture de voyage avec MM. de Maldan, de Moustiers et Valory, les trois gardes du corps qui devaient suivre le roi, et mesdames Brunier, première femme de chambre de Madame Royale, et Neuville, de M. le dauphin. Ces deux femmes étaient dans une chaise de poste.

La fatalité, l'imprudence et le peu de précautions se réunirent pour faire échouer ce malheureux voyage. Le roi fut reconnu plusieurs fois, entre autres à Châlons. Mais le maître de poste était un honnête homme; il se contint. Celui de Sainte-Menehould, le scélérat Drouet, n'eut point les mêmes égards. Mais, ne se sentant pas en force, à cause de la présence d'un piquet du régiment de Royal-Allemand, il envoya son fils, par un chemin de traverse, prévenir à Varennes, où le roi fut arrêté, à onze heures et demie du soir, le mardi 21 juin. C'était le dernier point dangereux. Un peu plus loin se trouvaient les troupes de M. de Bouillé. Ainsi, quelques minutes de plus et un peu de fermeté, et Louis XVI était sauvé.

Le Ciel, dont la justice se révèle toujours tôt ou tard, a déjà puni ces villes malheureuses. En 1792, l'armée du roi de Prusse pénétra dans ces cantons et maltraita extrêmement les habitants. La plupart de ceux qui avaient contribué à retenir le roi furent arrêtés; mais Drouet n'y était pas. Ce ne fut qu'un an après qu'il fut pris par les Autrichiens dans une sortie de la garnison de Maubeuge, où il était comme député de la Convention. Il fut conduit en Autriche et, après trois années de dure captivité, il revint en France ourdir de nouvelles conspirations pour rétablir le règne de la Terreur. Après un long procès criminel qui lui fut intenté, il lui reste aujourd'hui le souvenir de son infamie, son obscurité et l'exécration de tous les honnêtes gens.

Le départ du roi fut rendu public, à Paris, le mardi vers sept heures du matin. Le premier valet de chambre, qui était du secret, puisqu'il couchait dans la chambre du roi, en fit prévenir le garde des sceaux, Duport du Tertre, et lui envoya la déclaration que le roi avait laissée en partant. Bientôt, cette nouvelle inattendue fut répandue dans tout Paris. La consternation devint générale, et plus d'un rassemblement mettait en danger la vie des citoyens. On abattait tout ce qui portait le nom ou le chiffre du roi; les enseignes même n'étaient pas épargnées. M. de La Fayette, à cheval, suivi de ses aides de camp, se promenait dans les rues, tâchant de calmer le peuple et promettant, d'après ses mesures, le prompt retour du roi.

Aussitôt que les pages apprirent cette nouvelle, voyant le danger qu'ils couraient dans leur maison, située près des Tuileries, où la foule se portait, ils sortirent individuellement de Paris pour retourner à Versailles. MM. de Bourgogne et de Boucher, en traversant les Champs-Élysées, furent arrêtés par un détachement du poste de la barrière, qui ramenait deux de leurs camarades, MM. Douarin et Cantwell. On les conduisit à la mairie, située alors rue des Capucines. Après les y avoir interrogés, on les fit monter dans deux fiacres pour les conduire à l'Hôtel-de-Ville, au comité des recherches. Cette translation présenta mille dangers. Arrêtés vis-à-vis le Palais-Royal, ils ne durent leur salut qu'au brave Le Houx de Clermont, apothicaire des écuries, qui exposa sa vie pour les sauver. La première voiture fut encore arrêtée rue de la Ferronnerie. La populace ouvrit la portière et saisit M. de Bourgogne, très-petit et très-faible; mais M. de Boucher le retint avec force, et donna le temps à la gendarmerie nationale d'arriver, ce qui les sauva, quoique cette troupe fût composée de scélérats qui prétendaient ne les avoir délivrés que dans l'espoir de les voir bientôt pendus en place de Grève. Enfin, après plusieurs interrogatoires à l'Hôtel-de-Ville, on vit bien que ces jeunes gens ne pouvaient connaître les secrets du roi, et on les mit en liberté, à onze heures du soir, après quinze heures d'inquiétudes et de dangers.

Ce fut le samedi 25, vers les trois heures, que Louis XVI et sa malheureuse famille arrivèrent aux Tuileries. La foule était immense. La Fayette parcourait le jardin en invitant le peuple à la tranquillité, et en lui recommandant de garder le chapeau sur la tête à l'arrivée du roi, pour témoigner son indignation. Cette méchanceté et les propos féroces des jacobins devaient faire craindre les plus grands excès. Enfin, la voiture arriva. Sur le siége étaient garrottés les trois gardes du corps, exposés aux vociférations de la populace. Le roi et la reine étaient dans le fond, avec Barnave, qui tenait le dauphin sur ses genoux. Sur le devant, Pétion était entre les deux princesses. Madame de Tourzel suivait dans la voiture de Latour-Maubourg. Ces trois députés à l'Assemblée nationale avaient été envoyés pour protéger le retour du roi; et les vertus, le courage, la patience de cette famille infortunée firent une telle impression sur Barnave, que ce jeune député, d'une figure aimable et douce, mais qui avait mérité, par ses opinions sanguinaires, le surnom de *Tigre*, changea entièrement, et fut un des premiers à demander le rétablissement du roi. Ce changement finit par le conduire à l'échafaud, où il expia ses premières erreurs.

Après cinq jours de route, par une chaleur excessive, au milieu de tant de dangers, d'inquiétudes et d'angoisses, on conçoit le bonheur qu'éprouvait la famille royale de pouvoir échapper à la fureur populaire. Ce ne fut pas sans peine qu'elle arriva aux Tuileries. Elle y retrouva ses fidèles amis en larmes et l'inquiétude dans le cœur. Le roi fut aussitôt séparé de sa femme et de ses enfants, et, pendant plusieurs jours, ils ne se retrouvèrent qu'à l'heure de la messe, au milieu d'une garde nombreuse et de surveillants sévères. A peine pouvaient-ils se demander mutuellement de leurs nouvelles. Tous ceux qui avaient accompagné le roi ou favorisé sa fuite furent incarcérés. Madame de Tourzel, les femmes de chambre, les trois gardes du corps, M. le duc de Choiseul, M. Charles de Damas, M. de Gognelas, etc., devaient être jugés par la haute cour nationale établie à Orléans; mais le parti royaliste l'ayant emporté à l'Assemblée nationale dans une violente discussion sur la déchéance, on termina bien vite une prétendue constitution qui fut présentée au roi le 4 septembre. Il vint lui-même l'accepter le 14, dans le sein de l'Assemblée nationale, et y recevoir de nouvelles humiliations. Obligé de quitter son cordon bleu, il vit le président, l'avocat Thouret, assis sur un fauteuil semblable au sien, les jambes croisées, ne pas même quitter cette posture pour lui parler. La seule chose qui put dédommager le roi de tant d'amertumes, fut une amnistie qu'on prononça en faveur de ceux qui avaient favorisé son évasion ou fait quelques tentatives pour lui rendre sa puissance. L'acceptation qu'il fit de la constitution lui donna quelque liberté; mais bientôt de nouvelles trames, plus scélérates et bien mieux combinées, achevèrent de creuser le précipice, et le roi, la monarchie, la gloire de la France, tout y fut précipité!!!

> Je ne vous peindrai point le tumulte et les cris;
> Le sang de tous côtés ruisselant dans Paris;
> Le fils assassiné sur le corps de son père,
> Le frère avec la sœur, la fille avec la mère;
> Les époux expirant sous leurs toits embrasés,
> Les enfants, au berceau, sous la pierre écrasés,
> Des fureurs des humains c'est ce qu'on doit attendre
> VOLTAIRE, *Henriade*

FIN.

TABLE DES MATIÈRES

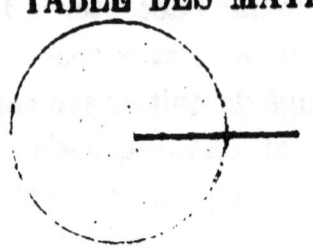

Avis au lecteur... I
Introduction.. V

I

LES PERSONNES

Chapitre	Ier. — Le roi...........................	3
—	II. — La reine..........................	14
—	III. — Enfants du roi...................	21
—	IV. — Monsieur.........................	51
—	V. — M. le comte d'Artois..............	59
—	VI. — Madame Élisabeth.................	65
—	VII. — Mesdames tantes.................	72
—	VIII. — Princes du sang................	78
—	IX. — Le duc d'Enghien.................	84
—	X. — Le maréchal de Richelieu...........	95
—	XI. — Madame Dubarry...................	102

II

LES LIEUX

Chapitre	Ier. — Pages...........................	111
—	II. — Gardes...........................	128
—	III. — Versailles......................	139
—	IV. — Petits appartements..............	150

TABLE DES MATIÈRES.

Chapitre	V. — Lever du roi	161
—	VI. — Étiquette et usages divers	170
—	VII. — La chapelle	177
—	VIII. — La cène	185
—	IX. — Cérémonies	189
—	X. — Cordons-bleus	199
—	XI. — Lits de justice	204
—	XII. — Porte-chaise d'affaires	211
—	XIII. — Spectacles	216
—	XIV. — Bals de la reine	223
—	XV. — Ambassade indienne	229
—	XVI. — Trianon	238
—	XVII. — La ménagerie	247
—	XVIII. — Environs de Versailles	252
—	XIX. — Fontainebleau	257
—	XX. — Saint-Germain et Marly	263

III

LES CHOSES

Chapitre	1er. — Ministres	273
—	II. — États généraux	285
—	III. — 14 juillet	297
—	IV. — 5 octobre	303
—	V. — La cour à Paris	317
—	VI. — La Fayette	325
—	VII. — Fédération de 1790	331
—	VIII. — 28 février	342
—	IX. — Départ du roi	349

Paris. — Imp. PILLET fils aîné, 5, rue des Grands-Augustins.

RAPPORT 15

BIBLIOTHEQUE NATIONALE
CHATEAU DE SABLE
1989

www.ingramcontent.com/pod-product-compliance
Lightning Source LLC
Chambersburg PA
CBHW050535170426
43201CB00011B/1435